KB089329

나이듦,
그 편견을 넘어서기

나이듦,
그 편견을 넘어서기

최고의 인생을 향한 대담하고 새로운 길

조 앤 젠킨스 지음

정영수 옮김

청미

차례

서문   8

서　장   왜 나이듦의 편견을 넘어서야 하는가?   19
제1장   나이듦의 새로운 현실   33
제2장   자신의 나이를 적극적으로 인정하라   63
제3장   인생을 설계하라   89
제4장   건강을 관리하라   119
제5장   살 곳을 선택하라   159
제6장   미래를 위한 재원을 마련하라   197
제7장   당신의 경험을 일에 활용하라   231
제8장   규칙을 바꾸자   263
제9장   미국에서의 삶과 나이듦에 대한 새로운 비전 301

행동으로 옮기기   313

더 알아보기: 참고 자료   332
감사의 글   337
미주   342
추천의 말   354

나의 아들 딸, 크리스천과 니콜에게

크리스천과 니콜은 나이듦의 편견을 넘어서도록 내게 영감을 준다. 그 덕분에 내 아이들도 점점 나이 들어가면서 어떻게 자신들이 바라는 삶을 살고 나이 들지를 선택할 수 있게 될 것이다.

서문

1875년 2월 21일에 프랑스 아를에서 태어난 잔 칼망은 여러 면에서 그녀가 살던 시대의 전형적인 여성이었다. 그녀의 아버지는 배를 건조하는 일을 했고 그녀의 어머니는 방앗간 집 딸이었다. 잔 칼망은 16세까지 학교에 다녔고, 결혼을 했고, 25세에 딸을 낳았으며, 평생을 아를에서 살았다. 여러 면에서 볼 때 1997년 122세의 나이에 세상을 떠났다는 한 가지 사실만 제외하면 그녀는 별로 특별할 것 없는 삶을 산 평범한 여성이었다. 그녀는 최장수 인물로 기록되었고, 아직까지 그 기록은 깨지지 않고 있다.

1875년 평균 수명이 약 40세였다[1]*는 점에서 보면 잔 칼망은 같은 해에 태어난 보통 사람들보다 세 배 이상 더 오래 살았다. 그녀는 에펠탑이 세워지고 전화가 발명되기 전에 태어났다. 젊은 시

---

* 숫자는 미주(尾註) 번호이다(이하 동일).

절, 그녀는 아를에 그림을 그리러 온 반 고흐를 만났다. 제1차 세계대전이 일어났을 때 그녀는 40세였으며 제2차 세계대전이 발발했을 때에는 이미 은퇴한 뒤였다. 그리고 제2차 세계대전이 끝나갈 즈음인 70세에 그녀는 드디어 투표권을 얻었다. 장수의 비결에 대해 물으면 그녀는 간단하게 대답했다. "그냥 계속 나이를 먹었어요. 저도 어쩔 수 없었어요."[2]

잔 칼망의 시대에 100세까지 산다는 것은 상당히 드문 일이었다. 그렇지만 오늘날 100세 이상의 사람들은 미국에서 두 번째로 빠른 성장을 보이는 연령 집단이다. 가장 빠른 성장세를 보이는 연령 집단은 어느 나이대일까? 85세 이상의 사람들이다. 현재 65세인 사람들 가운데 3명 중 1명은 90대까지 산다고 예상할 수 있다.[3] 그리고 2060년 즈음에는 미국 인구의 거의 1/4이 65세 이상이 될 것이다.[4]

이러한 현실에 대해 다른 식으로 생각해보자. 열 살짜리 어린아이를 떠올려보자. 그 아이는 어쩌면 당신의 아들딸이나 손주, 혹은 형제자매나 이웃일 수도 있다. 지금 열 살인 그 어린아이가 104세까지 살 가능성은 50%이다.[5] 그리고 그들이 더 나이가 들수록 그 가능성은 계속해서 높아진다. 122세까지 살 가능성이 있는 시대에 우리는 생각했던 것보다 훨씬 더 가까워져 있다. 우리가 그만큼 오래 살기를 기대해야 한다고 말하는 것이 아니다. 그렇지만 한 개인으로서, 그리고 한 사회로서 우리는 100세 인생이 더 평범해질 때를 대비할 필요가 있으며 '어쩔 수 없어서 그냥 계속 나이를 먹는 것'은 아주 좋은 전략이 아니라고 말하고 있는 것이다.

우리는 나이듦에 대해 새로운 사고방식, 즉 우리가 더 잘 나이 들 수 있도록 도움을 줄, 실행 가능한 해결책에 관해 새로운 사고 방식을 창출해야 한다. 나는 점점 나이를 먹는다는 것이 의미하는 바에 대한 이야기에 변화를 가져오기 위해 『나이듦, 그 편견을 넘어서기』를 썼다. 사람들의 나이 들어가는 방식은 변화하고 있는데도 나이듦에 대한 우리의 태도와 고정 관념의 많은 부분은 변하지 않고 있다. 더 많은 사람들이 나이 들어가면서 살고 싶은 방식을 선택할 수 있도록 우리는 이러한 낡은 생각에 이의를 제기하고 새로운 해결책을 이끌어내야 한다.

보통 우리는 중대하고 '거대한' 사안 — 일례로 기후 변화 — 에 대해 생각할 때 논의되고 있는 '문제'가 있기는 한 것인지, 또는 어떻게 정의되어야 하는지, 혹은 얼마나 다양한 사람들이 현실에서 그 문제가 발생할 것이라고(발생하지 않을 것이라고) 믿는지 여부에 대해 논쟁을 계속하면서 많은 에너지를 소비한다. 그렇지만 나이 듦의 경우는 다르다. 전 세계 고령화 인구 가운데에는 '거부론자'는커녕 '회의론자'마저도 전혀 없다. 주위를 둘러보라. "아니, 나는 그렇게 생각하지 않아."라고 말하는 이들을 찾지 못할 것이다. 점점 의견 일치를 보기 힘들어지는 세상에서 간단하지만 강력한 진실에 대한 광범위한 합의가 존재한다. 세상은 점점 나이 들어가고 있다. 그것도 빠르게, 거의 모든 곳에서 말이다.

전 세계 지도자들은 노화의 결과와 영향에서 비롯한 여러 문제가 쇄도하고 있다고 말한다. "누가 그들의 연금을 지급할 것인가? 누가 그들의 의료비를 지불할 것인가? 누가 그들을 돌볼 것인가?" 등 장수는 어려운 문제를 제시하고, 우리는 매일 그 문제를 해결하려고 애쓴다. 그렇지만 우리는 거의 장수를 통해 얻는 기회가 아니라 장수로 인한 문제점을 보기만 한다.

나는 장수에 따른 역사적 부담뿐 아니라 역사적 혜택에도 초점을 맞추는, 더 큰 이야기가 있다고 믿기 때문에『나이듦, 그 편견을 넘어서기』를 썼다. 우리가 은퇴자를 의존적이라고만 바라보는 대신에 새로운 유형의, 경험이 풍부하고 기량이 뛰어난 노동자로 바라본다면 어떻게 될까? 우리가 은퇴자들을 값비싼 비용이라고 보는 대신에 우리 경제 활성화에 도움을 줄 수 있는, 폭발적으로 증가하는 소비 시장으로 본다면 어떻게 될까? 부양해야 할 사람들이 점점 늘어나고 있다고 보는 대신에 새롭고 다른 장점을 가진 세대 간 공동체로 본다면 어떻게 될까?

이는 우리 노년기뿐 아니라 우리 삶의 모든 측면에 영향을 미친다. 이렇게 생각하면 된다. 당신이 100세가 될 때까지 산다는 것을 안다면 무엇을 다르게 할까? 당신 자신을 돌보는 방식―건강에 어떤 영향을 미칠까? 당신의 일과 소비 및 저축 습관―부(富)에 어떤 영향을 미칠까? 당신 개인 삶과 관계, 교육, 사는 곳―자아(自我)에 어떤 영향을 끼칠까? 이는 우리가 얼마나 오래 사는가보다 우리가 어떻게 사는가와 더 관련되어 있다.

2016년에 『나이듦, 그 편견을 넘어서기』를 출간한 이후로 더 많은 사람들이 이 질문을 이해하기 시작함에 따라 우리는 사고 방식과 태도, 문화의 변화를 목격하기 시작했다. 2017년에 AARP(American Association of Retired Persons: 미국 은퇴자협회)는 노화에 대한 사람들의 사고방식을 알아내기 위해 실시했던 자체 조사 결과를 발표했다.[6] 우리는 18~39세의 거의 절반이 '나이를 먹을수록 우울한 것이 정상'이라고 생각하는 반면, 60세 이상의 사람들은 10%만 '노년을 인생의 우울한 시기'라고 생각한다는 점을 알아냈다. 또한 60세 이상의 사람들은 생활 만족도 면에서 더 젊은 연령층보다 더 높은 수준을 나타냈다.[7] 이 연구는 사람들이 나이 들면서 실제로 경험하는 것과 노화와 관련해 만연한 부정적인 생각이 일치하지 않는다는 점을 확인해주었다. 그렇지만 이는 또한 우리 모두 노화와 관련해 많은 부정적인 연관성과 마주하고 있음을 확실하게 상기시켜주었다. 그 가운데 일부는 공동체 문화에 의한 것이고, 일부는 스스로 만들어낸 것이다. 그러나 그것이 어떤 경우든 모두 해롭고 부적절하다.

무슨 일이 벌어지고 있는지 알기 위해 우리는 주위를 둘러보기만 하면 된다. 연구와 기술의 발달은 우리가 나이 들었을 때 잘 살 수 있는 능력에 영향을 미치는 거의 모든 분야에서 혁신을 주도하고 있다. 기업가들과 혁신가들은 노인들을 대상으로 믿을 수 없을 정도로 많은 제품과 서비스를 만들어내고 있다. 과학은 장수를 가능하게 하고 있고 우리는 장수가 제공하는 기회를 이제

막 인식하기 시작했다. 사람들은 일을 다시 만들어내고, 목적으로 찾으며, 기술을 수용하고, 이전에는 한 번도 해보지 못한 새로운 경험을 향해 마음을 열고 있다.

수많은 사람들이 그들 자신의 삶 속에서 어떻게 나이듦에 대한 편견을 넘어서고 있는지, 그리고 그 결과로 그들이 어떻게 많은 다른 이들의 삶에 긍정적인 영향을 미치고 있는지를 함께 나누기 위해 글을 보내 온다. 그리고 나는 그 사람들을 통해 용기를 얻는다. 2017년에 81세의 나이로 AARP 목적상(Purpose Prize)을 수상한 제임스 패런이 한 예이다. 제임스 패런은 재소자들이 새 삶을 살 수 있도록 돕고 싶었다. 그래서 그는 교도소와 단기 소년원에 구금된 재소자들을 가르칠 대학생과 대학원생을 모집하는 피티 그린 프로그램(Petey Greene Program)을 공동 창립했으며 상임이사가 되었다. 그는 약 25명의 프린스턴 대학교 학생들과 함께 한 교도소의 재소자들을 가르치는 일을 시작했다. 현재 이 프로그램은 32개 대학의 715명 자원봉사자들이 8개 주 37개 교정 시설에서 일하는 비영리 단체로 성장했다. 이 단체는 수천 명의 재소자들이 고등학교 졸업 검정고시에 합격하고 학부 과정을 듣는 데 도움을 주었다. 그 결과, 재소자들의 재수감률이 감소했을 뿐 아니라 출소 후 직업을 갖는 이들이 더 많아졌다. 국제 마케팅과 경영 분야에서 성공적인 경력이 있던 패런은 다음과 같이 말한다. "나는 늘그막에야 사회에 환원하게 되었지만 이보다 더 행복한 적은 없었어요."[8]

『나이듦, 그 편견을 넘어서기』를 읽으면서 당신은 제임스 패런의 이야기와 비슷한 사연을 더 많이 알게 될 것이다. 나는 그 이야기들이 장수에 대한 기대가 당신의 건강과 부, 그리고 자아와 관련해 인생을 사는 법에 어떤 영향을 미치는지 생각할 수 있도록 당신에게 영감을 주기를 바란다. 그렇지만 우리는 또한 더 넓은 사회적 관점에서 생각한다. 무척 많은 수의 인구가 100세 이상 장수할 가능성이 있기 때문에 우리는 오래 살 수 있다는 점뿐만 아니라 풍요롭고 만족감을 느끼며 오래 살 수 있도록 우리의 공공 정책과 보호 시설, 사회 구조와 공공 기반 시설을 바꿔야 한다. 『나이듦, 그 편견을 넘어서기』는 이를 위한 틀을 제시한다.

2017년에 AARP는 주요 연구인 'AARP 노화 준비와 경쟁력 보고서'를 발표했다. 이 보고서는 사회 구성원들이 나이 들어감에 따라 직면하는 기회와 문제에 대해 세계 주요 국가들이 얼마나 준비가 잘되어 있는지를 검토하는 내용을 담고 있다.[9] 우리는 브라질, 캐나다, 중국, 독일, 이스라엘, 일본, 한국, 멕시코, 남아프리카공화국, 터키, 영국, 그리고 미국 등 12개국의 준비 수준을 조사했다. 이들 국가는 인구 고령화의 결과로 인한 엄청난 문제―특히 주거, 이동성, 고립, 재정, 건강 관리 문제―에 직면하고 있는 반면에 또한 이들 주제를 다룰 혁신적인 해결책을 찾아내고 있다.

예를 들어 이스라엘의 '우리는 여기 살아요'라는 프로그램은 노인 집에 있는 빈방에 입주해서 일주일에 최소한 5시간을 그들과 함께 보내는 대학생들에게 등록금을 감면해주고 저가의 주택을 제공한다. 이 프로그램은 두 가지 문제를 해결한다. 살 곳이 필요한데 일반적으로 돈이 많지 않은 학생들의 문제와, 교제를 통해 건강과 평범한 행복에 매우 크고 긍정적인 혜택을 받을 수 있는, 고립됐을지도 모르는 노인들의 문제이다.

또 다른 흥미로운 진전은 일본의 '보살핌' 서비스이다. 매달 적은 비용을 내면 일본 우편배달부는 우편배달을 하면서 노인들을 살펴보고 그들이 건강하게 잘 지내고 있는지에 대한 정보를 아이패드를 이용해 가족들에게 전달한다. 이 모델의 뛰어난 점은 전국 우편배달망이라는 기존의 사회 기반 시설 자원과 고립된 노인이라는, 별개이고 겉보기에는 관련 없어 보이는 문제를 한데 합해놓았다는 것이다. 비용은 적고 진입 장벽은 낮으며 이득은 크다.

이들 두 예는 고령화 인구로 제기된 문제에 적응하고 그 문제를 해결하기 위해 기존의 자원을 이용하고 있는 전 세계 주변 사회의 창의적이고 상식적인 방법을 제시한다. 또한 혁신적인 아이디어는 어디서든 나올 수 있음을 보여준다. 노화는 세계적인 사안이지만 그 문제를 다루는 몇몇 최적의 접근법은 우리 주변에서 시작할 수 있다.

우리는 AARP에서 발견한 것들을 바탕으로 하여 미국 내 노인들이 지역사회에서, 특히 주거와 부양, 지역사회 참여, 자원봉사, 사회 통합, 그리고 노인들 간의 고립 현상 방지 분야에서 좀 더 적극적인 역할을 할 수 있도록 용기를 불어넣어주고 있다. 우리는 세계보건기구의 '연령 친화 도시와 지역사회 프로그램'과 협력해 AARP 네트워크를 구성했다. 우리는 50세 이상의 사람들과 그 가족을 위한 지역사회의 거주성을 개선하기 위해 AARP 네트워크를 통해서 선출직 지방 공무원과 미국 전역의 협력 기관들과 함께 일했다.[10]

지난 몇 년간 AARP 네트워크와 연결된 지역사회는 거의 200개까지 늘어났으며(지금도 증가하고 있다), 이들 지역사회에 살고 있는 6,100만 이상의 사람들의 삶에 영향을 미치고 있다. 이 네트워크에 속한다는 것은 그 지역사회가 '연령 친화적'인 곳이라는 의미만이 아니라, 그 지역사회에서 선출된 지도자가 노인들의 건강과 행복에 영향을 미치는 환경적·경제적·사회적 요소에 더욱 관심을 기울임으로써 한 지역을 모든 연령대의 사람들에게 좋은 곳으로 만들기 위해 노력한다는 뜻이다. 여기에는 걷기 좋은 거리, 주거와 교통 문제, 주요 혜택의 접근성과 거주민의 지역사회 활동 참여 기회가 포함된다.

『나이듦, 그 편견을 넘어서기』를 읽으면서 당신은 이 책이 실은 나이듦에 관한 것이 아니라 삶에 관한 것임을 깨닫게 될 것이다. 이 책은 우리 각자에게 나이듦을 두려워 할 대상이 아니라 기대할 만한 것으로 받아들이고, 쇠퇴기가 아닌 성장기로 보며, 문제가 아니라 기회로 인식하고, 우리 자신과 다른 이들을 사회의 짐이 아닌 공헌자로서 바라보는 기회를 줄 것이다. 어쩌면 이 마지막 부분이 가장 중요할지도 모르겠다. 나이가 든다는 것은 단순

히 인생 말년에 몇 년을 더 사는 것이 아니라, 매순간 최고의 인
생을 살기 위해 도전적인 새 길을 만들어내는 것이다.

왜 나이듦의 편견을
넘어서야 하는가?

'장수'에는 모두 관심을 보이지만
'늙어간다'는 것에는 아무도 신경 쓰지 않는다.

– 앤디 루니

그날은 여느 평범한 생일날이 아니었다. 내가 만으로 50세가 되는 날이었다. 그래서 남편 프랭크가 나를 데리고 버지니아 타이슨스 코너에 있는 리츠칼튼 호텔의 멋진 레스토랑으로 들어갈 때, 나는 약간 초조하고 신경이 곤두서기까지 했다. 나는 평소와 달리 저녁 식사 예약을 남편에게 맡겼다. 지배인은 레스토랑을 가로질러 뒤쪽에 있는 작은 테이블로 우리를 안내했다. "예약에 혼선이 약간 있었습니다." 지배인은 부엌문 가까이에 있는 작은 테이블에 우리를 앉히며 양해를 구했다. 솔직히 짜증이 치밀어 올랐다. '끝내주는군!' 나는 속으로 생각했다. '남편이 생일을 축하해주겠다며 나를 데리고 우아한 호텔로 왔는데, 식사 시간 내내 탕탕거리는 부엌의 소음과 종업원들이 쉴 새 없이 부엌을 드나드는 소리를 모두 견뎌야 하다니!' 몇 분 후에 지배인이 다시 와서는 뭔가 착오가 또 있었다면서 우리 자리를 다른 방으로 옮겨주겠다고 했다. 이때까지도 나는 운명이라고 체념하고 남편과 함께 저녁을 먹는다는 사실만을 즐기기로 마음먹고 있었다. 우리는 자리에서 일어나 지배인을 따라 레스토랑을 가로질러 다른 방으로 갔다. 문이 활짝 열리는 순간, 나는 깜짝 놀라고 기뻐서 어쩔 줄을 몰랐다. 서른 명이나 되는 친구들과 직장 동료들이 나를 반겨주었다. 딸 니콜도 그 자리에 있었다. 그리고 남편은 대학에서 공부 중인 아들 크리스천도 축하 파티에 참석하도록 마음을 썼다.

우리는 정말 멋진 시간을 보냈다. 그 자리에 앉아서 끝까지 내게 비밀을 지킨 자신들을 자랑스러워하는 가족, 친구들과 이야기를 나누면서 나는 '이보다 더 아름다운 인생이 있을까!' 하고 생각했다.

그러다가 나는 생일 카드를 열어보기 시작했다.

축! 50번째 생일! 이제 공식적으로 퇴물이 됐구나!

'퇴물 클럽'에 온 걸 환영해! 쉰 번째 생일을 축하한다.

그냥 이렇게 생각해봐. 삶에서 중요한 부분들이 사라지고 있는 것이 아니라 예전만큼 적극적으로 삶을 살고 있지 않는 것뿐이라고.

쉰 살이 되었네. 걱정하지 마. 아직 몇 살인지 알고 있잖아. 그런데 몇 살인지 기억하지 못하게 되면 어쩌지? 50번째 생일을 축하해!

처음에는 이런 글귀에 크게 신경을 쓰지 않았다. 이런 카드는 50세가 되는 의식의 일부라고 생각했기 때문이다. 그렇지 않은 가? 우리는 늙은이라고 부르면서 나이를 가지고 사람들을 놀린 다. 애정을 담아 재미있게 하는 말이다. 그렇지 않은가? 아무리 그렇다고 해도 그 순간 마음이 불편해지는 것은 어쩔 수 없었다. 그리고 그런 기분은 며칠 더 계속됐다. 나는 50세가 되었고, 친구 들과 함께 이를 축하했으며, 현재 내 인생에 만족하니 정말로 기 분이 좋았다. 그렇지만 카드를 읽었을 때 그 안에 숨겨진 50세라 는 나이에 대한 시대 의식은 나를 포함한 동년배들 대부분이 느 끼는 것과는 전혀 맞지 않다는 생각이 들었다. 나는 늙었다고 느 끼지 않았다. 나는 퇴물이 아니었다. 나는 생의 정점에 올라 있었 다. 나는 나이가 그만큼 들었다는 것이 좋았고 잠시 그 기분을 만끽할 계획이었다. 사실 나는 다음에 어떤 산을 오를지 이미 생 각하기 시작하고 있었다. 그리고 그렇게 느끼는 사람이 나 혼자 만이 아니라는 것을 알았다. 실제로 내 생일을 축하하러 그 방에 모인 사람들을 생각해보면 많은 이들이 이미 오래전에 50세를 지 났고 굉장한 결실을 이뤄냈음을 알 수 있었다. 사업을 시작하거 나 새 목표를 세우고, 새롭게 열정을 불태울 일을 찾고, 또는 한 쪽에 밀어두었던 것에 다시 불을 붙이기도 했다. 우리는 쉬엄쉬엄 한다는 것과는 거리가 먼 사람들이다.

바로 그 순간, 나는 인종과 성별, 소득뿐 아니라 나이로도 규정 되지 않으리라 결심했다. 나는 사람들이 내가 얼마나 늙었는지가 아니라 나라는 사람 그 자체로 봐주기를 바란다. 그리고 어느 정도 나이가 들면 해야 할 일이나 해서는 안 되는 일을 규정하는, 틀에 박힌 기대를 용납하지 않을 것이다. 나는 현재 내 인생에 만족한다. 장담컨대 당신도 분명 그럴 것이다. 그러므로 자신의 나이에 대한 고정 관념을 그냥 받아들여 그것을 영속시키거나 자신의 나이에 대해 변명(혹은 부정)하는 대신에, 자신의 나이를 인정하고 그것을 최대한 활용해보면 어떨까?

50세가 되고 난 후 나는 곧 실제로 내 나이를 적극적으로 인정하고 나 자신의 길을 가기로 결심했다. 그 당시에 나는 내가 미의회도서관 최고운영책임자(COO)를 그만두고 AARP에 합류할지도, AARP에서 새로 맡은 일을 통해 나 자신뿐만 아니라 다른 많은 사람들의 삶을 변화시키는 데 영향을 미칠 수 있는 완벽한 기회를 얻게 될지도 전혀 몰랐다. 우리 뒤통수를 탁 치는 기회에 대해 얘기해보자!

우선 이 결정을 내리기가 쉽지 않았다는 점을 고백해야겠다. 나이듦에 대한 부정적인 고정 관념이 우리 사회와 개개인의 의식에 매우 뿌리 깊게 박혀 있어서 이를 넘어서기란 쉽지 않다. 그래서 우리 대부분은 고정 관념을 극복하려는 시도조차 하지 않는다. 우리는 고정 관념을 그냥 받아들여 부정적인 이미지를 영속시키거나, 점점 더 많은 사람들이 하듯이 우리가 나이 들어가고 있다는 것을 단순히 부정하고 우리가 가진 모든 정력과 돈을 가지고 그것과 맞서 싸운다.

그렇지만 한편으로는 믿을 수 없을 만큼 만족스러웠다는 점도 밝혀두어야겠다. 미 의회도서관을 그만두고 AARP에 합류하기로 결정했을 때, 무척 많은 사람들이 내가 왜 52세의 나이에 그렇게 많은 애착을 가지고 큰 능력을 발휘해왔던 일터를 떠나 완전히 새로운 분야에서 전혀 다른 일을 시작하려 하는지 의아해하는 모습을 보고 나는 깜짝 놀랐다. 그러나 나로서는 전혀 엉뚱한 선택이 아니었다.

이는 확고한 5년 계획 주기의 다음 장이었다. 나는 늘 비영리 단체를 운영하고 싶다고 말해왔었다. 그렇지만 AARP처럼 중요한 재단을 운영하게 되리라고는, 종국에는 세계 최대 규모의 비영리 단체 가운데 하나인 이 재단의 최고경영자(CEO)가 되리라고는 꿈도 꾸지 못했다. 돌이켜보면 이때가 바로 '정성을 다해 기도하며 구해야 하는' 순간이었다. 수백만의 다른 사람들은 고사하고 나이듦에 대한 나 자신의 생각에 내가 영향을 미칠 수 있으리라고는 무모한 상상 속에서조차 기대해본 적이 없었다. 나이듦에 관해 우리가 바라보고 이야기하는 방식이 이 나라에 살고 있는 많은 사람들의 삶에 긍정적인 영향을 끼칠 수 있다는 점을 생각하면 무척 감동적이다. 그리고 AARP 회원이 될 만큼 나이가 들어서야 내가 나이에 대해 진지하게 고민하게 된 것은 아닐까 하는 생각이 들었다.

더 오래, 더 건강하게, 그리고 더욱 생산적인 삶을 살 수 있는 능력은 우리 인류가 이룬 위대한 성과 가운데 하나이다. 그렇지만 나이듦은 인생의 큰 모순 중 하나이기도 하다. 누구나 고령이 될 때까지 살기를 꿈꾸지만 많은 이들은 늙어가는 것을 두려워하기도 한다. 나이듦은 종종 성과라기보다는 문제로 간주된다. 우리는 젊음이라는 환상을 숭배하는 세상에서 살면서 나이듦의 현실에 점점 더 압박을 받고 있다. 그리고 그러한 현실은 빠르고 극적으로 변화하고 있다.

그래서 나는 2014년 9월에 AARP의 최고경영자가 된 후로 나이듦에 관한 편견을 넘어서는 일에 힘써왔다. 나이가 든다는 것이 의미하는 바에 관해 이전과는 다른 이야기를 나눌 준비가 된 전국 각지의 사람들의 도움을 받아 이 아이디어를 중심으로 대규모의 점진적 운동을 일으켰다. 그것은 나이듦에 관한 것이 아닌, 삶에 관한 것이다.

우리 모두 텔레비전과 잡지에서 다음과 같은 광고를 본 적이 있다. "50세는 새로운 30세이다." 또는 "60세는 새로운 40세이다." 기분 좋은 말로 들릴지도 모르지만 50세가 넘은 사람으로서 나는 그 말에 전혀 동의하지 않는다. 50세는 새로운 50세이다. 나는 50세 그 모습 그대로가 좋다.

우리는 점점 더 나이를 먹어가면서 점점 더 젊어질 수 없다. 아무리 노력한다고 해도 그렇게 될 수 없다. 젊어지려는 대신에 우리 나이가 갖는 의미를 재정립해보자. 나는 다시 30세로 돌아가고 싶지 않다. 당신은 어떤가? 물론 가끔은 30세로 보이거나 30세처럼 느끼고 싶어 할지도 모른다. 그렇지만 이 세월이 가져다준 경험과 지혜로부터 나는 이루 말할 수 없이 많은 혜택을 받았고, 그 어떤 것과도 이를 바꾸지 않을 것이다.

오늘날 50세 이상의 사람들은 30~40대와는 다른 목표를 갖고 특별한 도전에 직면한다. 우리는 그들과 다른 삶의 국면에 있고 다른 것에 자극을 받는다. 인생은 경험의 집합체이다. 그렇기 때문에 우리는 인생의 부침을 통해 겪은 경험과 그 경험으로부터 얻은 지혜, 그리고 개개인으로서 우리 자신의 모습과 인생에서 얻고자 하는 바를 더 잘 이해함으로써 받은 위안에 의해 형성된 렌즈를 통해 세상을 본다.

나는 AARP에서 일하면서 점점 증가하고 있는 50세 이상의 사람들이 같은 말을 하고 있는 것을 확인했다. 우리는 지금 우리가 있는 곳을 좋아한다. 우리는 앞으로 다가올 날들을 기대하고 있다. 지나간 시절을 그리워하며 뒤돌아보고 있지 않다. 과학 기술 덕택에 더 의미 있는 방식으로 더 많은 사람들과 소통하고 있다. 우리는 가족에게 헌신하며 또한 일을 통해 에너지를 얻는다. 우리는 둘 중 하나를 선택할 필요가 없다. 우리는 둘 다 할 수 있으며, 또한 해야만 한다.

우리는 돌보미이다. 더 연로한 부모님을 돌보는 어른이 된 자식이거나 자녀를 돌보는 부모, 또는 손주를 돌보는 조부모이다. 때로는 두세 가지 역할을 감당하고 있을지도 모른다. 우리는 자원봉사자이자 자선가이다. 지역사회에서는 지도자이며, 교회에서는 후원자이고, 이웃과 친구들에게는 도움의 손길이다.

우리는 지속적으로 가능성을 탐험하고 쇠락을 극복하는 발견을 기뻐하는 욕구를 지닌 창조자이며 실천가 세대이다. 우리는 기회를 찾아내면 꽉 움켜쥐고 놓지 않는다.

50세 이상의 사람들은 여전히 베이비붐 세대의 사고방식과 실천주의, 그리고 열망을 반영하면서 살고 있다. 그러한 낙관주의(자기 자신의 방식대로 인생을 살고, 변화를 만들어내며, 세상을 바꾸기를 바라는 삶의 태도)는 정말로 실재한다. 낙관주의는 어느 누구도 나이 때문에 그 가능성이 제한받아서는 안 되며 경험은 가치가 있다는 내 믿음을 더 분명하게 해주었다.

그렇지만 나는 또한 사람들이 매일매일 진짜 도전과 직면한다는 사실을 안다. 많은 이들이 건강과 경제 문제, 자신과 가족을 돌보는 일과 같은 가장 기본적인 욕구를 충족시키기 위해 몸부림친다. 사람들은 이 도전으로 인해 자신들이 제한받거나 굴복하기를 바라지 않는다. 기회를 되찾고 싶어 한다.

우리는 사람들이 도전에 맞서고 가능한 최대의 기회를 수용하는 데 도움을 주기 위해 나이듦에 대한 편견을 넘어서야만 한다. 그러기 위해서는 우리가 두려워하는 것에서부터 기대하는 것에 이르기까지, 나이듦에 관해 이야기하는 방식의 변화가 필요하다.

지난해 나이듦에 관한 사람들의 태도와 판단에 영향을 미치는 가정과 사고 과정에 대해 더 깊은 이해를 얻기 위해 주요 고령자 단체 여섯 곳과 손을 잡으면서 AARP는 대체로 대중은 나이듦에 관해 성취 지향적인 생각을 가지고 있음을 알게 되었다.[11] 사람들은 자신의 생활을 스스로 책임지고 활동적인 생활을 지속하며 가족·친구들과 긴밀한 관계를 유지하고 즐겁게 살고 싶어 한다. 그렇지만 나이듦을 퇴보와 의존, 잠재력 저하, 가족 해체, 디지털 기술 부족의 과정으로 바라보는 문화의 지배적 관점 때문에 자신들의 목소리를 내지 못하고 있다.

우리는 보고서에서 다음과 같은 결론을 내렸다. "공유된 이러한 뿌리 깊은 부정적 이해는 나이듦을 개인과 사회에 새로운 기회와 도전을 가져오는 과정으로 받아들이기보다는 뭔가 두렵고 맞서 싸워야 하는 과정으로 여기게 한다."[12]

이 점은 중요하다. 이 부정적인 이해와, 더 나아가 우리가 우리 자신과 서로에게 던지는 부정적인 이야기는 개인적으로, 그리고 하나의 사회로서 우리 각자에게 나이듦의 운명론적인 현실을 만들어내기 때문이다. 나이듦을 쇠락으로 보는 견해는 결국 스스로를 예상하는 대로 되게 하는 자기 충족적인 예언이 된다.

그래서 이것을 바꿔보자는 것이다. 이 일은 오래전에 이미 했어야 하는 일이다. 이야기를 바꾸라. 그러면 당신의 현실이 바뀐다. 우선 개인과 사회를 위해 변화가 가장 필요한 세 영역이 있다. 바로 건강과 부(富), 그리고 자아이다.

첫째로, 쇠락 대신에 육체와 정신 건강에, 단순한 질병 치료 대신에 질병 예방과 복지 향상에 초점을 맞추기 시작해야 한다. 우리는 사람들이 의존적인 환자가 되는 대신에 건강 관리에 능동적인 파트너가 될 자율권이 있다고 느끼게 도와야 한다.

우리는 또한 '부'라는 것이 허황된 꿈을 넘어설 정도로 부자가 된다는 것을 의미하지는 않는다는 점을 이해해야 한다. 우리가 사는 동안 가진 재산이 다 소진되지 않을 정도의 재무 탄력성을 가져야 한다는 뜻이다. 활동적이고 참여적이며 직업을 갖고 있는 고령 인구는 사회적 도전이라기보다 오히려 경제 활성화를 가져올 잠재력을 지닌다. 고령 인구 증가는 사회를 고갈시키는 것이 아니라 경제 성장과 혁신, 새로운 가치 창조의 핵심 동인(動因)이다.

마침내 기업들은 고령자들을 감당할 수 없을 정도의 비용과 재정 부담이라기보다는 일종의 기회, 즉 제품과 서비스 시장의 증가를 촉진하고, 아직 개발되지 않은 재능과 자원이 가득하며, 경제와 사회의 혁신을 이끄는 추진력을 지닌 존재로 바라보기 시작하고 있다.

마지막으로 우리는 우리의 자아와 내면을 바라보는 방식을 바꿔야만 한다. 나이듦을 쇠퇴가 아니라 지속적인 성장으로 여겨야 한다. 많은 고령자들은 자신들이 버려졌다고 느끼는데 그 대신에 목적의식과 긍정적 자아를 개발하는 것이 중요하다. 그 목표는 우리가 인생 전환의 방향을 잡는 데 자신감을 갖고, 우리 자신을 사회로부터 고립된 존재라기보다는 사회에 꼭 필요한 존재로 보는 것이다.

나는 우리가 이 목표를 완수하는 데 도움을 주고자 이 책을 썼다. '나이듦, 그 편견을 넘어서기' 프로젝트는 건강과 부, 그리고 자아에 초점을 맞춤으로써 나이듦을 둘러싼 사고방식을 변화시키기 시작할 것이다.

'나이듦, 그 편견을 넘어서기'라는 논의 안에서 다음의 세 가지 주제를 다룬다. 첫째, 우리만의 힘으로 이 일을 할 수는 없다. 우리는 사회의 모든 공동체의 관심을 끌어모아야 한다. 정부에는 공공의 역할이 있고, 사기업과 단체에는 민간의 역할이 있으며, 우리 각자에게는 개인적인 역할과 책임이 있다. 둘째, 혁신은 나이듦의 편견을 넘어서기 위해 개인과 사회 모두가 들이는 노력의 핵심이다. 혁신은 제품과 서비스에 국한되어 있지 않고 우리 사회 구조와 프로그램에도 관련되어 있다. 마지막으로 '나이듦, 그 편견을 넘어서기'는 50세 이상의 사람들에 관한 것만은 아니다. 이는 모든 세대에 영향을 미치며 모든 세대는 이 변화를 일으키는 데 참여해야만 한다.

나는 '나이듦, 그 편견을 넘어서기' 프로젝트가 이 나라에서 나이듦을 둘러싼 이야기에 변화를 가져오는 운동을 촉발하기를 바란다. 다행히 이미 이 운동은 시작됐다. 50대와 60대로 진입한 베이비붐 세대는 그들의 모든 인생 국면에서 해왔던 대로 매일매일 나이듦에 관한 편견을 깨뜨리고 있다. 밀레니얼(Millennial) 세대[*] 또한 직장에서 일과 가정의 양립을 요구하고 공유경제 모델과 공유 공동체의 이점을 보여주는 방식을 통해 나이듦의 편견을 극복

---

[*] 1980년대 초반부터 2000년대 초반까지 출생한, 베이비붐 세대의 자녀 세대.

하고 있다. 이 책 안에서 당신은 이미 나이듦의 편견을 넘어선 사람으로서 그들만의 족적을 새기고 있는 사람들을 만날 것이다. 내가 그랬듯이 당신도 그들에게서 영감을 받기를 바란다.

우리는 매우 흥미진진한 시대를 살고 있다. 요즘 50세가 된 사람들 대부분은 30년 이상을 더 산다고 예측할 수 있다. 30년은 우리가 보낸 아동기와 사춘기보다 더 긴 시간이며, 많은 경우 직장에서 보낸 세월보다 더 길다.

나는 우리가 다음과 같은 사회를 만들 수 있다고 믿는다. 자립적이며 존엄한 존재로 더 건강한 삶을 영위해나가는 데 필요한 돌봄과 정보, 서비스를 이용할 권리가 있음을 모든 사람들이 깨닫고 나이 들어갈 수 있는 사회, 그들이 길어진 기대 수명에 걸맞는 재원과 기회를 가진 사회, 그리고 그들을 사회에 꼭 필요하며 영감을 주는 자산으로 바라봐주는 사회 말이다.

마야 안젤루*는 이렇게 말했다. "50세가 되어서야 비로소 우리는 각자 바라왔던 사람이 된다." 나는 나이와 경험은 사회 모든 구성원들의 인생에서 가능성을 확장시킬 수 있다고 믿는다.

나이듦의 편견을 넘어서고 나이듦을 기대할 만한 인생의 한 부분으로 받아들일 때 우리가 언제나 꿈꿔왔던 인생을 살아갈 진정한 가능성의 탐험을 시작할 수 있다. 당신이 나와 함께 이 여정을 함께 하길 바란다.

---

* 미국 사회에서 영향력이 큰 여성 소설가이자 시인.

제1장

나이듦의
새로운 현실

나이듦은 '젊음을 상실하는 것'이 아니라

기회와 힘의 새로운 단계이다.

− 베티 프리던

미국은 늙어가고 있다. 이는 틀림없는 사실이며 우리 시대의 변혁과 관련된 사안이다. 이 문제는 경제, 직업, 교육, 문화, 그리고 지역사회 곳곳에 스며들어 영향을 미치고 있다. 베이비붐 세대의 출생이 1950년대와 1960년대, 1970년대 미국인들의 생활을 재정립했듯 베이비붐 세대의 노화는 2010년대와 2020년대, 2030년대에 우리가 살고 일하는 방식에 변화를 가져올 것이다.

현대인들은 이전 어느 세대보다 더 오래, 더 풍요롭게 산다. 우리 조상들 대부분이 최저, 혹은 그보다 약간 나은 생활을 했던 200년 전을 생각해보라. 그들은 간신히 생계를 꾸려나간 농부들과 마을 대장장이들, 제화공들, 또는 각종 기술자들이었다. 그들이 당뇨병에 걸렸다면 눈이 멀었을 것이고 아마도 일찍 죽었을 것이다. 중년에 이르러 점점 시력이 안 좋아지면 책읽기를 그만두어야만 했을 것이다. 경미한 감염으로 죽음에 이르는 경우도 많앉을 것이다. 대부분의 사람들에게 육식은 흔치 않은 사치였다. 그리고 현시대를 사는 우리가 더 낮은 칼로리를 섭취하려고 몸부림치고 있는 반면에 그들은 배불리 먹기 위해 분투했다.

우리는 경이로운 진보를 이루었다. 현재 우리 대부분은 한 세기 전 가장 부유한 국가의 가장 부유한 사람들보다 더 건강하며, 더 오래 산다. 그리고 21세기 전반기에 큰 재앙만 막는다면 현재 선진국 중산층이 누리고 있는 건강하게 장수하는 삶을 전 세계 사람들 대부분이 공유하게 될 것이다.

인류가 지난 두 세기에 걸쳐 이룩한 진보에 이와 같은 예는 없었다. 견줄 데 없는 이러한 발전은 크게 두 가지 요인에 기인한다고 볼 수 있다. 첫째, 우리는 극히 일부의 사람들에게 허용됐던 기술적·물질적 이득을 보다 많은 이들이 누리기 시작한 첫 세대이다. 물질적 이득은 5~10%에 해당하는 사회의 최상 부유층만 누릴 수 있었다. 그에 반해 사회 나머지 구성원들이 누리는 혜택은 겨우 최저 수준에 머물러 있었다.

둘째, 우리는 정보와 지식, 지혜를 폭넓게 분배하는 구조를 발전시켜왔다. 100년 전 심각한 종이 부족과 중산층의 낮아진 구매력에 따른 배급제도(두 현상 모두 제1차 세계대전의 결과이다)는 정보 보급을 도전 과제로 만들었다. 요즈음에는 정보가 텔레비전과 소셜 미디어와 같은 매체를 통해 놀라운 속도로 사회 각계각층으로 퍼져나간다. 무려 전 세계 인구의 23%가 인터넷에 연결되어 있고, 2020년에는 인구 50억, 즉 전 세계 인구의 66%까지 늘어

날 전망이다. 미국에서는 인터넷에 접속하고 싶어 하는 사람 거의 모두가 인터넷에 연결되어 있다.[13]

살아 있다는 것이 믿기지 않는 시대이다. 미국은 약 한 세대 전에 기대 수명이 70세였다. 그레고리력에 따른 현대의 달력을 쓰기 시작한 때(대체로 16세기)부터 1900년까지 기대 수명은 해마다 평균 3일씩 늘어났다. 1900년 이후에는 1년에 평균 110일씩 증가했다. 1900년대의 기대 수명 증가량은 이전 모든 시기를 합친 것보다 더 많았다.[14]

1900년의 평균 기대 수명은 47세였는데 현재는 78세이다.* 당신이 65세까지 생존한다면 19년을 더 살 것이라고 예측된다.[15]

역사상 처음으로 장수는 흔한 일이 되었다. 당신이 지금 50세라면 지금까지 살아온 세월의 절반이 당신 앞에 남아 있는 것이다. 근래에 태어난 사람들 가운데 절반 이상이 100세까지 살 것이다. 2030년이 되면 65세 이상 인구는 7,200만 명이 될 것이며 전체 인구의 거의 20%에 달할 것이다. 가장 빠른 속도로 늘어나는 연령대는 85세 이상이다. 2040년에 60세 이상 인구수는 인류 역사상 처음으로 17세 이하 인구수를 앞지르게 될 것이다. 전에 없던 인류의 장수는 20세기에 이룩한 위대한 업적 가운데 하나이다.

---

* 1960년 한국인 평균 기대 수명은 53.7세였으며 2016년에 태어난 한국인 평균 기대 수명은 82.4세이다(2017.12.5. 통계청 발표).

•∘∘ 더 오래, 더 잘 살기

새롭게 다가온 현실은 우리가 더 오래 살기만 한다는 것이 아니다. 우리는 또한 더 잘 살고 있다. 육체적·정신적으로 쇠락하는 생의 마지막 순간에 단순히 몇 년을 덧붙이는 것이 아니다. 대부분의 경우 우리는 건강하고 생산적인 삶을 더 오래 살고 있다. 이 '건강하게 나이듦'이라는 개념은 모순이라고 생각된 적이 있었다. 20세기 초 폐결핵, 천연두, 디프테리아, 파상풍 등과 같은 급성 전염병은 전체 사망 원인의 80%에 달했다. 1970년대까지 이런 질병에 의한 사망률은 거의 99% 감소했으며 이로 인해 심장질환, 뇌출혈, 암, 당뇨와 같은 만성 질환이 주요 질병이 되었다.[16] 의학은 점점 생명을 연장했고, 이후에는 만성 질환 치료에도 개입하기 시작했다. 그 당시 일반적 통념은 질병 치료의 결과로 얻어진 여분의 세월을 건강하지 못한 상태로 보내리라는 것, 그리고 의학과 공중보건의 진보가 삶을 연장할 수 있더라도 만성 퇴행성 질환의 발병은 늦출 수 없다는 것이었다.

그런데 1978년에 스탠퍼드 의과대학의 제임스 프라이스 교수가 만성 질환이나 장애가 시작될 때부터 죽음에 이르기까지의 시간을 단축할 수 있다면 사람들이 고통받는 햇수를 최소화해 그들 자신과 사회에 모두 유익한, 더 성공적이며 생산적인 삶을 살도록 해줄 것이라는 가설을 세웠다.[17] 프라이스 교수가 명명한 이 '질병의 압축' 이론은 노화 개념에 일대 변혁을 일으켰다. 점진적인 쇠락을 필연적인 것으로 순순히 받아들이는 대신에, 생활 방식의 변화와 더불어 질병의 시작을 뒤로 늦추는 데 목표를 둔 건강 증진과 예방을 통해 쇠락을 늦추는 방법에 초점을 맞추게 되었다.

우리는 운동을 하기 시작했으며 피트니스 클럽에 등록을 하고 걷기 모임을 조직하기 시작했다. 또한 영양에 관한 연구가 폭발적으로 증가하는 현상을 목격했다. 새로운 식이 요법이 매주 등장하는 것 같았고, 서점에는 '나이듦과 맞서 싸우기' 위해 우리가 할 수 있는 모든 것을 조언해주는 자기 계발서가 홍수처럼 밀려들었다. 그와 동시에 예방책을 홍보하고 유방 엑스레이 촬영과 같은 건강 검진을 독려하며, 흡연을 줄이라는 것과 같은 공중 건강 운동이 사람들이 더 건강하게 더 오래 사는 데 많은 도움을 주었다. 그리고 관절 치환술과 같은 의술의 혁신과 당뇨병 환자의 혈당 관리법 개선은 훨씬 더 건강한 삶을 살도록 이끌어주었다.

기대 수명 증가와 질병 압축 이론의 결합으로 우리가 노년이라고 부르던 시기로의 전환은 우리가 인생을 어떻게 살지를 재정립하는 계기가 되었다. 그리고 전체 인구 가운데 비교적 적은 수가 아니라 많은 사람들이 그 영향을 느낀다. 기대 수명 증가와 질병 압축 이론은 점점 나이 들어가는 베이비붐 세대의 숫자와 결합해 우리 사회의 전통적인 인구 통계 그래프 모양을 변형시키고 있다. 이 현상을 다음과 같이 생각해보자. 우리는 인구 통계 그래프를 삼각형으로 그리고는 했었다. 아랫부분은 가장 숫자가 많게 해 젊은 층을 넣고, 꼭짓점을 향해 올라갈수록 노인의 숫자를 점점 줄여서 그려 넣었다. 이제는 그 삼각형이 사각형이 되었고 맨 아래보다 꼭대기 인구수가 더 많아 심지어 역삼각형이 되기 시작하고 있다. 이제는 나이를 지긋하게 먹는 것이 특별한 일이 아니라 평범한 일이다. 이는 나이 들어간다는 것이 의미하는 바의 변화뿐 아니라 우리가 살아가는 방식의 변화, 다시 말해 영구적인 인생 항로의 변화를 뜻한다.

•• 인생 항로의 재정립

이 막대한 인구통계학적 변화는 우리 사회에서 매우 보기 드문 현상이다. 예를 들어 18세기 후반에 우리는 더 세밀하게 생의 단계를 규정하고 조정하기 시작했다. 즉, '아동기'라는 개념을 새로 만들어 사용하기 시작했다. 그 당시까지는 어린이를 몸집이 작은 어른으로 여겼다. 소년은 직업 전선에 뛰어들거나 결혼을 하면 어른이 되었다. 어른이 하는 일을 할 수 있다면 어른이 되었고, 할 수 없다면 어린이에 머물러 있었다. 그 중간 개념은 없었다. 그러다가 20세기에 접어들면서 고등학교와 현대의 10대 개념을 가져온 '청소년기'가 생겼고, 1950년대와 1960년대 초반에는 '은퇴기'라고 부르는 새로운 인생 단계가 소개되었다.

제2차 세계대전 이후 수년간 미국에 사는 노인들은 심각한 사회 문제로 여겨졌다. 어떤 집단도 그 당시 노인들만큼 무시당하지는 않았다.[18] 노조 위원장 월터 루터는 은퇴와 생의 끝 사이를 "일하기에는 너무 늙었고 죽기에는 너무 젊다."라고 적절히 묘사했다. 이 시기에 들어선 사람들은 사라졌다. 너무 많은 사람들이 무슨 일을 해야 할지 몰랐고, 사회는 그들을 필요 없어 하는 것 같았다. 나이는 그저 젊음의 잔재로 여겨졌다.

그렇지만 1950년대에 현대인들이 생각하는 '은퇴기'라는 인생 단계가 부각됐다. 어려움을 겪던 노인들에게 변화가 일기 시작했다. 이 시기는 베이비붐 세대의 출생으로 미국의 엄청난 인구통계학적 격변기였다. 우리는 민간 투자와 공공 정책, 개인적 책임을 함께 엮어 이 인구통계학적 혼란을 지원하고 보살필 사회 기반 시설을 만들었다. 국가는 학교 건설과 교사 교육, 주택과 고속 도로, 공중 보건의 투자로 부응했다. 정부는 보건부와 교육부, 복지부를 만들고 각 주(州)를 연결하는 고속 도로를 건설했다. 제대군인원호법(GI Bill)*을 통해 수백, 수천의 제대 군인들이 교육을 받아 좋은 직업을 가질 수 있었다. 미국 가정은 교외 지역이라고 불리는 새 보금자리를 발견했다. 그리고 우리는 연구 사업에 투자해 미국 최고의 과학자들과 의사들이 아동기 질병에 대한 백신과 치료제를 개발하게 했다. 그 결과, 해마다 수천 명의 어린이들을 괴롭혀온 소아마비와 같은 질병은 거의 근절되었다. 수두와 홍역, 유행성 이하선염 백신은 이제 예외 없이 필수 접종을 한다. 어린

---

* 미국의 퇴역 군인들에게 교육, 주택, 보험, 의료 및 직업 훈련의 기회를 제공하는 법률과 프로그램.

이들과 가족들을 대상으로 최적화한 새로운 상품과 서비스를 내세운 기업이 시장에 물밀듯 밀려 들어왔다. 동시에 AARP와 같은 비영리 단체가 노인들의 권리를 옹호하고 생산적인 노년에 관한 새로운 철학을 제기하기 시작했다. 은퇴 개념이 확고해지고 이러한 새로운 인구통계학적·문화적 변화가 일어나기 시작함에 따라 지옥과도 같았던 노년은 몹시 다다르고 싶어 하는 목적지로 변했다.

이 시기에 중산층이 극적으로 증가하기 시작했는데 이는 우연의 일치가 아니다. 미국을 '누구든지 아메리칸 드림을 이룰 수 있는 기회를 갖는 곳'으로 보는 사회 계약 아래 기업과 정부, 시민들과 여러 단체들이 제 역할을 했다.

이 사회 계약의 혜택은 미국의 노년층을 포함해 사회의 모든 사람들이 피부로 느꼈다. 사회보장연금에 대한 약속은 점점 더 많은 사람들에게 은퇴기 소득의 기초를 제공하기 시작했다. 1965년에는 미국 노인들이 기본적인 의료 서비스를 받을 수 있게 하는 노인의료보험제도와, 빈곤자들을 보호하고 부양하기 위한 저소득층의료보장제도가 추가되었다. 그리고 보장연금 혜택을 받는 미국인 숫자는 1950년에 1,030만 명에서 1970년에는 3,500만 명으로 꾸준히 증가했다. 1980년에는 노동 인구의 28%가 확정급여형 퇴직연금제도의 혜택을 받았다.[19]

얼마 후 '선 시티(Sun City)'나 '레저 월드(Leisure World)'와 같은 이름의 노인 생활 공동체가 생겨나기 시작했다. 그리고 지옥으로 여겨지던 노년기가 '황금기'로 변화되고 있었다. 여가를 한가로이 즐길 수 있는 은퇴는 아메리칸 드림의 초석인 치열하게 살아온 인생에 대한 보상이 되었다. 게다가 은퇴에 더 빨리 다다를수록 더 좋았다. 일찌감치 은퇴할 수 있다는 것은 궁극적인 성공의 상징이었다. 그리고 아직도 많은 사람들이 그렇게 생각한다.

우리는 지금 베이비붐 세대로서 또 다른 인구통계학적 대변동을 경험하고 있다. 수천만의 50대, 60대, 70대, 그리고 80대들이 앞장서서 더 오래, 그러면서도 더 건강하고 생산적인 삶을 이끌고 있다. 그들은 전에 없던 장수 시대에 — 그리고 장수가 자신들의 삶에 주는 의미에 — 눈을 뜨기 시작했으며 그 과정에서 새로운 인생 단계를 만들어가고 있다.

•• 길어진 중년기

생일 카드에 뭐라고 쓰여 있든 요즘 시대의 50세는 더 이상 노년을 향한 지루한 하강기의 출발점이 아니다. 그 대신에 새로운 성장기, 즉 대부분 우리 선조들에게는 존재하지 않았던 길어진 중년기의 시작을 나타낸다. 50세는 사람들이 더 오래, 더 잘 살며, 균형 잡히고 활력 있는 생활 방식을 유지한다는 생각을 포용하기 시작할 때이다. 이 새로운 인생 단계는 아직 그 개념을 정립해가는 과정에 있다. 어떤 사람들은 이 시기를 '인생 제3장', '기회의 세대', 또는 '앙코르 단계'라고 부른다. 나는 이 시기를 간단히 '길어진 중년기'라고 부른다. 지금은 이 시기를 사람들이 늘 바라던 것을 할 수 있는 자유와 기회를 가진 때로 본다.

이 시기에 들어서고 있는 우리는 나이에 의해 규정되기를 바라지 않으며 나이가 들어감에 따라 가능성이 제한받는다는 두려움 속에 살고 싶어 하지 않는다. 우리가 가진 인생 경험은 대단한 가치가 있다고 생각한다. 우리는 아직도 세상에 영향을 끼치고 싶어 한다. 그리고 대체로 더 건강하게 장수하는 인구가 늘어났기 때문에 우리에게는 아직도 그 역할을 할 세월이 많이 남아 있다.

2014년 9월에 나는 오프라 윈프리의 '당신이 바라는 인생' 강연에 참가할 기회가 있었다. 오프라 윈프리가 무대에 서서 자신의 인생 역전 이야기를 들려주며 청중들에게 감동을 주는 모습을 보고, 우리가 나이에 연연하지 않고 위대한 것들을 더 많이 성취해야만 한다는 갈망을 그녀가 자신의 인생을 통해 구현하고 있음을 확실히 깨달았다. 나는 동료 쪽으로 몸을 기울이며 말했다. "세상에, 오프라 윈프리는 여전히 더 심오한 목적을 이루려고 노력하고 있어요." 이미 명예와 부, 영향력을 가지고 있는 그녀의 말에 귀 기울이다 보면 그녀가 스스로 뭔가 부족하다고, 다시 말해 아직도 해야 할 일과 줄 것이 더 있다고 생각한다는 것을 느낄 수 있었다. 이 새로운 인생 단계는 우리에게 뭔가를 하고, 주고, 실현할 더 많은 시간 — 대부분의 경우 약 30년 — 을 준다.

이렇게 길어진 중년기는 젊음의 잔재 이상이다. 이 시기는 새롭고 가치 있는 방식으로 성장하고 새로운 역할을 발견하며, 불과 2~3년 전만 해도 가능하리라 생각지도 못했던 방식으로 우리 자신을 재정립하고 열정을 불러일으키며 인생의 목적을 찾아 성취할 기회이다. 우리는 최상의 삶을 살 수 있다. 다시 말해 재정적인 안정과 힘, 건강, 의미 있는 일, 로맨스, 그리고 발견을 성취할 수 있다.

•• 나이듦에 관한 다섯 가지 새로운 현실

모두 멋진 이야기 아닌가? 그런데 꼭 그렇지만은 않다. 항상 햇살 좋은 꽃길만 걸으며 아메리칸 드림 속에 살지는 않는다는 사실을 직면해야만 한다. 이 인생 단계에 있는 많은 이들은 건강과 경제, 사회, 과학 기술 면에서 앞선 여느 세대와는 다른 현실을 헤쳐나가기 위해 몸부림친다. 그런데 많은 이들은 어디에 도움이나 안내를 요청해야 할지 모른다. 여러 사회 기관은 20세기 인생 과정에 맞춰 설계된 사고방식에 머물러 있다. 예를 들어 많은 기업은 고령 근무자를 채용하고, 재교육하고, 고용 상태를 유지하기를 주저한다. 전문대학교와 대학교는 여전히 학교로 돌아오기를 바라는 고령 학생들을 유치할 방법을 알아내려고 하고 있다. 교통 시설은 고령 인구의 요구를 충족시킬 수 있도록 설계되어 있지 않다. 집은 우리가 나이 들어감에 따라 생기는 욕구에 부응할 수 있게 지어지지 않았다. 노인을 돕는 프로그램 다수는 20세기 생활 방식에 맞게 만들어져 있는데 오늘날 사람들은 20세기와는 다르게 나이 들어가고 있기 때문에 더 좋은 효과를 내도록 조정되어야 한다.

이런 불안정한 경향은 우리가 직면하는 많은 문제에 대한 첨예한 관심과 기존 시스템 해체 필요성의 강조, 그리고 미국 내 고령화에 대비한 정책과 관행의 재고를 불러온다. 우리는 사회가 이 새로운 인생 단계에 들어서고 있는 많은 사람들에게 적응하도록 도와야 할 뿐 아니라 각 개인들 또한 도와야 한다. 우리는 삶과 노화에 관해 좀 더 다양하고 좀 더 좋은 선택을 하는 데 도움이 되는 새로운 해결 방안을 찾으면서, 개인으로서 그리고 사회로서 나이듦의 새로운 현실을 인정해야만 한다.

• 나이듦은 삶의 문제

한 달에 한 번, 나는 50대 초반부터 70대 중반에 이르기까지 다양한 연령대의 여성들로 이루어진 모임에서 점심 식사를 한다. 자리에 앉아서 그동안 무슨 일이 있었는지 수다를 떨다 보면 우리 테이블 옆을 지나가는 사람들은 아무도 우리 나이가 얼마인지 추측하지 못할 것이라는 생각이 들곤 한다. 윤택한 인생을 반영하는 아주 우아하고 가장 멋진 옷을 차려입은 그들은 모두 무척 멋져 보인다.

모든 대화가 다가올 여행과 집 개조와 모험 등 미래 계획에 관한 것처럼 보인다. 물론 고생담도 함께 나눈다. 그렇지만 힘들었던 순간을 이야기하는 와중에도 긍정적인 어조로 그 경험에서 얻은 감정을 생생하게 묘사한다. 그들은 각각 자신의 나이를 적극적으로 인정한다. 즉 그들은 각각 더 젊어 보이게 행동하거나 꾸미지 않으며, 단지 할 수 있는 한 최고의 변호사나 의사, 교사, 사업가, 로비스트, 할머니, 돌보미, 또는 주부가 되려고 노력한다.

그 모임에 있는 여성들은 모두 가족 부양의 고단함을 이해하고 사랑하는 이를 돌보는 일에 도움이 필요할지도 모른다는 것을 인식한다. 그들은 또한 자신에게 도움이 필요할 때 누가 자신을 돌봐줄지 궁금해한다. 그들은 최신 스마트폰이나 태블릿 PC의 사용법을 제대로 이해하는 데 도움이 필요할지라도, 자신들이 그런 최신 기기들을 사용한다는 사실 자체를 좋아한다. 그들은 나이가 들어갈수록 신용 사기나 신원 도용의 대상이 될 가능성이 더 많다는 사실을 잘 알며, 그들 자신을 보호하는 방법을 알고 싶어 한다. 그리고 증가하는 의료비와 그 비용을 충당할 방법에 대해 걱정한다.

이 여성들은 현실적이다. 우리는 함께 모이면 솔직하게 이야기를 나누고, 다음에 닥쳐올 어려움을 직시하도록 서로 돕는다. 우리는 우리의 욕구가 변화하고 있음을 안다. 우리가 항상 그 변화를 좋아하지는 않을지라도 그것과 정면으로 마주한다. 우리는 주택 규모의 축소와 은퇴, 불확실한 미래에 대해 곰곰이 생각하면서 기꺼이 삶의 태도를 바꾸고 서로에게서 힘을 발견한다.

친구들과 나는 우리 나이 또래의 많은 미국인들과 함께 이러한 전망과 태도를 공유한다. 우리는 대부분의 사람들처럼 각자의 삶을 사느라 바쁘고 미래에는 무엇이 가능할지 궁금해하며 최선을 다해 그것을 활용하느라 분주하다. 우리는 가족과 친구, 지역사회의 일원이다. 우리는 나이를 지긋하게 먹었기 때문에 하던 일을 멈추고 사회에서 뒤로 물러나 있지 않는다. 우리는 나이가 들어가면서 인생의 어떤 면은 약간 더 힘들어지고 어떤 면은 약간 더 쉬워진다는 것을 이해하지만 이 모든 것이 삶의 일부이다. 그래서 우리는 그것을 최대한 활용하기로 마음먹는다. 요컨대 우리는 나이듦의 새로운 현실을 수용한다. 그것은 결국 삶에 관한 것이다.

・ 그레이의 5,000만 가지 그림자*
─ 누구나 다 오래 살지는 않는다

우리는 사람들이 대체로 이전 어느 때보다 더 오래, 더 풍족하게 산다는 점을 알지만, 50세 이상의 사람들 사이에 큰 차이가 있다는 점 또한 안다. 그리고 미국 경제가 전 세계에서 가장 부유함에도 불구하고 미국인 가운데 상당히 많은 이들이 가난에 허덕이

---

* 소설 『그레이(Grey)의 50가지 그림자』를 패러디한 것. 'Grey'와 'Gray(흰머리)'의 발음이 같음을 이용했다.

고 있으며 가난과 건강, 기대 수명 사이에는 직접적인 연관성이 있다. 나이듦의 새로운 현실 가운데 하나는 고령 인구 사이에 존재하는 불공평한 차이를 이해하고 해결해야만 한다는 점이다.

성별과 인종, 민족성을 기반으로 해 사람들의 수명은 얼마나 크게 다른가? 2010년에 65세가 된 코카서스계 미국인 남성은 평균 82세까지 산다고 예상할 수 있었다. 이 수치는 코카서스계 미국인 여성보다는 평균 약 3년이 적지만 아프리카계 미국인 남성보다는 2년 더 길다. 평균적으로 아프리카계 미국인 여성은 코카서스계 미국인 여성만큼 오래 살지 못한다.[20]

질병관리예방센터에서 발표한 자료에 따르면 라틴아메리카계 미국인과 아프리카계 미국인이 비라틴아메리카 코카서스계 미국인보다 더 가난한 경향이 있다. 그들은 일주일에 3일 이상 운동할 가능성이 적고, 당뇨병에 걸릴 위험이 더 높으며, 장애를 갖게 될 가능성이 높고, 다양한 종류의 암에 걸려 죽을 위험이 더 높다. 그들은 또한 비라틴아메리카 코카서스계 미국인에 비해 인지 기능 장애나 알츠하이머에 걸릴 가능성이 더 높다. 대체로 그들이 적절한 건강보험 혜택을 받을 기회가 적고, 양질의 돌봄을 받을 기회도 적으며 건강 지식이 낮기 때문이다. 그들은 또한 비라틴아메리카 코카서스계 미국인에 비해 소득과 저축액이 낮고 가정 내 불평등한 상황에 처하는 경향이 있다.[21]

성별과 인종, 민족성이 장수에 영향을 미치는 유일한 요소는 아니다. 부와 교육 또한 중요한 요인이다. 소득 분포 중상위에 속하는 사람들은 현재 1970년대보다 대략 6년 더 오래 사는 데 반해 소득 분포 중하위에 속하는 사람들은 고작 1.3년 더 오래 산다. 놀랍게도 고등학교 졸업장이 없는 코카서스계 미국인 여성은 실제로 1990년에서 2008년 사이에 기대 수명이 5년 짧아졌다.

어디에 사는가 또한 얼마나 오래 사는가를 결정하는 요인이다. 내가 살고 있는 노던 버지니아*의 기대 수명은 내가 일하고 있는 워싱턴 D.C.보다 거의 7년 더 길다. 일리노이 주 쿡 카운티는 그 지역 내 어디에 살고 있느냐에 따라 기대 수명이 33년까지 차이가 난다.[22] 연구자들이 이런 차이가 생기는 이유를 명확히 밝히지는 못했지만 사회 빈곤층에 더 보편화되어 있는, 높은 스트레스 지수와 비만도, 흡연율에 기인할지도 모른다. 그리고 이에 덧붙여 건강에 유익한 음식을 접하고 의료 서비스를 받을 기회가 적은 데에도 원인이 있을 것이다.

앞으로 40년에 걸쳐 비라틴아메리카 코카서스계 미국인들이 전체 미국 인구에서 차지하는 비율이 계속해서 줄어들 것이기 때문에 이 모든 것들이 중요하다. 오늘날 아프리카계 미국인들과 라틴아메리카계 미국인들은 각각 50세 이상 인구의 10% 이상을 차지하며 아시아계 미국인들은 4%를 상회할 뿐이다. 2030년까지 소수 인종과 소수 민족은 미국 전체 인구의 42%를 차지할 전망이다. 미국 통계청은 라틴아메리카계 미국인이 2044년에 전체 인

---

* 워싱턴 D.C. 서쪽 교외 지역.

구의 25%를 넘어 미국 내 소수 인종, 소수 민족 가운데 가장 큰 규모를 차지하게 될 것이라고 내다봤다. 이 새로운 인구통계학은 저자 가이 가르시아가 '새로운 대세'라고 부른, 소수가 새로운 다수를 형성하는 현상을 일으키고 있다. 그리고 그 안에 내재하는 경제적·문화적 힘이 나이듦의 새로운 현실에서 점점 더 결정적인 요인이 될 것이다.[23]

· 고령자는 짐이 아니라 공헌자이다

나는 워싱턴 D.C.에서 일하고 있다. 바로 나이듦에 관한 대부분 오해의 진원지에 있는 것이다. 오해하지는 말라. 오해와 구시대적 고정 관념은 어디에나 존재한다. 그렇지만 그 영향은 워싱턴에서 가장 강하게 느껴진다. 그곳은 나이듦은 쇠락, 즉 문제만 야기하고 사회가 씨름해야 하는 짐이며 공동 자원을 고갈시키는 것이라는 시대에 뒤떨어진 시각에 사로잡혀 있는 곳이다. 특히 사회보장연금과 노인의료보험제도에 관한 토론을 하게 되면 AARP에서 항상 이런 이야기를 듣는다. "고령 인구가 국가를 파산에 이르게 할 것이다. 20년이 지나면 연방 예산 전부를 고령 인구 프로그램에 쏟아붓게 될 것이다. 가족이 있는 젊은 노동자는 고령 은퇴자를 부양할 높은 세금을 낼 수 없을 것이다." 이런 태도는 나이듦의 새로운 현실을 간과한 것이다. 나이듦은 쇠락이 아니라 성장이다. 문제를 야기하지만 기회 또한 창출한다. 고령자는 짐이 아니라 공헌자이다. 더 많은 사람들이 어떻게 살고 나이 들어갈 것인지 선택 가능하도록 새로운 해결책을 개발할 수 있으려면 이런 오해를 바로잡아야만 한다.

역사학자 스티브 길런은 자신의 저서 『베이비붐 세대의 나라』에서 "베이비붐 세대는 근본적으로 혁명가가 아니라 소비자였다."라고 말했다. 올해 70세가 된 베이비붐 첫 세대를 포함해 베이비붐 세대가 이제 50세 이상이 되었기 때문에 그들은 계속해서 소비자가 된다. 그들은 그들보다 연로한 형제자매들과 함께 경제적인 면과 사회적인 면에서 모두 미국을 변화시키고 있을 뿐 아니라, 나이듦이 국가와 경제에 미치는 영향에 관한 전통적인 사고와 고루한 고정 관념을 파괴하고 있는 장수 경제를 구성한다.

장수 경제를 구성하는 1억 6백만 50세 이상의 사람들은 연간 경제 활동에서 7조 6,000억 달러 이상을 차지한다. 2032년까지 그 수치는 13조 5,000억 달러를 넘어설 것으로 예상된다. 그런데 당신을 충격에 빠뜨릴 사실이 하나 더 있다. 장수 경제는 이제 미국과 중국을 제외한 국가들의 경제 규모보다 크다.[24]

길어진 중년기에 들어가면서 사람들은 자원봉사자와 돌보미, 그리고 조부모 역할을 하며 경제적으로뿐 아니라 사회적으로도 사회 조직에 기여한다. 스탠퍼드대학 장수연구센터 소장인 로라 카스텐슨은 늘어난 수명의 진정한 이점 가운데 하나는 5~6세대가 동시에 산다는 점이라고 말한다. 젊은 세대를 가르치고 영향력을 행사할 수 있는 능력이 있는 고령 세대의 영향은 이루 헤아

릴 수 없이 크다.

오늘날 젊은이들을 양육하고 가르칠 수 있는 나이 지긋한 어른들이 점점 더 늘어나다니 얼마나 멋진 축복인가 하는 생각이 절로 든다. 가족 구성원들이 지역적으로 더 분산되는 것은 사실이지만, 요즘에는 페이스북과 스카이프, 페이스타임, 트위터, 스냅챗 등 사람들이 서로 연결되어 있도록 도와주는 자원이 많다.

50세 이상의 사람들은 이 기술을 무척 좋아한다. 베이비붐 세대의 절반이 페이스북을 이용하고 있으며 50세 이상 여성 이용자 수는 페이스북 이용자 그룹 가운데 가장 빠른 속도로 성장하고 있다.[25] 나는 가족이나 친구와 함께 모이면 제일 먼저 각자 스마트폰이나 태블릿 PC를 꺼내 자녀나 손주, 조카들 사진을 서로에게 보여주며 무슨 일을 하면서 바빠 지내는지 이야기를 한다. 당신도 상당수 나와 같을 것이라고 확신한다. 어떤 사람들은 조부모님을 생각하면 흰 머리의 자그마한 늙은 여인이 아기를 품에 안고 흡족해하며 안락의자에 앉아서 자장가를 불러주는 모습을 기억해낸다. 그런 기억은 아름다운 노먼 록웰 박물관에 걸린 그림에 가까울지 모르지만 오늘날의 현실은 사뭇 다르다. 미국에서 처음으로 조부모가 되는 평균 나이는 48세이며 안락의자에 앉아서 손주들을 흔들어주는 것보다 훨씬 더 많은 활동을 손주들과 함께 한다. 대학 학비를 내주고 차와 옷을 사준다. 극장과 레스토랑, 휴가지에 데리고 간다. 조부모와 함께 사는 손주는 거의 600만 명에 다다른다. 2009년에 조부모들은 (손주들 버

룻을 망치면서) 소비자로서 거의 520억 달러를 썼다.

이제 당신에게 묻고 싶다. 이 모든 수치와 요인들을 고려해볼 때 정말로 나이듦을 쇠락의 문제로만 생각할 수 있겠는가? 고령자가 짐일 뿐인가? 무척 실망스럽게도 우리 정부의 중요 부처는 7조 1,000억 달러 가치의 경제적 활동을 창출해내는 1억 6백만 인구의 요구 사항을 해결하는 데 감당할 수 없는 비용이 들며 이는 재정적으로 부담이 된다고 생각한다. 그렇지만 민간 부문에서는 점점 더 많은 기업가들이 고령자들을 커다란 기회로 보기 시작하고 있다.

• 나이듦은 혁신의 원동력

혁신을 떠올리면 우리는 대개 신제품이나 새로운 서비스, 즉 우리 생활에 일대 변혁을 일으키거나 이전에는 한 번도 행한 적이 없으며 본 적이 없는 발명품인 스마트폰이나 3D 프린터, 또는 무인 자동차 등을 상상한다. 물론 이러한 혁신은 우리가 어떤 삶을 사는가에 거대한 영향을 미친다. 그렇지만 미래 삶의 질은 제품의 설계와 서비스 제공, 정책의 시행에 혁신을 이루는가에 의해서도 결정될 것이다. 예를 들어 우버(Uber)*와 에어비앤비(Airbnb)**,

---

* 스마트폰 기반 교통 서비스. 좀 더 자세한 내용은 제6장 참조.
** 숙박 공유 서비스.

태스크래빗(TaskRabbit)*과 같은 회사의 공유경제 출현은 우리가 필요로 하는 서비스를 얻는 방법을 바꾸고, 제품이 제공하는 이점을 이용하기 위해 그것을 소유할 필요가 없다고 가르치고 있다. 우리는 의료 서비스가 제공되는 방법을 바꾸고, 미래를 위해 저축하고 재원을 마련할 새로운 수단을 개발하고 있다. 다시 말해서 우리 방식대로 나이 들 수 있는 새로운 해결책에 대해 고민할 때 사회 혁신에 관해서도 고려해야만 한다.

종종 개인적 요구와 관심을 해결하기 위해 설계되는 기업 혁신과는 대조적으로 사회 혁신은 기아와 소외, 저렴한 주택(affordable housing)**과 같은 사회적 요구 또는 문제에 대한 새로운 해결책을 찾는 것에 더 가깝다. 사회 혁신은 정부나 영리 부문, 또는 비영리 부문에서 일어날 수 있으며 종종 세 분야의 공동 작업을 포함한다. 사회 혁신은 완전히 새로운 것보다는 현존하는 제품과 서비스, 모델을 새롭게 변형한 형태가 될 수 있으며, 종종 조직 또는 영역의 경계를 넘어서 기존에 분리되어 있던 개인과 집단 사이에 강력하고 새로운 관계를 창조해낸다. 사회 혁신은 사람들이 최상의 삶을 사는 것을 도울 뿐 아니라 사회를 변화시키는 데 도움을 준다.

그렇다면 오늘날 사람들은 어떤 해결책을 찾고 있으며 기업과 사회 영역에서 그러한 해결책을 창출해내는 데 혁신은 어떤 역할

---

* 심부름꾼 애플리케이션.
** 어떤 소득 계층에 속한 사람이라도 자신에게 적합한 주거 비용을 지불하고 거주할 수 있는 주택.

을 하는가? 나이듦의 새로운 현실과 장수 경제에 대해 우리가 아는 것을 고려해볼 때 혁신이 핵심 역할을 한다고 말하는 것은 무척 절제된 표현이다. 혁신은 나이듦의 새로운 현실을 주도하고 있으며 나이듦에 대한 편견을 극복하는 동력이다. ─그리고 기술은 혁신의 조종사이다.

흔히 50세가 넘은 사람들은 기술 공포증이 있다고 생각하지만 그래도 이들은 최신 기술에 능통한 첫 성인 세대이다. 우리는 과학 기술에 영감을 받으며 자랐다. 인류가 달에 착륙하는 모습을 보여준 텔레비전에서부터 컴퓨터와 스마트폰에 이르기까지 이 세대는 이전 어느 세대보다 삶의 질을 향상시키는 기술력에 더 잘 적응하고 있다. 우리는 더 오래, 더 잘 사는 데 과학 기술이 도움을 주기를 기대하게 되었다. 우리는 우리의 모든 욕구를 충족시키는 제품과 서비스를 요구하며, 이런 것들이 기능이 훨씬 뛰어나면서도 더 빠르고 더 저렴하기를 기대한다. 그리고 기술과 사회 혁신이 기하급수적으로 더 빠르게 진화하기 때문에 우리는 신뢰할 수 있는 조언을 찾아 선택과 정보, 주장을 자세히 살펴봄으로써 어떤 상품과 서비스, 프로그램이 우리의 특정 요구에 적합한지 결정할 것이다. 우리 생활을 더 편리하게 해주는 여러 기업과 단체는 믿기 어려울 정도의 엄청난 고객 수 덕분에 시장에서 우위를 차지할 것이다.

50세 이상 미국인 세대는 좋은 삶을 정의할 때 예전에는 집과 멋진 차, 좋은 직업을 중시했으나, 이제는 건강과 경제적으로 안정된 미래, 만족스러운 관계를 훨씬 더 중요한 요소라고 생각하는 것으로 변했다. 또한 우리가 누구인가를 표현하기 위해 물질적인 것을 필요로 하던 시대에서 성취감을 주며 행복감을 느끼게 해주는 경험을 찾는 시대로 변화하고 있다. 우리는 그러한 요구와 관심을 만족시키는 제품, 서비스, 프로그램을 계속 찾을 것이다.

오늘날 다양한 인생 단계의 욕구와 필요 사항을 만족시키는 해결책으로 제품과 서비스를 결합시키는 현상이 나타나기 시작했다. 사람들은 외부와 완전히 차단된 곳에서 살지 않으며 폐쇄적인 해결책을 바라지 않는다. 그들은 건강과 부, 그리고 자아 모두가 한꺼번에 연관된 문제를 다루고 있다. 그들은 어디에서 살게 될지, 어떻게 다닐지, 친구와 가족들과 어떻게 지속적으로 관계를 이어갈지, 필요할 경우 어떻게 의료 서비스와 장기 치료를 받을지, 수중에 있는 돈으로 어떻게 생활을 꾸려나갈지 등, 그들 자신의 미래를 생각하고 있다. 가능한 한 최선의 방식으로 오래 사는 방법에 대해 생각하고 있다.

개개인이 자신의 집에서 독립적으로 더 오래 살고, 매일의 활동을 추적 관찰하고 관리하며, 고립되지 않도록 가족과 친구와 계속 연락을 주고받는 데 도움을 주기 위해 '똑똑한' 과학 기술을 가정에 접목시키는 기술 혁신이 점점 더 많이 목격되기 시작했다. 또한 활력 징후*를 관찰하고 추적하는 웨어러블 기기나, 의사

---

* 사람이 살아 있음을 보여주는 호흡, 체온, 심장 박동 등의 측정치.

의 권고를 따르기 전에 이에 대한 반응을 알아보는 온라인 커뮤니티, 의료 서비스 관리에 도움을 주는 건강 관리 안내자나 의료 전문 코디네이터, 그리고 전자 건강 기록 등과 같은 자가 관리용 디지털 기술이 더 혁신적으로 활용되고 있다.

이에 덧붙여 지역사회는 더 살기 좋고 연령 친화적인 환경 조성을 위해 주택과 교통 서비스를 포함해 유형의 사회 기반 시설과 서비스 제공 방식을 바꾸는 포괄적인 전략을 개발하고 있다.

또한 혁신을 통해 우리는 나이 들어가면서 개인적인 성취를 이루어낸다. 우리는 여행과 건강, 개인적 인간관계, 오락과 여가, 그리고 인생의 즐거운 면과 관련된 새로운 상품과 서비스를 접하고 있다. 우리가 이 인생 단계를 쇠락의 시기 대신에 성장의 시기로 보고, 도전일 뿐 아니라 기회로 인정하며, 노인을 짐 대신에 공헌자로 인정하기 시작할 때 이러한 혁신은 수명이 다할 때까지 사람들에게 영향을 미치는, 세대를 아우르는 새로운 삶의 방식을 소개할 것이다.

그렇지만 우리는 노인들만을 위한 해결책 설계에 대해 이야기하고 있지 않다. 사람들이 상품 또는 서비스가 노인에 맞춰 설계되었다고 생각한다면 젊은이도, 노인도 그 제품과 서비스를 구매하거나 이용하지 않을 것이다. 우리는 모든 연령대의 사람들이 더 오래 삶을 영위하고 모든 사람들의 삶의 질을 개선하는 데 도움을 주는 혁신에 가장 마음이 끌린다. 이것이 새로운 현실이다.

• 현실에 뒤처진, 나이듦에 관한 인식

우리는 생일 카드에 쓰인 문구가 미치는 영향력을 과소평가해서는 안 된다. 그 문구는 나이듦에 대한 우리의 인식을 정립하고 영구화하는 데 도움을 줄 뿐 아니라 또한 우리가 어떻게 될 것이고, 무엇을 할 것이며, 다른 사람들을 어떻게 보고 대우할 것인지에 대한 기대를 만들어낸다. 나이듦에 관한 편견에서 벗어나려면 나이를 먹는다는 것에 대한 우리의 믿음과 태도를 다시 검토해야 할 필요가 있다. 더 길어진 기대 수명과 과학 기술 발전의 융합은 새로운 기대와 가능성뿐 아니라 탐험과 발견의 새로운 문을 활짝 열어주고 있다.

그렇지만 나이듦의 풍경은 이전보다 훨씬 더 빠르게 변화하고 있는데 한 개인으로서, 하나의 사회로서, 우리의 인식은 나이듦의 새로운 현실에 뒤처져 있다. 우리 대부분은 우리 선조들이 한 번도 가져보지 못한 기회를 갖는다. 우리는 행복을 추구하고, 다른 사람들을 도우며, 국가를 위해 봉사하고, 우리가 믿는 이상과 목적을 위해 헌신하며, 모든 이들을 위해 더 나은 나라와 세상을 만들 긍정적인 사회 변화를 이끄는 '장수라는 보너스'를 받는다. 대체로 우리는 더 주어진 시간을 상대적으로 건강하게 보내는데 이는 결코 허비해서는 안 되는 엄청난 기회, 즉 위대한 선물이다. 그런데 우리는 왜 언젠가 우리 개개인과 우리 모두에게 영향을 미칠 고정 관념을 영구화하기를 강력히 주장하는가?

·· 이 모든 것은 무엇을 의미하는가?

인구의 수명 연장은 '국가의 진정한 부'[26]라 일컬어져 왔다. 그리고 나이듦의 새로운 현실은 나이가 어리다고 잠재력을 한계 짓지 않듯이 나이가 많다고 잠재력이 감소하지도 않는다는 점을 인식할 것을 우리 각자에게 요구한다. 노년기는 우리 인생의 흥미진진한 새로운 단계로서 우리가 기대할 만한 것이다. 그런데 운명에 우리 미래를 맡겨둘 수는 없다. 우리는 전환기를 계획하고 준비함으로써 우리의 미래를 책임져야 한다.

나이듦의 순간은 반드시 찾아온다. 나이듦은 모두에게 영향을 미친다. 단지 개인적인 수준에 머무는 것이 아니라 사회적으로도 영향을 끼친다. 우리는 고령화 사회가 만들어내는 기회를 이용하고 도전 과제에 대응할 수 있도록 사회 구조와 기관, 공공 정책과 프로그램을 변화시키기 위해 노력해야 한다.

동시에, 우리는 인생 전환기에 더 방향을 잘 잡고, 의미와 목적을 찾으며, 급격히 변화하는 세상에서 인생을 최대한 가치 있게 살기 위해 자신의 인생을 다시 그려볼 필요가 있다.

사람들이 나이 들어가는 방식이 변화하고 있음에도 불구하고, 현재 우리가 나이 들면서 활용할 수 있는 해결책은 우리가 바라는 삶의 방식과 일치하지 않는다. 그 이유는 무엇일까? 많은 이들이 시대에 뒤떨어진 믿음과 나이듦에 관해 오랫동안 지속된 부정적 편견을 간직하고 있기 때문이다.

나이듦의 편견을 넘어서는 것은 단순히 노년을 다시 그려보는 것이 아니다. 그것은 우리 인생을 설계하고 우리를 지원해줄 새로운 사회 기관과 공공 정책, 개인의 태도를 만들어내는 것이다. 우리 세대가 부모 세대와 달랐던 것처럼 오늘날 젊은이들은 우리 세대와는 다른 인생 과정을 시작하고 있다. 많은 이들이 상대적으로 건강한 상태로 100세 넘게 살 가능성이 높다. 그것이 바로 나이듦의 새로운 현실이다. 현실은 개념이나 이론이 아니라 바로 여기에 있다. 우리는 그 현실을 계획하고 준비하며 잘 활용해야 한다. 그리고 이 모든 것은 우리가 점점 나이를 먹고 있다는 사실과, 선의로 쓴 생일 카드가 잘못됐다는 사실을 점차 편하게 받아들이기로 각자가 선택하는 것에서부터 출발한다. 우리는 인생의 절정을 지난 것이 아니다. 우리는 자신의 나이를 적극적으로 인정하고 있으며 이는 아주 멋진 일이 될 것이다.

제2장

자신의 나이를
적극적으로 인정하라

나는 한 살, 한 살 나이를 먹을 때마다 각각의 나이를 즐겁게 보냈다. 각각의 나이에는 저마다 장점이 있다. 모든 눈가의 주름살, 모든 상처는 내가 살아온 인생을 드러내기 위해 단 배지이며, 모든 이들에게 자랑스럽게 내보이는 '나'라는 나무의 나이테이다. 요즘 나는 '완벽한' 얼굴과 몸매를 바라지 않는다. 내가 살아온 인생을 있는 그대로 드러내고 싶다.

– 팻 베네타

지금 몇 살인지 몰라서 나이를 생각하느라 걸음을 멈춰본 적이 있는가? 매우 흥미로운 질문이다. 자신의 나이를 알면 행동하는 방식, 즉 하는 행동과 하지 않는 행동에 어떤 영향을 미치는가? 사회 또는 미디어가 가진 '늙는다'에 대한 개념에 우리는 얼마나 자주 굴복하는가? 나이에 대한 집착에서 벗어날 수 있다면 어떻게 될까?

그날그날 생활에 좀 더 집중한다면 어떨까? 어떻게든 다르게 행동할까? 다른 사람들을 어떻게든 다르게 대할까? 더 행복해지고 인생을 더 즐길까?

메이저리그 명예의 전당에 헌정된 투수 리로이 새철 페이지에게 이런 질문은 가정 이상이었다. 리로이 새철 페이지는 1948년에 클리블랜드 인디언스 팀에 입단해 그해 팀이 아메리칸 리그에서 우승하는 데 큰 역할을 했다. 그해는 그가 메이저 리그에서

뛴 첫 번째 해였다. 20년 동안 니그로 리그*에서 큰 활약을 한 그는 1948년 메이저 리그 최고령 신인이었다. 클리블랜드 인디언스에 입단했을 때 그의 나이가 42세였다는 것을 우리는 지금 알고 있지만, 그 당시에 그는 자신의 나이를 몰랐다. 그는 자신의 출생 증명서를 본 적이 한 번도 없었는데 그 사실이 그에게 걸림돌로 작용한 적은 없었던 것 같다. 요즘은 40세가 넘은 야구선수를 찾기 어렵고 50세가 넘은 선수가 있다는 말도 들어보지 못했다. 그는 여러 가지 면에서 달랐다.[27]

리포터는 그에게 거듭 질문했다. "그 나이에 어떻게 선수 생활을 할 수 있나요? 당신이 선수 생활을 지속할 수 있게 하는 동력은 무엇인가요?" 그는 자신의 나이를 몰랐고, 언제나 최선을 다해 경기에 임했기 때문이라고 말할 뿐이었다.

"나이는 정신력에 관한 문제입니다. 신경 쓰지 않는다면 문제가 되지 않습니다." 그는 이렇게 말했다.

좋든 싫든(아마도 싫겠지만), 우리들 대부분은 자신의 나이를 안다. 그리고 리로이 새철 페이지와 달리 우리는 나이를 인식하고 행동에 영향을 받는다. 그렇지만 실제 나이를 절대로 알 수 없다면 정말 좋지 않을까? 실제 나이를 모른다면 나이가 우리를 방해하는 일도 없을 것이다. 그렇게 된다면 우리는 얼마나 자유로울까?

---

* 1960년까지 있었던, 아프리카계 미국인과 라틴아메리카계 미국인들로 구성된 미국 야구 리그.

나는 뭔가 하고 싶을 때 그냥 그 일을 하는 사람이다. 사실 그 것은 우리 대부분이 나이 들어가면서 열망하는 삶의 방식이지만 우리가 퇴보와 의존, 쇠락의 시기에 들어서고 있다는 인식을 무 시할 수 없기 때문에 종종 그렇게 하지 않는다. 그리고 안타깝게 도 그런 생각은 살아가는 내내 우리에게 주입되어왔다. 그래서 우리는 두 가지 길 가운데 한쪽을 선택한다. 그 인식을 받아들이 고 노후에 조용히 뒤로 빠져 있거나, 그런 생각을 부정하고 혼신 의 힘을 다해, 어떤 경우에는 있는 돈을 다 들여 그 편견에 맞선 다. 그 결과, '나이듦은 쇠락'이라는 생각은 자기 충족적인 예언이 된다. 많은 이들이 직업으로 자신을 규정짓는다는 것은 사실이 다. 그래서 은퇴를 하면 종종 아무 생각 없이 자신을 과거 인물로 묘사한다. "나는 선생님을 했었지." "간호사였었어." "쉐보레에서 근무했었지." 얼마나 슬픈 일인가! 당신 자신을 "전에는 ○○○였 었어."로 본다면 사회 나머지 구성원들은 당신을 어떻게 볼 것 같 은가?

그래서 우리는 도전과 직면한다. 우리는 우리 문화와 사회에 자 리 잡고 있는, 시대에 뒤떨어진 고정 관념과 인식을 바꿔야 한다. 그리고 그 변화는 당신으로부터 시작된다. 첫 번째 단계는 거울 에 당신 자신을 비춰보며 '자신의 나이를 적극적으로 인정할' 필 요가 있는지 진지하게 자신에게 물어보는 것이다. 자신의 나이를 무조건 받아들이고 체념하라는 말이 아니다. 진정으로 인정하라 는 것이다. 자신의 나이를 포용하고 인생 가운데 지금 당신이 있는 자리를 기분 좋게 여기고, 인생이 앞으로 나아갈 곳에 대해 더 중요하게 생각하라는 것이다. 우리가 이 모든 것을 할 수 있다면 특정 나이에 어떤 행동을 해야 한다거나 하지 말아야 한다는 식의 시대에 뒤떨어진 기대에 의해 더 이상 제한받지 않을 것이며, 점점 나이 들어가면서 살고 싶은 방식을 선택하는 데 도움이 되는 더 많은 해결책을 창출해낼 수 있을 것이다.

나이듦의 문제는 삶의 문제와 다르지 않다. 나이듦은 인류의 경험이며 자연스러운 인생의 한 부분이다. 당신이 그 점을 생각한다면 우리가 점점 나이 들어가며 직면하는 많은 문제는 나이의 많고 적음과는 거의 관계가 없는 것이 될 것이다. 인생의 경험에 따라 문제는 각각 다른 방향으로 전개된다. 50세나 60세 또는 70세의 인생 경험은 20세나 30세 또는 40세의 경험과는 무척 다르다. 그것은 그래야만 한다. 경험은 중요하다. 경험은 가치가 있으며 우리가 누구인지 규정하고 나이와 상관없이 사회에 공헌하는 데 도움을 준다. 무하마드 알리는 20세에 바라본 인생과 50세에 바라본 인생이 똑같은 사람은 인생 30년을 허비한 것이라고 말했다. 오늘날 세상에서는 80세에 바라본 인생과 50세에 바라본 인생이 똑같은 사람 역시 인생 30년을 허비했다는 말을 덧붙여야 할지도 모른다.

나이 드는 과정이 우리에게 영향을 미치지 않는 척하지는 않겠다. 나이듦은 우리에게 영향을 미친다. 그렇지만 이제 나이듦을 적절한 관점으로 바라봐야 할 때가 되었다. 우리는 모두 끊임없이 이어지는 인생을 따라 움직이고 있다. 우리는 뒤로 돌아가거나 그 자리에 머물러 있고 싶어도 그렇게 할 수 없으며, 그렇게 하고 싶은 사람은 많지 않다. 사회(미디어나 광고, 혹은 대중문화)는 우리가 영원히 젊음을 유지하는 것이 가능하다고, 또는 그런 마음을 품어야 한다고 하지만, 우리는 사회가 우리를 착각에 빠뜨리게 내버려둘 수 없다. 그런 생각은 현재 우리 모습과 지금의 위치를 스스로 부정하는 감정으로 이끌 뿐 아니라 결국 체념과 절망에 빠지게 한다.

노랫말처럼 '영원한 젊음'을 유지하는 것이 우리 인생의 목표라면 아무리 성형 수술을 받고, 보습제를 사고, 노화 방지 화장품을 바르고, 비타민 보조제를 먹는다고 해도 우리는 결코 그 목표를 달성하지 못할 것이다. 반면에 활력을 유지하는 일은 우리 모두 달성할 수 있는 목표이다. 사실 점점 더 많은 사람들이 계속해서 성공적으로 활력을 유지하고 있다. 테니스 여제 마르티나 나브라틸로바는 59세 나이임에도 현역 시절만큼이나 육체적으로 건강하고 정신적으로 강인하다. 댈러스에서 기금 모금 행사를 하는 동안 그녀는 기부자들을 대상으로 테니스 개인 강습을 해주었다. 내가 공을 치는 동안 그녀는 몇 가지 요령을 알려주었다. 내가 예전에는 운동 신경이 상당히 좋았었다고 말하자 그녀는 이렇게 대답했다. "나도 그랬었죠." 이 이야기를 듣고도 당신이 예전의 건강한 몸을 되찾고 싶은 마음이 들지 않는다면 무슨 말을 더 해야 할지 잘 모르겠다. 그녀는 건강했고 요즘도 이전과 다름없이 활력이 넘친다. 개인에게 알맞은 운동과 건강한 생활에 대해 설득력 있는 지지자인 그녀는 세계 곳곳을 다니고 각종 행사에서 연설을 하며 책을 쓴다. 그녀는 간단한 조치를 취함으로써 더 건강한 삶을 살라고 많은 사람들을 끊임없이 격려하고 있다. 그녀는 더 이상 프로 테니스 투어에 나서지 않고 있지만 시범 경기에서 시합하는 것을 좋아한다. 그녀는 다음과 같이 말한다. "공은 내가 몇 살인지 모르거든요."

•• 나이가 아닌 연령차별주의와 맞서라

나는 인정할 수밖에 없다.—AARP에서 일을 하기 전에는 내 나이에 대해 정말로 심각하게 생각해본 적이 없었다. 나이를 내 인생의 결정적인 요소로 진지하게 바라보거나 내가 어떤 일을 할 수 있고 없고에 나이가 얼마나 영향을 미치는지 생각해본 적이 없었다. 그렇지만 나이가 교묘한 형태로, 또는 노골적이고 대범한 방식으로 차별을 일으키며 그 때문에 사람들이 일하는 데 얼마나 탄력을 받거나 방해를 받는지 알게 되자 더 이상 나이를 무시할 수 없게 되었다. 나는 내가 20대 때 나이 때문에 차별을 받은 경험이 있었다는 사실을 처음으로 기억해냈다. 당시 연방 정부에 지원을 했었다. 좋은 추천서를 받아서 면접까지 갈 수 있었지만 면접장에 들어가자 면접관이 나를 보며 말했다. "나이가 좀 있는 사람인 줄 알았는데 이 일을 하기에 당신은 너무 어리군요." 즉, "나는 절대로 당신을 뽑지 않을 것입니다."라는 말이었다. 그때 나는 내 나이 때문에 그 사람이 손해를 봤다고 생각했었다.

우리 사회는 나이에 집착한다. 나는 코미디언 래리 밀러가 이 상황을 가장 잘 묘사했다고 생각한다.

우리 인생에서 나이 먹는 것을 좋아하던 때는 어렸을 때뿐이라는 것을 당신은 아는가? 열 살이 안 된 아이들은 1년을 쪼개면서까지 나이 먹는 것에 몹시 흥분한다.

"몇 살이니?"

"네 살…… 하고도 반요!"

서른여섯 살하고 반이라고는 결코 말하지 않을 것이다.

그럼…… '거의 다섯 살'이라는 표현을 보자. 거기에 열쇠가 있다. "거의 되어가요!" 점점 나이를 먹는다는 사실에 무척 흥분해서 "거의 되어가요!"라고 말하는 것이다.

10대가 되면 무척 신이 나서는 몇 년을 통째로 뛰어넘는다.

"몇 살이니?"

"열여섯 살이 되어가요." 열두 살이지만 열여섯 살이 되어가는 것이다!

그다음에 가장 흥미로운 경험은 바로 스물한 살이 되는 것이다.

'된다'라는 말까지 멋지게 들린다. 극적이고 황홀하다! 너는 스물한 살이…… 되는 거야!

그러나 딱 거기까지이다. 그 이후로 모든 것이 변한다. 네 살 반이었다가 열여섯 살이 될 것이고, 물론 스물한 살이 된다. 거기까지는 좋다. 그렇지만 그다음에 당신은……

서른 살로…… 접어든다.

무슨 일이 벌어지는가? '접어든다'라니? 당신이 꼭 상한 우유라도 된 것처럼 들린다.

그는 서른 살로 접어들었고 우리는 그를 내쫓아야만 했다.

더 이상 그리 즐겁지 않다. 그렇지 않은가? 이제 점점 보기 싫어진다. 스물한 살이 되었다가 서른 살로 접어든다.

그다음에 당신은 마흔 살로 밀려난다.

마흔 살, 거기에 그대로 있어. 나는 당신을 뒤로 밀어내고 있다.

그렇지만 마흔 살에 멈춰 있지 않는다. 당신은 스물한 살이 되고, 서른 살로 접어들며, 마흔 살로 밀려난다.

그리고 쉰 살에…… 다다른다!

"아, 내 꿈은 사라졌네……."

그렇지만 이제는 무척 빠르게 지나갈 것이다. 당신은 스물한 살이 되고, 서른 살로 접어들며, 마흔 살로 밀려나고, 쉰 살……에 다다른다.

그리고 예순 살에 이른다. 멈출 수가 없다. 도저히 멈출 수가 없다!

당신은 스물한 살이 되고, 서른 살로 접어들며, 마흔 살로 밀려나고, 쉰 살에 다다르고, 예순 살에…… 이른다.

그리고 일흔 살에…… 도달한다. "일흔 살에 도달하리라고는 생각지도 못했어."

그 이후로는 하루하루가 다르다.

당신은… 피곤해진다. 등이…… 굽는다.

우리 할머니는 초록색 바나나는 사려고도 하지 않는다.

90대가 되면 뒤로 가기 시작한다. "막 아흔두 살이었는데."

그렇지만 이상한 일이 생긴다. 백 살 넘게 살 수 있게 된다면 당신은 다시 어린아이가 될 것이다.

"나는 백네 살……하고도 반이라우!"[28]

우리는 래리 밀러가 우리 모두가 익히 알고 있는 이야기를 하고 있기 때문에 웃는다. 나이듦에 관한 이러한 인식은 우리 문화 가운데 뿌리 깊이 박혀 있으며 우리 모두 자신의 가족과 함께 경험한 것이다. 그렇지만 래리 밀러의 허풍은 또한 노인 차별이 우리 일상어에 얼마나 깊숙이 자리 잡고 있는지를 보여준다.

"깜빡했어요?"

"이건 젊은 애들이나 입는 옷 아니에요?"

"당신 나이에 일자리를 찾으려면 무척 힘들 거예요."

"이 모든 걸 다 기억할 수 있겠어요? 적어드릴까요?"

우리는 고령화 사회에서 살고 있을 뿐 아니라 노인을 차별하는 사회에서 살고 있다. 우리는 우리 자신의 나이뿐 아니라 우리 사회에 스며들어 있고 우리 문화를 형성하는 데 상당히 큰 역할을 하는 노인 차별적 태도와 인식과도 맞서 싸워야 한다. 노인 차별적 태도와 관행을 바꾸기 아주 힘들게 만드는 것은 많은 사람들이 노인을 차별하는 행동을 하고 있음을 인식하지도 못하기 때문이다. 그래서 우리는 사회 규범을 바꾸는 기초를 확립하기 위해 사고방식을 바꾸고 노인 차별에 대한 인식을 재고해야 한다. 우리는 젊었건, 나이 들었건 간에 모두 노인 차별에 반대한다는 뜻을 밝히고, 노인 차별적 태도와 인식이 어떻게 우리 행동과 언어에 스며드는지 인식하며, 나이 차별을 부추기는 농담을 교묘하게, 또는 무심코 내던지는 행동을 그만두어야 할 책임이 있다. 우리 자신의 나이와 관련해 유머 감각이 있을 수는 있지만 사회적 통념과 고정 관념을 믿고, 한 술 더 떠서 그런 믿음을 실행에 옮기는 일은 있어서는 안 된다. 오늘날 성별과 인종, 성적 성향에 근거해 어떤 사람을 무시하고 조롱하며 편견을 갖는 일은 사회적으로 용납되지 않는다. 그런데 왜 나이를 근거로 사람들에게 이런 행동을 하는 일은 여전히 받아들여지는가?

어쩌면 다음 문제가 더 심각할지도 모른다. "이것이 왜 문제가 되는가?" 그것은 주로 두 가지 이유 때문이다. 첫째, 노인 차별과 이를 영구화하는 나이듦에 관한 부정적인 인식은 나이듦을 바라보는 부정적인 현실을 조장한다. 노인 차별이 존재하는 한 우리는 결코 고령화 사회에 적응하기 위해 변화가 필요함을 직시하지 못할 것이다. 둘째, 노인 차별은 공공 정책과 고용 관행, 사회 내 사람들이 받는 처우에 영향을 미칠 수 있을 정도로 해악을 끼친다. 그런데 설상가상으로 우리 스스로가 노인 차별적 행동을 수용하고 그런 행동을 서슴지 않고 하기 시작한다. 그 결과 우리는 어떻게 나이 들 것인가에 대한 우리 자신의 선택에 제한을 받게 된다.

무릎이나 엉덩이가 쑤시거나 아프다고 불평했다가 다음과 같은 반응만 얻은 적이 있는가? "예전만큼 젊지 않잖아요, 나이가 들다 보면 약간씩 쑤시고 아프기 마련이에요." 그러면 당신은 스스로 다음과 같이 생각한다. '그 사람 말이 맞아. 나는 늙어가고 있어.' 당신이 느끼는 고통보다 그 말이 훨씬 더 아프게 들린다.

그 대신에 나머지 한쪽 무릎도 똑같이 나이 먹었는데 왜 아프지 않은지 생각해보면 어떨까? 나이 말고 다른 요인이 그 고통을 유발하고 있을지도 모른다. 이런 생각은 무릎 통증을 가시게 해주지는 않아도 기분을 더 좋게 해줄 것이다. 그리고 당신은 분명히 무릎 통증을 노화의 결과로 그냥 받아들이기보다는 뭔가 다른 일을 할 것이다.

배우이자 가수인 리타 모레노는 우리를 에워싸고 있는 노인 차별적 고정 관념에 감탄스러울 정도로 훌륭하게 정면으로 도전한 아주 좋은 예를 보여준 인물이다. 리타 모레노는 60여 년 동안 활동하면서 오스카상과 에미상, 토니상, 그리고 그래미상을 모두 수상했는데, 이런 진기록을 가진 사람은 12명밖에 없다. "할리우드에서 점점 늙어간다는 것은 심각한 손해예요." 리타 모레노가 말했다. "나는 평생 인종 차별과 성차별과 싸워왔어요. 그런데 이제는 노인 차별과 전쟁을 치러야만 하죠. 그렇지만 내 나이보다 더 젊어 보이려고 타협하지는 않아요." 여전히 활동 중인 그녀는 84세에 새 앨범을 발표했으며 손주들과 함께 시간을 보내는 것을 무척 좋아한다. 리타 모레노는 자신의 고령 모습을 있는 그대로 적극적으로 인정했고, 그 결과 나이 들면서 그녀 자신이 살고 싶어 하는 인생을 살고 있다.[29]

하버드 대학의 심리학자 엘런 랭어는 저서 『마음의 시계』에서 또 다른 시각을 제시한다.[30] 엘런 랭어는 노인이 차를 타고 내릴 때 어려움을 겪는다면 사람들은 자동차 좌석이 회전이 안 되고 옆으로가 아니라 똑바로 일어나서 나가지 못하게 하는 불편한 점이 있음을 고려하기보다는 흔히 그들이 다리에 힘이 없거나 균형 감각이 안 좋다고 짐작한다는 점에 주목한다. 좀 더 이해하기 쉬운 예를 들어보면 어떨까? 스물다섯 살 먹은 사람이 세발자전거를 타는 것을 힘들어한다면 팔다리가 커졌거나 유연성이 떨어졌기 때문이라고 생각할 것인가? 그렇지 않을 것이다.

세발자전거는 스물다섯 살 젊은이를 염두에 두고 만들지 않았고 자동차 좌석은 일흔다섯 살 노인을 고려하고 만들지 않았다. 다음 장에서 좀 더 자세히 알아보겠지만, 그 요점은 노인들은 매일매일 그들에 의해서도, 그들을 위해서도 설계되지 않은 환경 속에서 살아가도록 강요받는다는 것이다. 우리는 종종 우리가 점점 나이 들어가고 있다는 사실에 기초해 우리의 한계를 탓한다. 그렇지만 현실에서는 그저 환경이 더 이상 우리와 맞지 않거나 제품이 우리 필요에 맞게 설계되지 않았을지도 모른다.

일단 용기를 내어 그 점을 인정하고 그와 관련해 뭔가 행동―일흔 살 노인을 탓하는 대신에 그의 요구에 부합하도록 자동차 좌석을 조정하는 것 같은 일―을 하면 우리는 모든 연령대의 사람들에게 이득이 되는 창조적인 해결책을 개발하기 시작할 수 있다.

마이애미에서 열린 '50세 플러스 인생'의 전국 행사 및 박람회에서 나는 6,000명이 넘는 AARP 회원들 앞에 섰다. 나는 '자신의 나이를 적극적으로 인정하기' 운동을 지지하기 위해 그 자리에 있었다. 내 주장을 명확히 하기 위해 '두려움이 없는 57세!'라고 쓰인 배지를 달았다. 연설 후에 우리는 배지를 나눠주어 사람들이 그 위에 자기 나이를 써서 달 수 있게 했다. 나는 행사장에서 자신들의 나이를 드러내는 배지를 자랑스럽게 달고 있는 사람들 수에 압도되었다. 사람들이 내게 다가와서 나이를 드러내니 얼마나 자유로운지 모르겠다는 이야기를 했다. 어떤 68세 여인은 다음과 같이 말을 했다. "굉장한 해방감이에요!" 또 다른 74세 여인이 말했다. "아무도 내 나이를 빼앗아가지 못할 거예요. 이 나이는 거저 얻은 게 아니에요. 매일매일 얼마나 열심히 살았는데요."

바로 이것이 나이듦의 편견을 넘어서는 것이다. 자신의 나이를 적극적으로 받아들이면 일어나는 변화이다. 내가 스물두 살이었을 때 너무 어려서 고용할 수 없다고 했던 면접관을 기억하는가? 2주 후에 그는 다시 내게 전화를 해서 일자리를 제안했고 나는 직장 생활을 시작했다. 그다음에는 어떻게 됐는지 다들 알 것이다!

•• 50세가 된다는 것은 무슨 의미인가?

내가 AARP의 최고경영자로서 하는 많은 일 가운데 가장 잘 알려진(어떤 이들은 경멸하듯 말할 수도 있는) 업무는 아마도 그 편지를 보내는 일일 것이다. 그 편지가 무엇인지는 당신도 안다. 바로 50세가 되면 받는, AARP 회원이 되어달라는 편지이다. 보아하니 '그 편지'를 받는 모든 사람이 무척 즐거워하는 것 같지는 않다. 어떤 사람들은 그 편지를 뜯어보지도 않고 그냥 휴지통에 던져버린다. 어떤 비열한 배우자는 우편함에서 그 편지를 가로채 액자에 끼운 다음, 장난으로 배우자의 50세 생일 파티에 온 모든 친구들 앞에서 공개하거나 생일 축하 카드로 사용한다(이미 이 주제에 대해서 다루었으니 당신은 절대로 그런 행동을 하지는 않을 것이다. 그렇지 않은가?). 1998년, 유머 작가 빌 가이스트는 자신의 저서 『뜨거운 감자 50!: 마주하고 두려워하며 맞서 싸울 50세』에서 당시 AARP의 최고책임자를 '사악한 호러스 디츠'라고 말하며 편지 이야기로 책의 한 장(章) 전체를 할애했다. 그는 더 이상 병역 징집이 없고 연쇄 소포 폭탄 테러범이 잡혔기 때문에 당신이 받을 수 있는 가장 두려운 우편물은 호러스 디츠의 편지라고 서술했다.[31] 오해는 없기 바란다. 많은 사람들이 내가 보낸 편지를 반기고 기꺼이 회원으로 가입(실제로 3,800만 명 정도)하지만 어떤 사람들은 50세로 접어들었다는 사실을 마주할 수 없는 것이다.

그렇다면 그렇게 감정적으로 격한 반응을 일으키는 50세가 된다는 것은 무슨 의미인가? 구글 검색창에 "나는 나의 ○○에 대해 거짓말을 한다."라고 입력하면 가장 먼저 나오는 단어는 '나이'이다. 왜 사람들은 그토록 심하게 나이 드는 것을 싫어하는 것일까? 그리고 왜 나이에 대해서 그렇게 진저리를 치기 시작하는 나이가 65세나 70세 또는 80세가 아니라 50세가 되었을 때인 것처럼 보일까? 당연히 시대에 뒤떨어진 오랜 문화적 고정 관념 때문이다. 우리는 조건 반사적이다. 50번째 생일에 갑자기 당신을 늙게 하는 어떤 생물학적 현상도 일어나지 않는다. 당신이 65세 생일에 은퇴하고 싶게 하고 따뜻한 지역으로 이사를 가거나 자녀들 집으로 들어가게 하는(얘들아, 안녕!) 어떤 변화가 생물학적으로 일어나는 것도 전혀 아니다. 나이듦은 점진적이며 지속적인 과정이다. 나이듦은 우리가 태어난 날부터 시작해서 죽는 날까지 계속된다.

젊을 때에는 나이듦을 성장과 발달의 과정으로 본다. 우리는 배우고 자라며 사회의 전반적인 이익에 기여할 재능과 기술을 사용하는 사회의 생산적 일원이 된다. 우리는 성장과 발달에 대해 지속적으로 일깨워주는 것(표지)을 갖고 있다. 5세에 학교생활을 시작해* 매해 진급을 하고, 13세에 교회에서 견신례를 받거나 유대교식 성인식을 치르며, 16세에 운전면허증을 따고 18세에 고등학교를 졸업한 뒤 성년 초반에 이르며, 21세가 되면 성인에게 주어지는 모든 권리와 특권을 갖는다. 우리는 인생에서 한 단계, 한 단계 성장 지점에 도달한 성취를 축하하거나 보상하기 위해 각각의 중요한 시기를 기념한다.

그러다가 어떤 이유에서인지 중년, 즉 50세 즈음에 이르면 우리는 나이듦을 쇠락과 퇴보의 과정으로 생각하기 시작한다. 그것은 우리가 산 정상에 오른 것과 같아서 이제는 내리막길에 있는 것이다. ― 그래서 '고개를 넘었다'는 문구가 여기서 나온 것이다. 그리고 우리 모두 아는 대로 오르막길을 갈 때보다 내리막길을 갈 때 훨씬 더 빠르기 때문에 쇠락이 더 빠르게 일어나고 있다고 생각한다. 평균 기대 수명이 약 62세였던 1930년대라면 나는 이러한 의식 구조를 이해할 수 있을 것이다. 그 생각에 반드시 동의하지는 않겠지만 사람들이 그런 식으로 생각하는 이유를 이해할 수는 있을 것이다. 그렇지만 50세에 접어든 사람들이 30년을 더 살 수 있는 오늘날에는 전혀 이해가 되지 않는다.

대부분 점점 나이가 들어가면서 표지들이 사라진다. 확실히 점점 더 드물어진다. 그나마 존재하는 표지들도 사람들이 두려움에

---

* 미국에서는 대체로 만 5세에 시작하는 유치원이 무상 교육과 공교육의 시작이다.

사로잡혀 있기 때문에 그다지 축하를 받지 못한다. 나이가 들어가면서 축하할 중요한 단계가 없어서가 아니다. 단지 우리가 그 표지를 축하하고 기뻐해야 할 것으로 인식하지 않기 때문이다. 참으로 애석한 일이다.

많은 이들에게 50세가 크게 다가오는 또 다른 이유는 50세가 숙고의 시간이 되기 때문이다. 우리는 다음과 같은 것들을 '검토하기' 시작한다. 내가 이룬 목표는 무엇이며 아직 남아 있는 일은 무엇인가? 나는 스무 살 때 살기로 한 인생을 살아왔는가? 나는 행복한가? 다음에는 무엇이 올까?

종종 다양한 감정을 불러일으키는 이러한 질문에, 점점 나이가 들어가면서 내가 살아온 인생을 어떻게 바라볼 것인가를 결정하는 이러한 질문에 우리는 어떤 대답을 내놓을 것인가? 모두들 인정하는 굉장히 성공한 인생을 산 내 친구는 지금 점점 나이를 먹고 있다는 사실과 직면하고 있다. 자녀들이 각자의 인생을 살기 위해 떠나버린 후 그녀는 자기 인생의 의미와 목적을 찾으려고 몸부림치고 있다. 그녀는 '나이듦은 쇠락'이라는 사고방식에 갇혀 자신 앞에 놓여 있는 성장과 기쁨, 행복의 기회를 보지 못한다. 친구들과 나는 그녀에게 자신의 나이를 적극적으로 인정하고, 그간 이룬 업적에 대해 만족감을 느끼며, 앞으로 20년을 어떻게 보낼지 그녀 자신이 선택할 수 있음을 깨달으라고 격려한다. 우리는 그녀에게 성공과 기쁨이 젊은이들만의 전유물이 아니며 나이에 상관없이 성취할 수 있는 것이라고 말한다. 그런데 그녀 혼자

서만 몸부림을 치고 있는 것은 아니다. 많은 사람들이 몸부림을 치고 있다.

많은 사람들이 이미 이 점을 인식하기 시작하고 있다. 어니스틴 셰퍼드의 예를 들어보자. 탄탄한 복근과 탄력 있는 팔, 탁월한 건강미를 가진 이 여성 보디빌더가 79세라는 사실을 당신은 절대로 짐작하지 못할 것이다. 어니스틴 셰퍼드는 수십 세 더 어린 대부분의 사람들보다 몸매가 더 좋다. 그녀가 늘 주문처럼 외우는 말이 있다. "단호하게 혼신의 노력을 다하고 절제해 탄탄한 몸 상태를 유지하자."[32] 그녀는 나이는 실제로 숫자에 불과하다는 사실을 말뿐 아니라 행동으로 확실하게 보여준다. 체격만큼이나 믿기 힘들 정도로 인상적인 그녀의 사연은 56세까지는 운동을 해본 적이 없었다는 것이다. 여동생의 죽음 뒤, 우울증을 포함해 여러 가지 건강 이상을 극복한 후에 그녀는 건강한 몸매를 갖겠다는 목표를 세웠다. 그녀는 2010년에 세계 최고령 프로 여성 보디빌더로 기네스북에 올랐다.

그리고 그다음에는 99세의 도리사 대니얼스가 있다. 그녀는 캘리포니아 산타클라리타에 있는 캐니언스 대학에서 최고령 사회학 준학사 졸업자가 되었다. 그녀는 2015년 6월에 졸업했다. 도리사 대니얼스는 교양을 쌓기 위해서 학업을 마치고 싶었다고 말했다. 2009년 봄에 시작한 그녀의 여정은 개인적으로 어려움을 겪었다. 학교까지 차를 몰고 가는 일이나 캠퍼스를 돌아다니는 일처럼 겉보기에는 일상적인 일도 그녀에게는 18~24살인 대부분의 동료 학생들에게보다 더 어려운 일이었다. 강의실에서 다른 학생들은 직접 출석 체크를 했다. 다시 말해 그녀는 현대적인 학부 과정을 마치기 위해서 컴퓨터를 익혀야 했다. 그녀는 또한 수업을 듣고 다른 학생들한테 뒤처지지 않고 쫓아가는 것과 관련된 문제도 있었다. 그렇지만 그녀는 인내심을 갖고 학업을 계속해나갔다. 그녀가 다음과 같이 말했다. "대수학을 공부한 지 63년이나 됐죠. 그렇지만 많이 배웠어요."[33]

이러한 어려운 점을 인식하면서 도리사 대니얼스는 더 열심히 공부했다. 그리고 결국 그 노력은 성공을 거두었다. 일주일에 두 번씩 그녀는 대학 학습 센터에서 과제를 하고 수업이 시작되기도 전에 조교들과 공부를 하며 시간을 보냈다.

매일 이불을 걷어차고 나와 학교에 가서 강의실 안팎에서 일어나는 도전들과 맞서려는 그녀의 욕망은 주위에 있는 모든 이들을 자극했다. 도리사 대니얼스는 입학을 희망하는 이들에게 다음과 같이 조언했다. "포기하지 말아요. 실행에 옮겨요. 아무도 당신을 좌절시키지 못하게 해요. '나는 학교에 갈 거예요.'라고 말해요. 당신 자신을 위해서 하세요."

그래미상을 수상한 가수 레지나 벨에게도 비슷한 사연이 있다. 지난 봄, 그녀는 학사 학위 과정을 마치기 위해 루터스 대학에 돌아가 30년 전 시작했던 여정을 끝마쳤다. 그녀는 학위를 취득하는 것은 그래미상을 받는 것만큼이나 의미 있는 일이라고 말했다. 그녀 자신을 위해 해야만 하는 일이었다.[34]

어니스틴 셰퍼드와 도리사 대니얼스, 그리고 레지나 벨 모두 자신의 나이를 적극적으로 받아들이고 있다. 그들 모두 자신의 인생을 돌아보고 자신을 위해 하고 싶은 일이 아직 남아 있다고 판단했다. 그들은 계속해서 성장하고 발전할 수 있다는 것을 알았고 그것을 실행에 옮겼다. 나이듦은 두려워해야 할 대상이 아니라 기대해야 할 것이며, 쇠락기가 아니라 성장기임을 실례로 보여줬다. 우리가 점점 나이가 들어갈수록 계속해서 성장하고 발전하려면 나이듦에 대한 두려움 속에서 살아서는 안 된다. 우리는 나이가 몇이든지 상관하지 말고 용감해야 한다. 우리는 적극적으로 한계를 극복하고, 새로운 일을 시도하며, 기회를 잡고, 특정 나이에 무엇을 해야 하고 무엇을 하면 안 된다는 낡은 고정 관념과 오해에 저항해야 한다.

그러므로 그 무시무시한 나이에 이르면 ─ 당신에게 그 나이가 몇 살이든 간에 ─ 당신의 여정이 끝나려면 아직 멀었다고 스스로에게 상기시키라. 당신 앞에 놓인 모든 세월을 상상해보라. 잘못했거나 두 번째 기회를 잡고 싶었던 모든 것들을 바로잡는 데 그 시간을 사용할 수 있다. 대학 때 수강하고 싶었지만 도저히 수강할 수 없었던 과목을 이제 마침내 들을 수 있다고 생각해보라. 늘 바랐던 것을 배울 수 있게 되었다고 상상해보라. 이것은 우리가 낡은 사고방식에서 벗어나 우리 자신의 나이를 적극적으로 인정한다면 우리 앞에 놓일 수 있는 기회들이다.

•• "나이에 걸맞게 행동하라"?

이 말은 내가 자라는 동안 부모님이 항상 했던 말씀 같다. "조 앤, 나잇값 좀 해." 이제 부모가 된 내게 아이들이 말한다. "엄마, 나이에 걸맞게 행동하세요!" 도대체 무슨 뜻인가? 50세나 60세, 또는 70세, 80세, 혹은 100세에 내가 어떻게 행동해야 하는지 정해져 있는 것일까? 당신이 젊은 엄마라면 당신 자녀가 어떤 나이에는 무엇을 하리라 기대해야 하는지 알려주는 책이 여럿 있다. 하이디 머코프 박사의 『당신이 임신 중에 기대하는 것들』, 『당신이 자녀에게 기대하는 것들: 0~1세』, 『당신이 자녀에게 기대하는 것들: 유아기』* 등이다. 그렇지만 내가 알기로 현재까지 50세, 또는 65세나 80세가 됐을 때 할 일을 조언해주는 책을 출간한 사람은 아무도 없다.

그래서 우리는 자신에게 다음을 물어봐야 한다. 어니스틴 셰퍼드가 78세 나이에 세계 최정상급의 보디빌더가 되었을 때 그녀의 나이에 걸맞게 행동한 걸까? 도리사 대니얼스가 99세에 대학을 졸업했을 때 그녀는 나이에 걸맞게 행동한 걸까? 레지나 벨이 51세에 학사 학위를 받는 데까지 30년이 걸렸을 때 그녀는 나이에 합당한 행동을 한 걸까? 10년 전이라면 우리는 아니라고 말했을

---

* 이 책들은 우리나라에서 『The Bible 1: 임신 출산 수업』, 『The Bible 2: 육아 소아과 수업(0~12개월)』, 『The Bible 3: 육아 소아과 수업(12~36개월)』라는 제목으로 번역되었다.

지도 모른다. ─ 그들은 일반적인 것에서 벗어난 예외에 해당한다. 그렇지만 오늘날 우리는 당연히 나이에 걸맞게 행동한 것이라고 말할 수 있다. 이제는 더 이상 일반적인 것에서 벗어난 예외가 아니라, 일반적인 것이다.

나이에 걸맞은 행동이라는 것은 순전히 어떤 사람이 특정 나이에 해야 하거나 해서는 안 되는 일이 있다는 우리의 믿음에 근거를 둔다. 그리고 그러한 기대는 대체로 우리가 늙었다고 이해하는 것에 기반을 둔다. 나이에 대한 그러한 인식 변화는 흥미롭지만 놀랍지는 않다. 점점 나이를 먹을수록 우리는 '늙었다'고 생각하는 나이를 점점 더 나이 많은 쪽으로 밀어버린다. 예를 들어, 한 조사에서 30세 이하 성인은 보통 65세가 되면 늙었다고 생각하는 것으로 나타났다. 중년층은 일반적으로 약 70세가 되면 늙었다고 생각했고, 65세 이상의 사람들은 보통 74세까지는 늙었다고 할 수 없다고 말했다.[35] 첫 베이비붐 세대가 올해 70세가 되기 때문에 늙었다고 생각하는 나이는 틀림없이 더 높아질 것이다.

그러니 당신 자신에게 이 질문을 해보라. 당신이 50세가 생의 마지막을 향한 출발점이라고 믿는다면, 혹은 당신이 65세(요즘에는 중년이라고 여겨지기까지 하는 나이)라면, 당신이 50세 또는 65세일 때 어떻게 나이에 맞게 행동할 것인가? 혹은 85세에, 90세에 어떻게 행동할 것이며 그 사이 20~30년 동안 나이에 걸맞게 무슨 행동을 할 것인가? 늙은 개에게 새로운 기술을 가르칠 수 없다(이 점은 심지어 개에게조차 사실이 아니다)고 믿는다면, 그것은 당신이 늙은 개가 되었다고 생각할 때 배우기를 그만둔다는 뜻인가? 나이가 많은 사람들이 고대하는 것도 전혀 없고 공헌하는 것도 전혀 없고 사회에 짐만 된다고 믿는다면 당신이 늙었을 때 나이에 걸맞게 어떻게 행동할 것인가?

그것은 개인으로서 어떻게 나이에 걸맞은 행동을 할 것인가에 관한 문제일 뿐 아니라, 사회가 어떻게 행동할 것인가에 관한 문제이다. 낡은 통념과 고정 관념에 빠져 나이듦에 대한 시대에 뒤떨어진 인식에 기반을 둔 공공 정책과 사회 구조에 적응하는 것은 우리 미국 역사에서 가장 큰 사회 과실 중 하나가 될 것이다. 그렇지만 우리가 노인이 똑같은 행동과 욕구, 걱정거리와 욕망을 갖고 있어서 모두 비슷하다고 생각한다면, 왜 주택과 교통, 의료 서비스 등등에 선택권을 제공해야 할까? 우리가 노인이 공헌하는 것은 전혀 없이 사회에 짐만 된다고 생각한다면, 왜 노인이 사회에 계속 공헌할 방법을 찾아야 할까? 그리고 사람들이 점점 나이가 들어가는 동안 독립적인 삶을 영위해나가는 데 도움을 주도록 설계된 여러 프로그램은 서로 크게 달라 보여야 할까?

우리가 자신의 나이를 적극적으로 인정하면 나이가 들었을 때 좀 더 목적의식이 있고 충만한 삶을 향해 나아갈 수 있는 새로운 가능성이 열린다. 나이듦이 인생의 큰 모순 가운데 하나일 필요가 없다는 점을 깨닫게 된다. 그럼으로써 우리는 나이듦에 대한 공포 없이 고령까지 장수할 수 있다. 우리는 인생이 제공해야만 하는 진정한 가능성을 발견할 수 있다. 또한 우리 사회는 국가의 문제를 해결하고 이 세상을 더 나은 곳으로 만들 수 있는, 아직 사용하지 않은 지혜와 재능, 그리고 경험을 지닌 50세 이상의 대규모 집단을 활용할 새로운 가능성을 갖게 된다. 그리고 우리는 사람들이 나이로 판단되는 것이 아니라 그 자체로 가치를 인정받는 사회를 건설할 수 있다.

내가 나이듦에 대한 인식을 단 하나라도 성공적으로 바꿀 수 있다면 50세 생일이라는 중요한 단계에 이른 사람들이 다음과 같이 말하게 될 것이다. "그래! 드디어 내가 해냈어! 이제 나는 마침내 AARP에 가입할 수 있어. 자격이 된다고!" 우리가 50세, 65세, 85세, 또는 100세에 다다르고 자녀와 손주들이 그 나이에 걸맞게 행동하라고 말할 때 그것은 완전히 새로운 뜻을 지니게 될 것이다.

제3장

인생을 설계하라

단 하나뿐인 훌륭한 목표는

평범한 인생을 의미 있는 인생으로 만드는 것이다.

— 피터 드러커

어린 시절, 거의 모든 어른들이 어떤 시점에 이르면 이런 질문을 한다. "어른이 되면 어떤 사람이 되고 싶니?" 보통 우리는 의사나 변호사, 교사, 소방관, 또는 발레리나와 같은 대답을 한다. 한번은 내가 친구 손녀에게 나중에 커서 어떤 사람이 되고 싶은지 물은 적이 있는데 그때 그 아이는 이렇게 대답했다. "저는 유명해지고 싶어요." 나는 커서 어떤 사람이 되고 싶어 했는지 되돌아보니 내 목록에 뉴스 앵커가 있었던 것 같다. 그렇지만 아버지는 내가 재봉사가 될 것이라고 확신하셨다. 아버지는 특히 내가 대학교에 진학하기 위해 독립할지도 모른다는 사실을 탐탁지 않아 하셨다. 그런데 나는 매우 유능한 재봉사였다. 고등학교를 졸업했을 때 부모님이 사준 싱거 재봉틀을 나는 아직도 가지고 있다.

그래서 우리는 인생 계획을 시작한다. 우리는 학위를 받거나 필요한 훈련을 받기 위해 학교에 가고 첫 직장을 잡는다. 어쩌면 반려자를 만나 가정을 꾸리고 모든 일이 순조롭게 이뤄진다면 훌륭하고 오랜 경력을 갖게 될 것이다. 그리고 이후에 속도를 늦추고 한가로운 삶에 안주할 만한 때가 되었다고 생각할 때 우리는 그 시점 — 우리가 생각해온 어떤 나이, 혹은 친구나 동료들이 다다르기 시작하고 있는 나이 — 에 이른다. 그런데 예상치 못한 일이 생긴다. 우리는 평온한 삶으로 들어갈 준비가 되어 있지 않다는 사실을 깨닫는다. 아직도 살아갈 날이 많이 남아 있을 뿐 아니라 즐길 인생도 많이 남아 있다.

문제는 많은 이들이 인생의 이 부분을 계획하지 않았다는 점이다. 우리가 이전 세대보다 훨씬 더 오래 살고 있기 때문에 그 길을 보여주는 역할 모델이 많지 않다. 노후를 대비해 약간의 돈을 저축해 놓았을지도 모르지만(대부분의 경우 모아놓은 돈이 턱없이 부족할 것이다) 더 길어진 중년기에 하고 싶은 것을 위해 미리 계획을 세운 사람이 얼마나 되겠는가?

나는 이것을 '무관심한 나이듦'이라고 부른다. 어느 날 우리는 하던 일은 점점 줄어들고 아이들은 성장했으며 우리 앞에는 25년 혹은 30년이 더 남아 있는데 그 시간을 채울 명확한 생각이 없음을 알아차린다. 우리 인생은 부모님의 인생과는 다르며 인생의 이 시기에 대해 우리가 예상한 것들은 더 이상 아무 의미가 없다. '무관심한 나이듦'에서 '세심하게 주의를 기울이는 나이듦'으로 바꿀 때이다. 우리는 스스로에게 이렇게 묻기 시작한다. "우리 인생에서 다음은 뭘까?"

- 가족을 부양해오다 이제는 빈 둥지를 발견한 부모에게 다음은 뭘까?
- 은퇴할 나이가 되어 오랫동안 다닌 직장을 떠나는 사람들에게 다음은 뭘까?
- 오랫동안 결혼 생활을 해오다가 다시 혼자가 된 이들에게 다음은 뭘까?
- 자녀를 양육하고 있는 가운데 연로한 부모님 또한 돌봐야만 함을 알게 된 부부에게 다음은 뭘까?
- 뭔가 다른 일을 하고 싶지만 인생의 현시점에서 적절한 것이 무엇인지 찾기 위해 무엇을 어떻게 시작해야 할지 모르는 사람에게 다음은 뭘까?
- 지난 50년 동안 미국에서는 전통적 은퇴가 최종 도착지로 고려되어왔지만 이제는 은퇴가 유일한 선택도, 최고의 선택도 아닐 뿐더러 많은 이들에게는 고려 대상조차도 아니라 여겨진다. 이러한 때에 우리 사회에게 다음은 뭘까?

"다음은 뭘까?"라는 이 질문에 어떻게 대답할지를 고민하면서 우리는 또한 우리가 무엇을 하고 있는지만이 아니라 우리가 누구인지를 질문하기 시작한다. 많은 이들이 젊은 시절에 스스로 세웠던 목표는 우리가 누구인지, 또는 어떤 사람이 되고 싶은지와 관련되어 있지 않고 실제로 우리가 무엇을 할지와 관련된 것이었음을 깨닫기 시작하리라고 나는 장담한다. 내가 최고의 실력을 발휘하고 상상했던 것보다 훨씬 더 즐겁게 일할 것 같은 곳에서 일할 수 있다면 정말로 운이 좋은 것이다. 그렇지만 자신이 하는 일에서 성공이라고 할 만한 수준에 이른 많은 이들은 성공이 우리가 찾는 행복을 가져다주지 않는다는 점을 깨닫는다. 그래서 우리는 인생에서 더 많은 것을 바라며 그것을 얻을 수 있는 다른 방법을 찾기 시작한다.

바로 이 일이 아리아나 허핑턴에게 일어났다. 내가 2014년에 AARP가 주최한 '50세 플러스 인생'의 전국 행사 및 박람회에서 처음으로 아리아나 허핑턴을 만났을 때 그녀는 나이를 적극적으로 인정하자는 프로젝트에 자신이 모델이 될 수 있다고 말했다. 작가이자 논평가로서 성공을 거둔 후, 그녀는 2005년 55세의 나이에 허핑턴 포스트(Huffington Post)*를 설립했다. 그 당시에 첨단 기술에 대해 그다지 많이 알지 못했음에도 불구하고 그녀는 인터넷이 중요한 문제에 관한 메시지를 전달하는 최선의 수단이라는 것을 알았다. 그래서 그녀는 기술에 능통한 사람들과 함께 하며 기술을 배웠고, 《옵서버(Observer)》에서 2008년에 '세상에서 가장 영향력이 큰 블로그'라 일컬은 것을 설립했다.[36]

그녀는 명성과 성공의 정점에 다다랐다. 《타임(Time)》은 그녀를 세계에서 가장 영향력 있는 100인 가운데 한 명으로 선정했으며, 《포브스(Forbes)》는 세계에서 가장 영향력 있는 여성 100인에 그

---

* 선별한 기존 뉴스에서 출발해 자체 기사와 사설을 싣는 언론사로 성장한 인터넷 신문사.

녀의 이름을 올렸다. 그녀는 잡지 표지와 텔레비전 프로그램에 등장했으며 사업은 번창했다. 2011년에 그녀는 3억 달러가 넘는 가격을 받고 그 블로그를 AOL*에 팔았으며 허핑턴 포스트 미디어 그룹의 회장이자 편집장으로 취임했다.

모든 일이 무척 수월하게 진행된 것처럼 들리겠지만 그렇지는 않았다. 2007년 허핑턴 포스트를 설립하고 운영을 시작한 뒤 얼마 지나지 않아 그녀는 피로와 수면 부족으로 쓰러졌다. 이 사건은 그녀에게 경고등이었다. 그녀는 성공을 어떻게 정의할 것인지 스스로 질문하기 시작했다. 하루에 18시간 동안 일을 하며 명성과 부, 그리고 힘을 얻었지만 그녀가 바라던 인생은 아니었다. 그녀가 찾던 성취감은 얻지 못했다. 그녀는 자신이 진정으로 살기 바랐던 인생을 살기 위해 성공의 개념을 재정립했다. 좋은 인생으로 이끄는 것이 의미하는 바를 발견하는 여정을 시작했다. 그녀는 성공이 돈과 권력에 의해서만 정의되지 않으며 웰빙(well-being: 우리 자신을 돌보는 것), 지혜(인생 경험에서 얻은 지식과 판단), 경이감(우주의 신비와, 우리 인생을 채우는 일상사와 작은 기적에 기뻐하는 마음), 그리고 기부(타인에 대한 공감과 연민이 불러일으키는 기꺼이 주고자 하는 마음)도 포함된다는 결론을 내렸다. 그녀가 어떻게 이 원칙을 자신의 인생에 적용했는지 상술한 저서 『제3의 성공: 더 가치 있게 더 충실하게 더 행복하게 살기』는 내게 영감을

---

* 미국의 글로벌 인터넷 서비스 및 미디어 회사.

주었다. 그녀가 2013년에 스미스 대학 졸업반 학생들에게 강연했을 때 그녀의 메시지는 성공의 사다리를 오르는 법에 관한 것이 아니라 성공의 의미를 재정립하고 좋은 인생을 산다는 것의 의미가 무엇인지에 관한 것이었다.

◦ • 중년기의 도전

아리아나 허핑턴만 더 충만한 삶을 찾는 과정에 있는 것은 아니다. 많은 사람들이 대체로 40~60세에 각자의 인생에서 한 지점에 이른다. 그 지점은 우리가 불멸의 존재가 아님을 깨닫기 시작하며 인생의 의미와 성공이 과연 우리에게 행복을 가져오는지 질문하기 시작하는 지점이다. 이 시기를 지칭하는 용어까지 있다. 바로 '중년의 위기'이다.

교수이자 작가인 조지프 캠벨은 중년의 위기를 "사다리 꼭대기에 올랐을 때 다른 벽을 올랐다는 사실을 깨닫는 것"이라고 적절히 설명했다. 이 시기는 많은 이들이 우리의 꿈이라는 면에서 성취한 것들을 재평가하는 시기이다. 우리는 우리가 인생의 어디쯤와 있으며 어디로 가고 있는지, 우리는 누구이며 어떤 사람이 되고 싶은지 재평가하고 숙고하며 살펴보는 시기를 겪는다. 우리는 목표를 달성했는가? 달성하지 못했다면 목표를 성취하기 위해 우리는 무엇을 해야만 하는가? 달성했다면 성공이 우리가 기대했던 행복과 성취감을 가져다주었는가? 행복과 성취감을 느꼈다면 우리 인생의 다음에는 무엇이 있는가? 느끼지 못했다면 행복과 성취감을 찾기 위해 우리는 무엇을 해야만 하는가? 우리의 인생 목표는 무엇인가? 이 질문들에 어떻게 대답할 것인가는 경력, 일과 생활의 조화, 결혼, 관계, 재정, 그리고 건강에서 뚜렷한 변화를 만드는 과정의 첫 번째 단계이다.

또한 중년은 자녀가 독립하거나 집으로 다시 들어오고, 우리가 부모님의 돌보미가 되며, 조부모가 되고, 직업이나 직장을 바꾸며, 외모와 신체 건강에 변화가 일어나고, 어쩌면 성인이 된 이후에 처음으로 일생의 꿈을 좇을 시간이 있음을 깨닫는, 가장 중요한 전환기 가운데 하나일 것이다.

이 시기는 흥분되면서도 도전적인 시간이 될 수 있다. 어떤 사람들은 계획하지 않았으며 불확실성으로 가득 찬 인생을 정면으로 대처하기보다는 행복하고 근심이 없었다고 기억하는 시절을 그리워하며 젊음을 되찾으려는 본능을 가지고 있다.

그럼 다음과 같이 해보자. 이 시기를 '중년의 위기'로 생각하지 말자. 이 시기는 바로 여정―즉, 행복과 성취감을 위한 중년의 탐험―의 진정한 시작이다. 관점의 문제이다. 우리가 미래와 마주하기를 회피한다면 인생의 이 시기가 주는 모든 경이로운 유익을 얻지 못할 것이다. 40년 또는 50년 동안 아무 생각 없이 나이를 먹는다면 나이듦을 쇠락으로 여기는 사고방식에 빠지기 쉽다. 살면서 이 시기에 중년의 위기를 겪는 일은 당연하다. 그렇지만 우리가 의식적으로 살고 나이 들어가기 시작한다면 나이듦을 성장과 지속적인 발전을 위한 새로운 기회의 탐험으로 보기 시작할수 있을 것이다.

내 동생 다이앤이 완벽한 예이다. 나는 다이앤이 그것을 중년의 위기라고 이름 붙였는지는 잘 모르지만 그녀는 아이들이 다 자란 후에 이와 비슷한 뭔가를 겪었다. 다이앤만큼 엄마가(지금은 할머니가) 되고 싶어 한 사람은 없었을 것이다. 그리고 아무리 야박하게 평가한다고 해도 다이앤은 엄마 노릇을 아주 잘했다. 내가 기억하는 한 다이앤은 48세의 남편과 두 자녀에게 평생을 바쳤다. 그렇지만 일단 아이들이 자라 대학을 졸업한 뒤 결혼을 하고, 남편이 업무와 광범위한 출장 스케줄을 지속적으로 소화하는 사이에 다이앤은 뭔가를 더 추구하며 자기 자신을 찾았다.

우리는 다이앤이 자메이카 몬테고베이 바로 외곽에서 새로운 열정을 금세 발견하리라고는 거의 생각지도 못했다. 그녀는 자메이카 북쪽 해안가를 따라 펼쳐진 거대한 고급 휴양지 바로 위의 언덕에 있는, 외딴 농촌 마을인 세인트 제임스에 있는 시온산 초등학교 운영을 사실상 도맡게 되었다. 시온산은 다른 세상 같다. 실제로 제3세계는 다른 세상이다. 시온산은 종종 '최고의 낙원'으로 묘사되고는 하지만 약 400명이 사는 이 가난에 찌든 농촌 마을은 낙원과는 아예 거리가 멀다. 다이앤이 처음 시작할 때, 유치원에서부터 초등학교 6학년까지 전 연령의 학생 42명이 시온산 초등학교에 다니고 있었다.

다이앤이 교실이 하나뿐인 학교에 도착한 순간부터 학교 건물과 학생 모두 많은 도움이 필요한 것은 자명했다. 학교 체육 시설은 오랜 세월 방치된 탓에 무너진 상태였으며 유치원에서부터 초등학교 6학년까지 학생들 가운데 글자를 아는 비율은 참담하게도 40%였다.

그래서 다이앤은 일을 하러 갔다. 지금은 다이앤과 다이앤의 가족과 친구들, 그리고 동료들을 포함해 우리 모두 그 학교에 다니는 어린이들의 더 나은 삶을 만드는 일에 참여하고 있다. 다이앤과 나는 둘 다 아프리카계 미국인들과 아프리카 혈통의 사람들의 삶을 향상시키기 위해 지역사회에서 일하는 미국 내 최대 규모의 여성 자원봉사자 서비스 기관 '링크스(The Links, Inc.)'의 회원이며 수년간 우리는 여러 링크스 지부 일에 관여해왔다. 오늘날 전국의 링크스 지부는 다양한 수준의 물질적·금전적 지원을 시온산 초등학교와 마을에 제공하고 있다. 여기에는 옷과 신발과 같은 기본적인 물품, 수건과 같은 생활용품, 구급약품과 학용품, 도서관의 책 등이 포함된다. 이와 더불어 각 개인들은 요리사의 임금을 부담하거나, 냉장고와 냉동고를 구매하거나, 화장실을 개조하거나, 작은 학교 건물 내에 벽을 세우는 일을 돕는다.

다이앤의 통솔력과 지시 아래 우리는 현재 급식 프로그램과 교복, 개인 교습, 음악과 체육 교육 프로그램 등등 많은 사업에 기금을 지원하고 있다. 자원봉사자들의 헌신과 지원 덕분에 그 학교의 체육 시설이 개선되었으며, 학생들에게 영양적으로 균형 잡힌 음식을 만들어주는 요리사를 채용했고, 악기 선물과 음악 교사를 채용할 수 있는 돈을 지원받았다. 우리는 또한 어른들뿐 아니라 모든 연령대의 어린이들을 위해 오래되고 빈약한 도서관 장서를 흥미진진하고 새로운 세대 중심의 책들로 교체하는 운동의 선봉에 섰다. 또한 현재 그 학교에는 학생들이 작물과 과일을 키우는 방법을 배우는 커뮤니티 가든(community garden)도 마련되어 있다. 의사와 치과의사들은 개인위생을 향상시키는 의료 서비스와 물품을 기부하고 있으며 우리는 다양한 단체와 개인들이 시급히 필요한 다른 물품 또한 기부할 수 있도록 유도하고 있다.

그렇지만 가장 흥미로운 진전은 교실에서 일어났다. 2012년에 글자를 아는 학생들 비율이 40%에서 62%로 크게 뛰어올랐으며 그 이후 2013년, 2014년, 2015년에 100%까지 올랐다. 이것은 몬테고베이 지역의 극소수 학교만 이룬 대단한 성과였다. 그리고 이 결과는 이 학교 학생들이 이제는 더 나은 인생과 더 밝은 미래를 향해 가고 있다는 것을 의미한다.

어린이들의 삶에 일어난 변화는 놀랍지만 내 동생이 느낀 행복과 성취감은 이루 말로 표현할 수 없다. 다이앤은 정말로 자신의 열정과 삶의 목적을 발견했으며, 그것은 손주만큼이나 다이앤이 지금까지 바라왔던 것 전부였다.

행복 추구권

오늘날 우리가 사용하는 표현을 사용하지는 않았지만, 토머스 제퍼슨은 독립 선언문에서 양도할 수 없는 권리 중 하나로 행복 추구권을 들었다. 행복 추구란 즐거움이나 오락을 추구하는 것을 뜻하는 것이 아니라 좋은 삶의 추구와 관련되어 있었다. 즉 선한 일을 할 수 있도록 개개인의 재능과 기술을 우리 잠재력의 최대한까지 계발하는 것을 의미했다. 토머스 제퍼슨에게 행복은 공동체의 생산적인 구성원으로서 더 큰 사회 공익에 기여함으로써 달성할 수 있는 것이었다. 나는 그 점에 있어서 그의 생각에 전적으로 동의한다. 최고의 인생은 타인의 행복에 기여하는 것을 포함하며, 우리는 능력을 최대한 발휘해 인생의 목적을 완수함으로써 행복을 성취한다.

세계적으로 유명한 정신과 의사이자 창의력과 노화 분야의 전문가인 고(故) 진 코헨 박사는 뛰어난 관찰력을 바탕으로 나이가 성장과 발달, 창의력에 무한한 기회를 제공한다는 결론을 내렸다.[37] 이러한 성장은 강제로 이뤄질 수 없으며 때가 무르익었을 때 이뤄져야 한다. 뇌가 발달해야 어린아이에게 읽기를 가르칠 수 있는 것과 마찬가지로 성인이 된 후 인생을 오래 살아야 발현되는 특별한 자질이 있는 것이다. 일반적으로 그런 자질을 지혜라고 하는데, 지혜는 우리가 나이 들어감에 따라 지식과 정보를 습득하고, 정서적으로 성장하며, 인생 경험을 쌓은 결과로 얻어진다. 이 모든 것들이 한데 어우러짐으로써, 우리는 좀 더 쉽게 복잡한 상황에 대응하고, 문제를 더 쉽게 파악하며, 우리의 행동이 유발하는 결과를 예측하고, 확신을 가지고 새로운 상황과 마주하며, 인생의 부침에 대응하기 위한 전략을 개발하는 능력을 기를 수 있다.

진 코헨 박사는 우리가 점점 나이 들어가면서 경험하는 보편적이며 공유하는 감정들(예를 들어 인생을 되돌아보며 우리 자신에게 던지는 질문들)이 인간의 잠재 능력을 보여주는 자연 발달 지표라고 언급했다. 이러한 감정들은 연령과 역사, 환경에 의해 형성되며 심리적·정서적·지적으로 어떻게 인생을 바라보고 경험하느냐에 따라 특징지어진다. 이러한 감정들을 처리해야 할 어떤 종류의 끔찍한 위기가 아니라 앞서 이야기한 것같이 받아들인다면 우리는 지속적인 성장과 발전을 가능하게 하는 변화를 이뤄낼 수 있다. 마치 우리가 어린 시절에 읽기와 자전거 타기, 운전을 배웠을 때처럼 말이다.

'지금 내가 아는 것을 그때 알았더라면 좋았을 텐데……'라고 혼잣말을 해본 적이 있는가? 우리는 이제 그때 몰랐던 것을 안다. 그런데 왜 뒤를 돌아보는가? 왜 많은 이들이 중년을 위기의 시기가 아닌 행복을 추구할 시기로 보지 못하는가? 여러 이유 가운데 하나는 우리 문화가 중년기와 노년기가 되면 시간의 흐름을 자산 대신에 상실로 바라보도록 가르쳤기 때문이다. 진 코헨 박사가 지적했듯이 발달과 성장은 종종 시간의 흐름을 필요로 한다. 우리는 평가할 만한 가치가 있는 경험을 한 후에야 비로소 효과적으로 우리 인생을 살펴보고 우리가 성공했는지 여부를 판단할 수 있다. 우리는 헌신과 경쟁적 우선순위에 얽매인 시간을 상당히 많이 보내지 않고는 나이에 따라오는 자유를 경험할 수 없다. 우리는 나이에 상관없이 언제나 인생의 의미와 목적을 찾을 수 있지만, 노년에 이루어지는 탐색은 수십 년의 인생 경험에 기초하고 있기 때문에 더욱 유의미하고 중요해진다.

길어진 중년의 큰 혜택 가운데 하나는 우리에게 행복을 추구할 더 많은 자유와 시간이 주어진다는 것이다. 우리는 보통 자녀 양육에 대한 책임에서 벗어나고 더 이상 직장에서 성공의 사다리에 오르느라 진을 빼지 않게 되었을 때, 비로소 인생의 목적을 깨닫고 재능을 개발해 공공의 이익을 위해 그 재능을 사용할 자유를 가지게 된다. 우리 일생의 경험은 또한 우리 인생에서 무엇이 중요한지 파악할 수 있는 더 분명한 시각을 제공해준다. 지식은 나이가 적든 많든 언제든지 습득하지만, 지혜는 나이와 경험을 통해 생긴다. 오프라 윈프리가 60세로 접어들 때 말했듯이 "실제로 나이 들면서 가장 힘든 부분은 당신이 시간을 허비했다는 사실과 정말로 중요하지 않은 것에 대해 걱정했다는 것을 알게 되는 것"이다. 그녀는 나이듦의 가장 좋은 부분은 "당신이 바라는 것은 무엇이든지 자유롭게 되고 할 수 있다는 것"이라고 말했다.[38] 나이듦의 이 두 가지 면을 결합시킬 때 우리는 나이듦이 우리에게 중요한 것을 추구할 시간과 자유를, 그리고 그것이 무엇인지 아는 지혜를 가져다준다는 점을 깨닫는다. 이는 강력한 결합이며, 우리가 일생 경험을 통해 얻은 재능과 기술, 통찰력을 우리에게 중요한 것을 추구하는 데 사용하면 우리는 우리의 열정을 충족시키고 인생 목적을 완수하며 세상을 변화시킬 힘, 간단히 말해서 행복을 추구할 힘을 갖게 되는 것이다.

•• 유산과 목적

유산은 우리가 젊은 시절에는 자주 생각하지 않는 단어이다. 우리 대부분은 일을 하고 가족을 부양하며 가정을 돌보고, 한 주를 버텨내는 데 필요한 온갖 자질구레한 일들을 하느라 너무 바쁘다. 그렇지만 점점 나이 들어갈수록 유산의 개념은 우리 마음속에 점점 더 깊이 스며든다. 장례식을 지켜보는 사람들 가운데 '내가 세상을 떠나면 나에 대해 사람들이 뭐라 말할지 궁금해.'라는 생각에 잠긴 채 추도사에 귀 기울이지 않는 사람이 몇이나 될까? 긍정적인 유산을 남기고픈 욕망은 인간의 자연스러운 특징이며, 더 중요한 점은 그것이 강력한 동기 요인이라는 것이다.

　로브 루시는 그의 저서 『유산, 죽은 이들만을 위한 것은 아니다』에서 우리는 지금 유산을 창조하고 즐김으로써 행복과 의미 있는 인생을 발견할 수 있다고 말한다.[39] 그는 유산을 "내가 살아 있을 때 삶과 삶을 이어주고 삶의 질을 높여주며, 내가 죽었을 때 다른 사람들에게 계속해서 긍정적인 영향을 미치는, 내가 창조한 어떤 것"이라고 정의한다.

AARP 최고경영자로서 나는 협회 설립자이며 고등학교 교사이자 캘리포니아 최초의 여성 교장으로 은퇴한 에설 퍼시 앤드러스 박사가 남긴 유산의 관리인이다. 로스앤젤레스에 있는 링컨 고등학교 교장으로 은퇴한 뒤에 앤드러스 박사는 캘리포니아 은퇴교사협회에서 자원봉사를 하기 시작했다. 그녀는 도움을 요청한 전직 스페인어 교사를 방문했다. 그녀가 받은 주소지를 찾아가서 문을 두드리자, 집주인은 그녀가 찾는 여성이 집 뒤쪽에 있는 낡은 닭장에서 산다고 했다. 그 여교사가 다달이 받는 연금 40달러에서 식비와 약값을 제하고 나면 그 정도 여유밖에 남지 않았다.

앤드러스 박사는 큰 충격을 받고 뭔가 해야겠다고 결심했다. 그녀는 그 여교사에게 안경과 틀니를 해주고 음식을 살 돈을 더 줬다. 그런 다음 자신과 뜻을 같이하는 은퇴 교육자들을 조직해 적정한 보험료의 은퇴교사 의료보험 가입 운동을 시작했다. 그 당시 보험 회사 대부분은 노인들에게 건강보험에 가입할 기회를 주지 않았다. 보험 계약자가 65세가 되면 건강보험과 상해보험은 대체로 해지되거나 보험료가 급등해 더 이상 감당할 수 없었다. 그렇지만 앤드러스 박사는 계속해서 이 운동을 벌였다.

1947년, 앤드러스 박사는 AARP의 전신인 미국 은퇴교사협회를 조직했다. 그녀는 보험 회사를 방문해 은퇴 교사를 위한 단체 의료보험 상품을 개발해줄 것을 촉구했다. 그녀의 요청은 7년 동안 42차례나 거절당했다. "보험 회사에서는 나를 별난 사람이라고 생각했어요." 그녀가 회상했다. "특히 내가 건강 검진 없이 가입할 수 있으며 해약되지 않는 저렴한 월납 보험 상품이 필요하다고 말했을 때 말이에요. 어떤 보험 회사에서는 나를 만나려고도 하지 않았고, 또 어떤 회사에서는 내가 요구하는 대로 상품을 만들면 회사가 파산하게 됨을 증명하는 표를 보여줬어요. 보험 회사에서 사용한 정보는 보훈 병원 입원 환자들에게서 나온 것이었죠. '그렇지만 나는 한 번도 입원한 적이 없어요. 당신 회사의 문제는 건강한 사람들을 모른다는 점이에요.' 나는 이렇게 말했어요."[40]

그녀의 인내심과 끈질김은 성과를 거뒀다. 1955년, 그녀는 마침내 노인의료보험제도보다 10년 앞서 이 나라 65세 이상 노인들을 위한, 다시 말해 미국 은퇴교사협회의 회원을 대상으로 하는 최초의 단체 의료보험 상품을 설계해줄 보험 회사를 찾았다. 미국 은퇴교사협회 회원이면 누구나 건강 검진 없이 보험에 가입할 수 있었다. 미국 은퇴교사협회 의료보험 상품 수요는 어마어마했으며 1957년 즈음에는 무척 큰 성공을 거두었고, 미국 전역에서 직접 의료보험에 가입할 수 있는 방법을 알고 싶어 하는 노인들의 요청이 쇄도했다. 그래서 1958년 앤드러스 박사는 모든 미국 노인들이 저렴한 단체 의료보험을 들 수 있도록 AARP를 창설했다. 그렇지만 앤드러스 박사에게 노인들이 저렴한 의료보험에 가입하는 것을 보장하는 일은 시작에 불과했다. 그녀에게 AARP는 생산적인 나이듦에 관한 개념을 심화하고, 사회에 노인들을 참여시키며, 그들이 독립적으로 품위 있게, 목적을 가지고 나이 들도록 돕기 위한 방법이었다. 사람들이 점점 나이 들어감에 따라 더 충만한 삶을 살도록 돕는 것은 그녀의 소명이었으며 그녀의 진정한 유산이 될 것이다.

앤드러스 박사는 오늘날 우리가 훨씬 더 잘 아는 것을 그 당시에 이미 알았다. 인생의 목적을 발견하고 완수하는 것은 긍정적인 유산을 남기는 일의 본질일 뿐 아니라 우리 모두 추구하는 풍족한 인생을 사는 열쇠이다. 그녀가 말했듯이 "살고자 하는 욕망에 버금가는 것은 자신을 찾아주는 이들이 있고, 필요한 존재가 되며, 인생에서 꼭 필요한 기여를 했음을 느끼고자 하는 자연스러운 욕망"이다.

우리는 AARP에서 매일매일 하는 일을 통해 앤드러스 박사의 정신적 유산을 이어나가고 있을 뿐 아니라, AARP 앤드러스 상으로 그녀를 기린다. 앤드러스 상은 모든 사람이 품위 있고 목적을 가지고 나이 들어가는 사회를 이루려는 우리의 이상을 반영하는 일과 업적을 이룬 개인에게 2년마다 주는 상이다. 마거릿 미드부터 콜린 파월 장군과 노먼 리어, 그리고 마야 안젤루 박사에 이르기까지 우리는 수년에 걸쳐 뛰어난 수상자를 많이 배출했다. 2014년 수상자는 엘리자베스 돌 여사이다. 엘리자베스 돌 여사는 미 백악관 정무수석(Cabinet Secretary), 미 의회 상원의원, 그리고 미국 적십자 총재로서 공직에서 45년간 뛰어난 업적을 이루었다. 그러다가 2012년, 76세 나이에 그녀는 자신이 '숨은 영웅'이라고 명명한 사람들, 바로 군인 가족들에 관한 인식을 높이고 지원을 얻기 위해 '엘리자베스 돌 군인 가족 돌봄 재단'을 설립했다. 전투에서 부상을 입은 아들과 딸, 남편과 아내를 밤낮을 가리지 않고 돌보고 있는 1백만 명이 넘는 가족들에게 돌 여사는 용감한 후원자이다. 종종 가족은 부상당한 군인이 도움을 받거나 잘 알거나 믿을 수 있는 유일한 사람이다. 그녀의 재단을 통해 그녀는 기진맥진하지만 지칠 줄 모르며, 저평가되지만 매우 귀중한 이 돌보미들을 향한 사람들의 관심을 끌어모으고 있으며, 그들의 삶뿐 아니라 그들이 돌보고 있는 부상당한 군인들의 삶도 개선하고 있다. 이 일은 그녀에게 새로운 목적과 의미를 준다고 그녀는 말한다. 그리고 부상당한 사랑하는 이들을 돌보는 사람들을 만나며 그녀는 매일 영감을 얻는다.

앤드러스 박사와 돌 여사의 이야기는 전혀 특이하지 않다. 점점 더 많은 사람들이 길어진 중년기에 접어들면서 다양한 방식으로 더 의미 있고 목적의식 있는 삶을 추구하고 있다. 방식은 다를지라도 목표는 같다. 즉, 현재의 삶과 삶을 연결하고 삶의 질을 높임으로써 미래에 계속해서 영향을 미칠 정신적 유산을 창조하는 것이다. 사람들은 사회적 요구를 다루고 지역사회와 국가, 그리고 전 세계의 문제를 해결하기 위해 그들 자신의 기술과 경험을 활용하고 싶어 한다. 어떤 이들은 교육과 의료 서비스, 사회복지 사업, 그리고 환경과 같은 영역에서의 사회적 영향을 다루는 기관에서 자원봉사 활동을 함으로써 이를 실행에 옮긴다. 그리고 더 많은 사람들이 앙코르 커리어(encore career)*에 종사하고 있으며 중요한 사회적 요구를 다루기 위해 그들의 기술과 경험을 이용하는 직업을 찾고 있다. 44~70세인 약 900만 미국인들이 지금 앙코르 커리어에 종사하고 있고, 3,100만 미국인들이 앙코르 커리어에 관심을 갖고 있다.

76세의 찰스 플레처는 그런 사람들 가운데 한 사람이다. 애리조나 템피에서 열린 2014 목적상 시상식에서 찰스 플레처를 소개할 때 나는 기뻤다. '앙코르(Encore.org)'의 최고경영자 마크 프리드먼은 일생의 경험을 바탕으로 인생 후반기에 결실을 맺은 사람들의 힘과 영향력을 널리 알리기 위해 2005년에 목적상을 만들었는데 나는 운 좋게도 그 상의 심사위원을 맡았다. 통신업계 경영진 출신의 찰스 플레처는 극심한 어려움 속에서 살고 있는 어린이들에게 특별히 훈련된 치료사들과 함께 무료로 말을 타고 활동할 수 있는 안식처를 제공하는 비영리 단체 '스피릿호스 인터내셔널(SpiritHorse International)'의 설립자이자 최고경영자이다. 이 단체의 목적은 어린이들이 이 프로그램을 통해 자신의 잠재력을 최대한으로 발견하도록 하는 것이며, 그것은 처음으로 걷거나 말을 하는 것까지 포함한다.

찰스 플레처는 2001년에 말을 타는 사람 3명과 말 2마리로 스

---

* 자신의 경력을 바탕으로 개인적으로 의미를 가지며 사회에 영향력을 미칠 수 있고 지속적인 수입원이 될 수 있는 인생 후반기 일자리.

피릿호스를 시작했다. 지금은 월급을 받는 강사 20명을 고용하고 있으며 텍사스 목장에서 대략 400명의 사람들에게 매주 한 시간씩 치료 수업을 제공한다. 장애를 안고 있는 어린이들과 위험에 처한 청소년들, 폭력에 시달린 여성들과 부상당한 참전 용사들이다. 그와 직원들은 훈련을 받고 있으며 미국과 남아메리카, 아프리카, 그리고 유럽의 91개 다른 센터에 허가를 내줬다. 스피릿호스는 장애를 안고 있는 사람들을 위한 연구 중심의 세계 유일 대규모 승마 치료 센터이다. 그는 스피릿호스 인터내셔널과 함께 하는 앙코르 커리어를 그의 인생에서 가장 의미 깊은 일이라고 말한다.

내가 2010년에 AARP 재단 활동을 이끌기 위해 AARP에 왔을 때 우리가 맞서 싸우기로 결단을 내린 큰 문제 가운데 하나는 고령자들의 굶주림 문제였다. 우리는 미국 내 고령자들의 굶주림에 관한 인식을 높이고, 이어서 AARP 재단의 기아 추방 운동을 통해 그들을 돕는 구체적인 행동을 하기 위해, NASCAR(전미 스톡 자동차 경주협회) 우승컵을 네 차례 들어 올린 제프 고든과 그 팀 구단주 릭 헨드릭과 협력했다. 이 프로그램은 2013년에 자동차 경주장을 넘어 NFL(미국 프로미식축구협회), NBA(미국 프로농구협회), 그리고 FIFA(국제축구연맹)로까지 확대되었으며 지금은 23개 기관의 지원과 후원자들이 참여하고 있다. 이 협력을 통해 우리는 굶주림 문제에 대한 장기적인 해결 방안을 위해 기금을 마련하는 한편 많은 고령 미국인들이 끼니를 해결하는 일을 도왔다. 함께 일함으로써 우리는 다양한 효과를 거두었다. 즉, 함께 모여 더 많은 사람들에게 다가가고 더 효율적으로 일하며 우리 공동 자원을 더 많은 이들에게 돌아가게 할 수 있었다. 보조금과 연구, 지역사회 봉사 활동으로 우리는 한 번에 한 지역사회씩 변화를 이끌어내고 있다.

나는 기아 추방 운동을 통해 아이오와 유니온 출신인 플로이드 해머와 그의 부인 캐시 해밀턴을 만났다. 플로이드 해머는 건설 회사와 다른 성공적인 사업체를 갖고 있었고 은퇴한 후에는 아내 캐시와 함께 배를 타고 전 세계를 항해하며 즐기고 싶어 했다. 그때 한 친구가 탄자니아에서 낡은 한센병 전문 병원을 에이즈 호스피스로 개조하는 활동에 이 부부를 초대했다. 건축 관련 경력 때문에 플로이드는 이 일이 자신들에게 완벽한 프로젝트가 될 것이라고 생각했다.

그래서 2003년, 플로이드와 캐시 부부는 탄자니아의 첫 방문지로 외진 마을인 싱기다 주의 은쿤기를 선택했다. 이들 부부는 그마을 사람들의 절망감과 굶주림에 충격을 받았다. 어린아이들이 죽어가고 있었다. 캐시는 플로이드에게 말했다. "우리는 뭔가 해야만 해요. 어린아이들이 이렇게 죽게 놔둘 수는 없어요."[41]

2005년 즈음에 플로이드는 화물차 여러 대 분량의 옥수수를 샀고, 마을 사람들에게 옥수수를 물물 교환해주겠다고 말했다. 플로이드와 캐시는 마을 사람들이 교환할 것이 거의 없다는 사실을 알았지만 요리를 위한 숯뿐 아니라 건축 프로젝트에 쓰일 모래와 골재처럼 사람들이 쉽게 얻을 수 있는 간단한 것들이면

됐다. 다음 날 아침, 그들은 손으로 엮은 아름다운 바구니를 가지고 마을에서 온 수백 명의 여자들을 보고 깜짝 놀랐다. 그들은 한 사람씩 차례로 바구니를 옥수수로 바꿔주었다. 3개월 후에 그들은 1만 2,000개가 넘는 바구니를 옥수수로 바꿔주었고, 이를 기반으로 비영리 단체인 '아웃리치(Outreach Inc.)'를 설립했다.

캐시가 각 마을의 지도자와 원로들에게 가장 필요한 것이 무엇인지 물었을 때 마을 사람들은 깨끗하고 안전한 식수와 음식, 의료와 교육, 이렇게 네 가지가 필요하다고 말했다. 그 네 가지는 아웃리치의 공약이 되었다. 그 이후, 아웃리치는 6만 4,000개가 넘는 바구니를 샀다. 그들은 당시 AARP 재단의 기아 추방 운동처럼 협력 기관과 함께 음식 포장 행사*를 진행했는데 바구니를 판매한 돈은 그때 음식을 포장하는 데 사용했다. 2004년에 설립된 이후로 아웃리치는 협력 기관이 2억 5,700만 개의 포장 음식을 만드는 일을 도왔다.

플로이드와 캐시, 찰스 플레처, 엘리자베스 돌, 앤드러스 박사, 그리고 내 여동생 다이앤 두긴이 가진 공통점은 중년기의 탐험이 지속적인 성장과 발전의 길로 그들을 이끌었다는 점이다. 그들은 길어진 중년기 동안 계속해서 인생의 목적을 찾고 영향력 있는 유산을 창조하기 위해 일생의 경험과 기술, 그리고 재능을 활용했다. 그들은 지금 사람들을 돕고 미래에 지속적으로 사람들의

---

* 한 봉지에 쌀, 콩, 말린 채소 등을 골고루 넣어 밀봉한 후, 굶주리는 이들에게 전달하는 행사.

삶을 향상시킬 일을 하고 있다. 그들은 그들의 시간과 재능을 충분히 활용하기 위해 더 길어진 인생을 설계하고, 그렇게 함으로써 더 많은 사람들이 어떻게 살고 나이 들고 싶은지를 선택할 수 있게 해주는 새로운 해결책을 촉발했다.

·· 다음에는 무엇이 올까?

우리 인생에서 의미와 목적을 찾고자 하는 욕망은 부, 소득, 교육 수준, 성별, 민족성, 인종, 결혼 여부, 직업, 또는 어떤 다른 사회인구학적 특성에 의해 좌우되지 않는다. 그 욕망은 거의 우리 모두가 바라는 것이다. 그렇지만 그 욕망은 보편적임에도 불구하고 매우 개인적이다. 우리 각자가 자신만의 방식으로 경험한 어떤 것이다. 내 인생 목적은 아마도 당신의 인생 목적과 같지 않을 것이다. 내가 중요하다고 생각한 것은 당신이 중요하다고 생각한 것이 아닐 것이다. 내가 추구하는 행복과 당신이 추구하는 행복은 다를 것이다. 내가 정의하는 좋은 삶은 당신이 생각하는 좋은 삶이 아닐 것이다. 그렇지만 중년기로 접어들면 우리 모두 똑같은 보편적인 질문과 마주한다. "우리 인생에서 다음에는 무엇이 올까?"

"다음에는 무엇이 올까?"는 우리 시대를 정의하는 질문이다. 일이든지, 돈이든지, 또는 관계든지, 건강이든지, 미 전역의 전 연령대 사람들이 "다음에는 무엇이 올까?"라는 질문을 하고 있다. 이 질문은 많은 사람들에게 대답하기 어려운 질문이다. 어떤 사람들은 이 질문을 우리 인생을 다시 생각할 기회, 즉 재정적 안정, 건강, 의미 있는 일, 로맨스, 발견, 여행 등등 우리가 가진 모든 가능성에 대해 생각할 기회로 여긴다. 그렇지만 그것은 또한 우리가 가진 공포 ― 미지의 것에 대한 공포, 가진 돈을 다 써버리고 오래 살게 되지 않을까, 독립성을 잃어버리거나 건강이 나빠지지 않을까, 가족에게 짐이 되지는 않을까 하는 공포, 또는 그냥 지루함에 대한 공포 ― 와 대면하게 하는 질문이다. 그 질문은 우리의 관점과 사고방식에 따라 우리를 중년의 위기로, 또는 중년의 탐험으로 가는 길에 놓이게 할 수 있다. 또는 우리를 무력하게 하여 계속해서 삶을 발전시켜나가지 못하게 할 수 있다.

스콧 스트레인은 위스콘신 주 매디슨에 있는 대형 보험 회사에서 명예퇴직을 했을 때 "다음에는 무엇이 올까?"의 순간과 맞닥뜨렸다. 그의 두 아들은 성장해 결혼을 해서 가정을 이루었다. 스콧의 아내는 여전히 시간제 간호사 근무를 하고 있었다. 그리고 그는 87세인 어머니의 장거리 돌보미이기도 했다. 스콧은 꼼꼼하게 세운 장기 계획에 따랐기 때문에 경제적인 부분은 쉬운 결정이었다고 말했다. "정말로 간단했어요." 그가 말했다. "우리는 그냥 앉아서 계산을 하고 우리가 할 수 있는 것을 결정했어요." 더 어려웠던 부분은 은퇴를 한다면 무엇을 할지 알아내는 것이었다. 그가 설명한 대로 "나는 실제로 오랫동안 뭔가 다른 일을 하는 것에 대해 생각했지만 언제나 선택의 여지가 없다고 느꼈어요. 지금은 너무 많은 선택지가 있는 것 같아요. 내가 무엇을 하고 싶은지 모를 뿐이죠."[42]

그는 다른 사람들을 위해 더 나은 삶을 만들고 있다고 느낄 수 있는 분야에서 뭔가 의미 있는 일을 하고 싶었다. 58세에 그는 대학 강사가 되기 위해 석사 학위를 취득하러 대학에서 학업을 다시 시작했지만 그가 생각했던 것과는 다르다는 점을 깨닫게 되었다. 그는 학생들을 가르치는 일을 정말로 좋아했다. 그런데 학계의 관료 체제는 가르치는 일에서 얻는 모든 즐거움을 빼앗아버렸다. 그때 한 친구가 AARP와 라이프 코칭, 상담, 그리고 조언 분야의 세계 최고 전문가들이 개발한 프로그램인 '라이프 리이미지드(LifeReimagined.org)'라는 새로운 웹사이트에 관해 이야기해주었다. 이 프로그램은 사람들이 새로운 가능성을 발견하고 그들이 만들고 싶어 하는 변화를 준비하는 것을 도와주기 위해, 그리고 그들이 실행에 옮길 때 그들을 지원해주기 위해 개발되었다. 이 프로그램은 사람들이 인생의 다음 장을 계획할 수 있는 지도를 제공한다.

스콧은 인생의 다음 장에 대한 계획을 세우기 시작하면서 사람들이 그들의 삶에서 어려움을 극복하는 것을 돕고자 하는 강한 욕망이 자신에게 있음을 깨달았다. 그는 또한 개를 무척 좋아했고 동물과 함께 하는 일에 매력을 느꼈다. 고등학교 시절 여름방학 때 수의사를 돕는 일을 하는 동안 스콧은 동물에 대한 사랑이 더 깊어졌으며 한때는 수의사가 될까 하고 깊이 생각했었다. 그래서 그는 아내와 몇몇 친구들에게 이야기를 한 뒤에 이들 두 관심사를 결합시킬 방법을 알아보기 시작했다. 그는 매디슨에 있는 지역 수의사에게 연락해 조수로 일하게 되었는데 수의사는 사냥용 래브라도를 사육하는 고객에게 그를 추천했다. 그는 22킬로그램의 두 살짜리 초콜릿색 래브라도 사지를 만났는데, 사지는 고관절 이형성*을 앓고 있어서 교배를 할 수 없었다. 사지는 목적이나 유용성 없이 2년 넘게 육종 사육장에 있었다.

스콧과 사지는 재활팀 공인 자원봉사자가 되기 위해 엄격한 여러 가지 훈련 프로그램과 평가를 거쳤다. 재활팀 공인 자원봉사자들은 병원과 요양원, 노인 전용 주택과 다른 보호 시설에 방문할 수 있었다. 스콧은 사지를 데리고 매디슨과 그 주변에 있는 거주민들의 집을 방문하는 것을 무척 좋아한다. 그와 사지가 방으로 들어설 때 거주민들의 얼굴이 밝아지는 모습을 보고, 자신이 그들의 생활에 유일한 빛을 주었음을 깨달았고 큰 즐거움이 밀려왔다. "나는 그 느낌을 어느 것과도 바꾸지 않을 거예요." 그가 말했다. "사지는 그들을 행복하게 해줄 뿐 아니라 나 또한 행복하게 해줘요."

스콧은 행복을 추구하는 데 도움을 얻기 위해 길어진 중년기 인생의 한 부분을 설계함으로써 새로운 의미와 목적을 발견했다.

---

* 골반뼈와 다리뼈의 이음 부위가 잘 맞지 않아서 걸음이 불편하고 허리 통증, 염증 등을 유발하는 질병.

그리고 이제 그는 다른 사람들과도 그 행복을 나누고 있다.

•• 풍족한 삶

더 많은 사람들이 길어진 중년의 삶을 누리며 더 오래, 더 건강한 삶을 살게 됨에 따라 우리는 나이듦이 쇠락과 동일한 것이 아니라 성장과 발전을 위한 새로운 기회, 행복을 추구할 새로운 가능성, 그리고 풍족한 삶을 살 더 많은 시간을 제공한다는 점을 깨닫고 있다. 때로는 '목적의 교주'라고 불리는, 목적의 세계적 전문가 리처드 라이더는 풍족한 삶을 경제적 자유를 갖는 것, 정신적·육체적으로 건강한 것, 깊은 관계와 목적의식을 형성하는 것, 그리고 어딘가에 소속되어 있는 느낌을 갖는 것으로 설명한다.[43] 또한 풍족한 삶은 전환기에 긍정적이거나 부정적인 생활 사건으로 초래된 현저한 변화를 처리할 회복력을 갖는다는 것을 의미한다. 그러므로 이들 네 영역의 우선순위를 지속적으로 재검토하고 재조정할 필요가 있다.

우리 자신의 인생을 설계하기 시작할 때 우리에게는 새로운 사고방식과 새로운 기술, 그리고 어쩌면 용기가 가장 필요할 것이다. 기대 수명이 계속 증가하는 상황에서, 우리가 직면하는 많은 도전을 통해 우리는 미래에 성공하기 위해 필요한 새로운 관점과 지식과 지혜를 얻을 수 있다. 너무 많은 사람들이 나이듦에 따라

오는 변화에 저항하고, 결코 자신의 현재 모습을 있는 그대로 즐기지 못한다. 나는 당신에게 그 변화를 포용하고 용감해질 것을 촉구한다. 일단 그렇게 해보면 당신은 당신이 살기 바라는 인생을 설계하기 위해 이전의 모든 경험과 지혜를 자유롭게 끌어올 수 있을 것이다.

제4장

건강을 관리하라

내가 이렇게 오래 살 줄 알았다면
나 자신을 좀 더 잘 돌봤을 것이다.

– 유비 블레이크

모이라 포브스는 지난해 포브스 여성 정상 회담 공개 토론회에 참여해달라고 나를 초대했다. 주제는 '장수의 역설: 오래 산다는 것은 정말로 더 좋은 일인가?'였다. 나는 내가 어떤 일에 뛰어들게 될지 안다고 생각했다. 토론자석에는 명망 높은 로버트 우드 존슨 재단의 리사 라비조-모레이 회장과 혁신적인 스탠퍼드 장수 센터 소장인 로라 카스텐슨 교수가 있었는데 두 사람 모두 내가 잘 알고 무척 존경하는 여성들이었다. 또한 내가 잘 모르는 젊은 여성 로라 데밍도 있었는데 그녀는 '롱제비티 펀드(Longevity Fund)'의 공동 운영자였다.

　로라 데밍은 내가 지금까지 만나본 스물한 살 젊은이들과는 달랐다. 그녀는 12세 때 자원해서 샌프란시스코에 있는 캘리포니아 대학교의 교수이자 노화 방지 연구의 선구자인 신시아 케니언 박사와 함께 연구를 시작했다. 그녀는 14세에 인공 기관 형성과 뼈 노화를 연구하기 위해 물리학 전공으로 MIT에 입학했다. 그리고 17세에는 틸(Thiel) 재단 장학금을 받은 두 젊은 여성 가운데 한 사람이 되었다. 그 장학금에는 유망한 노화 방지 연구 프로젝트를 상업화하고 인간의 건강 수명을 연장시키는 방법을 개발하기 위한 10만 달러의 보조금이 포함되어 있었다. 그녀는 19세에 캘리포니아 실리콘밸리로 이주해 노화 관련 질병의 새로운 해결책을 개발하기 위한 연구 프로젝트에 재원을 공급할 벤처 자본 회사에 관해 투자자들과 이야기를 나누기 시작했다. 현재 그녀는 진료 연계, 만성 질환 관리, 입원 기간 단축과 재입원, 질병 예방과 건강, 나이듦과 관련된 공공 건강 문제와 같은 노년층에 영향을 미치는 주요 문제를 다루는 회사와 비영리 단체뿐 아니라 노화 시장에만 집중하는 2,660만 달러 기금이 모인 '롱제비티 펀드'의 공동 운영자 역할을 맡게 되었다. 로라가 말했듯이 그녀의 열정, 즉 인생 목표는 '노화의 치유법을 찾는 것'이다.

이 말을 듣고 가장 먼저 이런 생각이 들었다. '노화의 치유법'이란 무슨 의미일까? 로라는 인간의 건강 수명을 연장시키기 위해 노화를 지연시키려고 노화의 생물학적 측면을 다루고 싶어 했다. 그녀는 뛰어난 여성이다. 그렇지만 그녀의 과제에 박수를 쳐주던 순간, 나는 그녀가 노화를 '치유의 대상'으로서 골칫거리로 특징지었다는 것을 알아차렸다. 당신도 알다시피 노화는 치유될 질병이라는 말은 널리 와전된 표현이다. 이는 우리가 점점 나이 들어가면서 얻는 이득(우리가 경험을 통해 얻은 지혜, 관계 형성과 목표 추구를 통해 얻은 개인적인 성취, 삶의 기쁨, 사회에 기여)을 고려하지 않는 방식으로 나이듦을 특징지은 설명이다. 나이듦은 일생 동안 이루어지는 과정이다. 우리가 태어나는 날부터 시작해 죽는 날까지 계속된다.

건강하게 장수하는 삶의 비결은 부모를 잘 만나는 것이라는 말이 있다. 그렇지만 오늘날 우리는 인간 건강의 약 20%만 유전에 기인하고, 약 20%는 우리가 받는 의료 혜택에 따른다는 점을 안다.[44] 그리고 나머지 60%는 사회·행동·환경 요인에 기인하는데 많은 부분은 우리가 살면서 하는 선택(우리가 무엇을 먹고, 얼마나 많이 어떤 종류의 운동을 하는지, 어디에 살며, 맺은 관계의 질은 어떠한지, 또한 담배를 피우는지, 스트레스를 관리하는 능력은 있는지 등)에 의해 영향을 받을 수 있으며 정말로 영향을 끼치기도 한다. 실제로 이들 영역의 그릇된 생활 방식이 뇌졸중과 대장암의 70%, 심장 질환의 80%, 그리고 성인 당뇨병(제2형 당뇨병)의 90%의 원인을 차지한다.

우리의 건강과 우리 자신을 어떻게 돌볼지에 관해 일생을 통해 우리가 한 결정은 점점 나이를 먹어가면서 우리가 마주할 삶의 질에 지속적으로 영향을 끼친다. 예를 들어 골다공증을 생각해 보자. 우리는 골다공증이 주로 노인들을 괴롭히는 것으로 알기 때문에 흔히 이를 '노인 질환'이라고 여긴다. 그렇지만 미 국립보건원의 연구에 따르면 골다공증은 노인성 질환이 될 가능성이 있는 소아과 질병이다. 다시 말해서 당신이 어리고 골 질량의 대부분을 형성하는 시기에 칼슘을 충분히 섭취하지 않는다면 나이가 들 때까지 그 영향을 알지 못한다고 할지라도 손상은 이미 일어난 것이다.[45]

심혈관 질환, 성인 당뇨병, 그리고 어쩌면 많은 사람들이 나이가 들면 안고 살아가는 다른 만성 질환에서도 우리는 이와 유사한 연관 관계를 찾을 수 있다. 수년간 소파에 앉아 장시간 TV만 보거나 담배를 피우고, 건강에 나쁜 음식을 먹고, 자외선으로부터 눈을 보호하지 않으며, 건강에 해로운 다른 행동들을 함으로써 우리는 타격을 입는다. 그리고 이제 사람들은 더 오래 살고 있으며 우리는 이런 일이 점점 더 많이 일어남을 목격하고 있다.

지금까지 당신에게 겁먹을 이야기만 한 것 같으니, 이쯤에서 '좋은 소식과 나쁜 소식'을 말해보려 한다. 좋은 소식은 건강한 나이듦으로 이끄는 요인 대부분은 우리의 힘이 영향을 미치고 통제할 수 있는 범위 안에 있다는 것이다. 현재 우리는 역사상 그 어느 때보다 많은 자원을 가지고 있으며 우리의 건강을 통제할 방법을 안다. 우리는 지식과 연구, 과학 기술, 그리고 지속적인 혁신에 정통해 우리가 어떻게 우리 자신을 돌보고, 돌봄을 받을지 구체화하는 것이 가능하다. 의학 혁신과 과학의 비약적인 발전은 우리가 더 오래 사는 데 도움을 주고 있다. 빅 데이터를 모으고 분석하는 것을 가능케 하는 도구와 과학 기술은 우리의 건강을 돌보는 최선의 방법을 결정을 하는 데 도움을 주고 있고, 지역사회와 새 과학 기술은 더 건강한 환경을 조성하는 데 도움을 주고 있다.

나쁜 소식은 우리 의료 체계가 질병 예방과 개인의 건강과 행복 증진에 충분히 집중하는 것이 아니라 지나치게 질병 치료에 초점을 맞추고 있다는 점이다. 국가적으로, 1년에 거의 3조 달러를 의료비로 지출한다. 미국은 전 세계에서 1인당 의료비가 가장 비싼 나라이다. 2012년에 1인당 8,745달러를 의료비로 지출했는데, 이는 미국 다음으로 1인당 의료비 지출이 많은 노르웨이보다도 42%가 더 높았다.[46] 그렇지만 다른 어느 나라보다 더 많은 돈을 썼음에도 불구하고 미국의 의료보험제도는 좋은 성과를 내지 못한다. 연방재단의 연구에 의하면 미국은 의료의 질과 접근성, 효율성 면에서 다음 11개국(오스트레일리아, 캐나다, 프랑스, 독일, 네덜란드, 뉴질랜드, 노르웨이, 스웨덴, 스위스, 영국, 미국) 가운데 순위가 가장 낮았다.[47] 상대적으로 소득이 높은 다른 국가들과 비교해 미국은 건강이 더 나쁘고 기대 수명이 짧다. 50세 이상 미국인들은 심혈관 질환과 다른 만성 질환 유병률이 더 높고, 5~17세의 어린이와 청소년들의 1/3 이상이 비만이며, 이 때문에 그들은 부모 세대보다 사는 동안 더 아프고 더 젊은 나이에 죽는 첫 세대가 될 가능성이 높다.

건강 면에서 우리는 현재의 상황을 계속 유지할 수 없다. 건강은 더 오래 행복하고 의미 있는 인생을 사는 데 큰 역할을 한다. 건강하지 않으면 행복을 추구하고, 일상의 우리 역할과 책임을 수행하며, 일과 자원봉사를 하고, 의미 있는 관계를 유지하며, 계속 사회에 참여하게 하는 에너지와 추진력이 부족해진다. 건강은 앓고 있는 병이 없다는 것 이상이다. 건강은 의미 있고 만족스러운 방식으로 인생을 경험할 수 있게 해주는 행복감과 에너지를 준다. 건강을 유지하려면 우리는 혈압이나 콜레스테롤, 심장 박동수, 또는 혈당의 목표 수치에 도달하거나 상실한 기능을 회복하고, 또는 통증과 고통을 제거하는 수준을 뛰어넘어야 한다. 우리는 육체적·정신적·정서적·경제적·사회적·영적 행복을 고려한 활기찬 생활 방식을 유지해야 한다. 우리는 지역사회와 직장, 학교, 그리고 일상의 다른 면에서 우리의 건강에 영향을 미치는 요소들을 고려해 의료보험제도를 바라봐야 한다.

나이 들면서 지속적으로 성장하고 발전하기를 바란다면, 우리는 쇠락에 대처하려고만 하는 대신에 신체와 정신 건강을 증진시키기 위해 사전 대책을 강구해야만 한다. 질병을 치료하는 데에만 초점을 맞추는 것으로는 충분하지 않다. 물론 그것도 중요하지만 또한 예방과 행복에 훨씬 더 폭넓은 집중을 기울일 필요가 있다. 그리고 그것은 건강과 관련한 문화의 변화를 필요로 한다.

•• 문화의 변화

아툴 가완디 박사는 그의 저서 『어떻게 죽을 것인가(Being Mortal)』에서 다음과 같이 기술했다. "우리는 노화를 치료해야 할 대상으로 받아들여왔으며 그 실험은 우리를 실망시키고 있다."[48]

그의 말이 맞다. 45~64세 인구의 거의 2/3가 적어도 한 가지 만성 질환에 시달리고 있으며 65세 이상의 경우 여러 가지 만성 질환으로 고통받고 있는 이들이 85%가 넘는다. 앞에서 어린이들의 높은 비만율에 대해 언급했지만 미국에서 가장 높은 비만율을 보이는 연령대는 40~49세이다. 국가 지도자들은 너무 오랫동안 의료 서비스 질적 향상, 의료비의 절감 또는 안정화, 그리고 막대한 의료 비용의 효율적·효과적 집행에만 관심을 가져왔다. 이와 동시에 우리는 우리 삶의 사회적·물질적·정책적 측면이 건강과 의료 서비스에 어떠한 영향을 미치는지 살펴보기 시작했다. 많은 이들에게 건강은 노력하지만 결코 도달하지 못할 것이라고 믿는 목표이며, 우리는 종종 건강을 개인의 성취와 행복, 만족감의 기반으로서가 아니라 우리 삶의 다른 부분과 분리된, 별개의 것으로 바라본다.

건강을 전반적인 우리 행복의 조력자로 보는, 좀 더 통합적이고 포괄적인 관점을 포용하는 것은 시간이 걸리지만 사회의 모든 다른 부분이 관련될 거대한 문화 변화가 될 것이다. 이 문화 변화는 우리가 건강과 의료 체계 안에서 서로 관련되어 있는 방식의 변화뿐 아니라, 지역사회, 기업 관행, 학교, 교회 등 일상의 많은 측면과 건강이 맺는 관계와 그것들이 건강에 미치는 영향의 통합을 포함한다. 우리는 또한 의료 체계에서뿐 아니라 지역사회 등의 측면에서도 해결책을 찾아야만 한다.

로버트 우드 존슨 재단의 리사 라비조-모레이 회장은 건강 관련 문화 변화의 가장 강력한 지지자이다. 리사와 그녀의 로버트 우드 존슨 재단 동료들은 어떻게 하면 이 나라의 건강 궤적을 바꾸고 우리 개개인의 활력과 전반적인 활력을 향상시킬 수 있는지 이해하기 위해 상당히 많은 시간과 연구, 자원을 투자해왔다. 그들은 건강과 행복의 많은 사회적·경제적·물질적·환경적·정신적 요소들을 다루기 위해 의료 체계 안에서만이 아니라 사회 모든 부분으로부터의 협력을 포함해 통합적인 접근이 필요하다는 결론을 내렸다. 그리고 이는 건강을 공유 가치로, 개인적 성취와 지역사회의 번영, 그리고 강력하고 경쟁력 있는 국가의 구성 요소로 만드는 데서 시작한다. 이것은 건강하다는 것이 의미하는 바에 대해 우리 모두가 똑같은 정의를 내린다는 뜻은 아니지만, 건강의 성취와 유지, 회복은 다른 독립 개체들에 의해 다른 방식으로 정의된, 공유된 우선 사항이라는 뜻이다.[49]

로버트 우드 존슨 재단의 연구를 기반으로 하면, 우리는 행복을 우리 삶의 중심에 두는 새로운 문화를 창조하기 위해 확실히 사고방식과 기대, 그리고 가치를 바꿔야 한다. 여기에는 네 가지 중요한 변화가 포함된다. 첫째, 신체와 정신의 쇠약에 초점을 맞추던 것에서 신체와 정신의 건강에 초점을 맞추는 것으로 바꿔야 한다. 둘째, 치료에 초점을 맞추던 것에서 질병 예방과 건강 증진, 그리고 행복에 초점을 맞추는 것으로 바꿔야 한다. 셋째, 의존적인 환자에서 의료 시스템에서 주체적인 사용자로 변해야 한다. 그리고 마지막으로 넷째, 현재 우리 대다수에게 없는, 신뢰할 수 있는 의료 접근성이 있어야 한다.

• 신체와 정신의 쇠약에서
신체와 정신의 건강으로

우리가 나이듦을 쇠락과 쇠약으로 향하는 길고 더딘 여정으로 보는 대신에 성장과 발달의 시기로 볼 때, 우리는 나이 들어가면서 건강을 삶의 질의 핵심 요소로 간주하게 된다. 우리는 가끔씩 병원에 진료를 받으러 가는 것보다, 어떻게 살아갈 것인지에 대해 매일 하는 선택이 우리 건강과 더 많은 관계가 있음을 깨닫는다. 점점 더 많은 사람들이 더 오래 살고 길어진 중년기를 충분히 활용하려고 할수록 우리는 있는 힘껏 충실한 삶을 살기 위해 신체적·정신적으로 건강한 상태를 유지하는 법에 점점 더 많이 중점을 두게 된다. 건강은 우리 삶과 동떨어진 한 부분이 아니라 우리의 복잡한 삶의 서로 다른 측면을 한데 결합시키는 접착제이다. 건강은 우리가 어떻게 가족과 친구들과 공감하는지에 영향을 미친다. 그리고 우리가 지역사회의 적극적이고 참여적인 구성원이 되는 능력뿐만 아니라 일과 여가 활동에 참여하는 능력에도 영향을 미친다. 우리는 육체적 질병, 고통과 통증, 또는 정신적 피로에 움츠러들고 싶지 않다. 우리는 나이듦에 따른 건강 변화를 관리할 수 있기를 바라며 너무 피곤해서 하고 싶은 것을 하지 못하는 기분을 느끼고 싶지 않다. 이와 같이 우리는 지금 우리 건강을 관리할 더 많은, 더 나은 방법을 찾고 있다.

현 건강 관리 모델 아래에서는 의사와 임상의들이 쇠락이라는 렌즈를 통해 건강을 보는 경향이 있다. 그들은 당신에게 무엇이 잘못됐는지 알아내 약물과 수술, 물리 치료처럼 동원 가능한 수단을 이용해 그 문제를 해결하려고 한다. 그렇지만 소비자로서 우리는 다음과 같은 질문에 더 관심이 많다. 어떻게 하면 처음부터 아프지 않을 수 있을까? 어떻게 하면 활력을 유지해 사는 동안 하고 싶은 것들을 할 수 있을까?

건강은 의료 종사자의 입장에서는 검사 결과와 감염률, 질병 요인 등이 더 중요하지만 소비자의 입장에서는 최상의 삶을 살기 위해 필요한 도구로서의 역할이 더 강해지고 있다. 청력을 잃는 것에 대해 생각해보자. 많은 의사들은 청력 상실을 진단하고 치료해야 할 신체장애나 질환, 또는 질병으로 여긴다. 그렇지만 청력 상실은 소비자인 우리에게는 매일매일 충실하게 살아갈 수 있는 능력에 영향을 미치는 삶의 질 문제이다. 이는 긴장 관계나 자립 상실, 고독, 어쩌면 안전 문제로까지 이어질 수 있다. 의사는 의학적 결과에 관심이 있는 반면에 우리는 하루하루를 불편 없이 살아가고 계속해서 사회에 참여할 수 있기를 바란다. 그렇다면 다음과 같은 의문이 생긴다. 우리가 의학적 치료와 조언을 일상에 어떻게 적용해야 매일매일의 삶을 잘 살아가는 데 도움이 될까?

건강 관리에 대해 다룰 때 우리 중 점점 더 많은 사람들이 자신을 소비자로 여기게 됨에 따라, 우리는 자신의 건강에 더 많은 책임을 지고 있으며, 더 건강한 결정을 하는 데 도움을 주는 더 좋은 정보를 더 많이 찾고 있다. 또한 우리는 우리의 가치와 생활 방식, 그리고 의학적 결과가 우리 관계에 미치는 영향을 고려하면서 그 의학적 결과를 일상생활 활동에 적용하는 법을 이해할 수 있게 도와달라고 의사와 임상의에게 점점 더 많이 요청하고 있다. 우리는 건강을 더 잘 관리하기 위해 우리가 할 수 있는 일을 알려달라고 요청하고 있는데, 이는 종종 "이 약을 복용하시오."라는 것 이상을 의미한다. 그러나 우리가 그것보다 더 원하는 것은, 단순히 질병을 치료하는 것이 아니라, 우리가 신체와 정신의 건강과 행복 증진을 위해 생활 방식을 변화시키는 데 의료 서비스 제공자들이 도움을 주는 것이다.

이 책을 쓰면서 이러한 많은 쟁점에 대해 개인적으로 생각하기 시작한 후로 나는 나 자신의 생활에 중요한 변화를 주기 시작했다. 나는 탄산음료를 끊고 물을 더 많이 마시고 있으며 과일과 야채를 더 많이 먹고 있다. 내과 주치의인 린다 콜먼 박사는 새벽 5시 30분쯤에 이미 내가 깨어 있다는 것을 알기 때문에 내가 산책하고 있는지 묻는 기분 좋은 짤막한 문자를 자주 보낸다. 솔직히 내가 그녀의 조언을 늘 굳게 지키는 편은 아니지만 최근에 산 핏비트(Fitbit)*는 아주 훌륭한 기기이다. 이것을 사용하면 활동을

---

* 칼로리 소모량, 걸음 수, 이동 거리, 활동 시간 등을 측정하고 수면 시 뒤척임, 수면 시간, 수면 효율성 등을 확인해주는 착용식 헬스케어 기기.

별로 하지 않았을 때 그것을 눈으로 확인할 수 있기 때문에 운동을 더 많이 하게 된다.

• 치료 중심에서
예방과 건강 증진, 행복 중심으로

50세 이상의 사람들과 이야기를 나누면 대체로 그들은 미래에 대해 굉장히 낙관적이다. 그들은 하고 싶은 것을 하고 그들 생각대로 인생을 즐길 시간과 자유가 있으리라 기대한다. 그리고 그들은 그렇게 하려면 건강해야 한다는 것을 잘 안다. 주로 그들은 하이킹, 손주들과 계속 연락 주고받기, 늘 가고 싶어 했던 휴가, 일상 활동 등을 할 힘을 갖는 것에 대해 이야기를 한다. 그렇지만 그들은 또한 쇠약하게 만드는 질병을 피하기 위해 할 수 있는 모든 것에 대해 이야기한다. 대부분의 사람들은 점점 나이 들어감에 따라, 불치병에 걸리거나 몸을 제대로 움직이지 못하게 되거나 스스로 생활을 하지 못하고 가족과 친구에게 짐이 되는 것을 죽음보다 더 두려워한다. 그래서 그들은 건강과 행복을 유지하고 질병을 피하며 건강을 향상시키는 습관을 기르는 방법을 찾는 데 더 진지해진다.

이는 비타민과 영양제, 체중 관리 제품과 프로그램, 강화식품과 음료, 운동 프로그램과 기구, 피트니스 클럽 회원권 등을 포함해 예방 및 건강 제품과 서비스에 의해 움직이는 5,000억 달러 규모의 의료 시장 소비자 가운데 50세 이상의 사람들이 가장 중요한 위치를 차지하는 이유를 어느 정도 설명해준다. 월그린(Walgreens)과 타깃(Target), CVS와 같은 판매업체는 현재 매장 내 병원과 예방적 검사, 영양 평가를 제공한다.[50] 그리고 디지털 세계에서는 사람들이 건강하게 사는 데 도움을 주도록 설계된 건강 관련 애플리케이션과 건강 정보가 넘쳐나고 있다. 한 연구에 의하면 2014년에는 인터넷에 연결 가능한 미국인의 96%가 건강 정보를 찾기 위해 애플리케이션을 사용했다. 2014년 웹엠디(WebMD)에 접속한 고유 방문자 수만 해도 1억 5,000만이었으며, 모바일 플랫폼의 두 선두 주자 iOS와 안드로이드(Android)의 경우, 주로 건강이나 만성 질환을 다루는 애플리케이션이 10만 개를 넘어섰다.[51]

고용주들 가운데 많은 이들이 증가하는 건강 관리 비용을 절감할 방법을 찾고 있으며, 그들은 또한 건강과 행복을 장려하는 데 점점 더 많은 역할을 맡고 있다. 200명 이상의 노동자를 고용한 미국 기업의 90%가 현재 건강 관리 프로그램을 갖추고 있다.[52] 이들 프로그램은 종종 헬스클럽 이용료와 운동 프로그램 할인, 금연 프로그램, 라이프 스타일 코칭, 영양학 강의, 무료 예방 접종, 그리고 예방적 검사 등을 포함한다.

또한 정부는 건강과 행복을 장려하기 위한 행사를 실시하고 있다. 오바마케어로도 불리는 미국 건강보험개혁법(Affordable Care Act: ACA)은 기업에 금융 혜택을 제공함으로써 고용주들에게 건강 관리 프로그램을 장려하고, 노인의료보험 수혜자들에게 당뇨와 콜레스테롤, 암 무료 검사와 예방 접종뿐 아니라 연 1회 무료 '건강 검진'을 제공한다. 보건사회복지부는 사설 보험에 가입한 7,100만 명과 노인의료보험 수혜자 3,400만 명이 유방 조영상이나 독감 예방 주사, 또는 건강 검진과 같은 예방 서비스 가운데 최소한 한 가지는 무료 혜택을 받았다고 보고했다.[53]

이것이 또한 우리에게 말하는 것은 사람들이 질병을 예방하고 병원 밖에서 건강과 행복을 증진할 방법을 찾고 있다는 점이다. 소비자로서 우리는 질병을 예방하고, 건강을 증진하며, 행복을 성취하는 데 도움을 주는 더 많고 더 좋은 제품과 서비스, 그리고 프로그램을 찾고 있다. 고용주들과 보험업자들, 그리고 정부는 위에서 언급한 것과 같은 새로운 노동자 건강 관리 프로그램은 물론, 우리가 건강 관리와 행복에 좀 더 집중하도록 다른 장려 정책을 생각해내고 투자하고 있다. 그런데 우리 의료보험제도는 주로 치료에 초점을 두는 데에서 예방과 건강 증진, 행복에 초점을 두는 것으로 전환하는 데에 왜 이렇게 느린가?

생활 습관 의학(lifestyle medicine)*으로 알려진 치료법을 수용한 의료인들이 있다. 예를 들어 예방의학연구소 창립자이자 소장이며, 캘리포니아대학교 샌프란시스코 캠퍼스 임상의학 교수인 딘 오니시 박사는 무첨가 유기농 식품과 야채 위주 식단의 식이 요법, 적당한 운동, 명상과 요가를 포함한 스트레스 관리 기술, 사

---

* 영양이나 비활동성, 만성 스트레스와 같은 생활 습관 요소에서 기인한 장애의 연구와 예방, 치료를 다루고 있는 의학의 한 분과.

회적 지지가 심각한 관동맥성 심장병의 진행을 막을 수도 있고, 제2형 당뇨병을 호전시키기 시작할 수도 있으며, 초기 전립선암의 진행을 늦추거나 멈추게 하고, 또는 상태를 호전시키기까지 할 수 있다는 점을 알아냈다. 오니시 박사의 심장병 환자를 위한 생활 습관 프로그램은 이제 노인의료보험제도와 많은 사설 보험 기관의 혜택을 받을 수 있다. 오니시 박사는 다음과 같이 말한다. "생활 습관 의학은 단순히 우리가 얼마나 오래 사는가에 관한 것이 아니라 우리가 얼마나 잘 사는가에 관한 것이다. 그것은 죽음의 공포로부터 삶의 기쁨으로의 변화를 이끌어내야 하는 이유를 다시 생각하게 한다."[54]

안타깝게도 오니시 박사의 주장은 여전히 정통이 아닌 이례적인 것으로 여겨진다. 결과를 보는 방식에 있어서 의사들과 임상의들의 방식과 소비자들의 방식에는 왜 아직도 큰 단절이 있는 것일까? 가장 확실한 답은 우리 의료 체계는 우리가 건강할 때보다 아플 때 더 혜택을 받도록 되어 있다는 것이다. 의료 체계에서 예방의학을 수용하는 데 대한 실질적인 금전적 혜택은 없다. 그렇지만 또 다른 답은 의사와 환자 관계의 특성에 달려 있다. 의사와 간호사, 임상의는 우리에게 치료 결과를 향상시키는 방법에 대한 귀중한 정보를 제공해줄 수 있지만, 우리는 그 정보를 얻어서 날마다 삶을 더 잘 살도록 도와줄 행동을 실행에 옮겨야 한다. 우리는 의존적인 환자에서 주체적인 소비자로 변화해야 한다.

• 의존적인 환자에서
주체적인 소비자로

환자와 소비자의 차이점은 무엇일까? 어떤 다른 점이 있을까? 의사는 의료 서비스의 '소비자'와 '환자'를 다르게 대할까? 의료 서비스의 소비자는 환자와 다르게 행동할까?

많은 사람들은 그렇지 않다고 말한다. 소비자는 환자와 다르지 않으며, 의사는 환자와 소비자를 똑같이 대한다고 말이다. 하지만 나는 차이점이 있다고 생각한다. 사실 나는 우리 의료 서비스 체계의 구조를 재정립할 정도로 큰 차이점이 있다고 생각한다. 명칭 변화에 그치는 것이 아니라 미국에서 의료 서비스를 제공하고, 찾고, 받고, 그에 대한 비용을 지불하는 데 관련된 모든 참여자들 사이의 관계에 극적인 변화가 일어날 것이다. 그리고 우리가 그것을 인식할 때가 된 것이다.

그렇다면 '소비자'와 '환자'의 다른 점은 무엇인가? '소비자'라는 단어는 능동적인 용어이다. 이 용어는 어떤 사람이 자신의 목적을 위해 뭔가ー사용 또는 구매ー를 하고 있음을 시사한다. 환자가 된다는 것은 아무 불평 없이 고통, 고난, 또는 어려움을 고요히 견디는 것이다. 당신은 아마도 요즘 건강 관리 기관, 또는 개인 병원이나 종합 병원 주변에서 그런 사람들을 그리 많이 보지는 못할 것이다.

'환자'라는 단어는 소비자보다는 좀 더 수동적인 용어이다. 소비자는 구매를 하거나 사용한다. 환자는 무슨 상황이 닥치든지 감내한다. 환자는 인내하거나 고통받거나 견딘다. 소비자는 그들 자신의 이익을 지킨다. 그들은 사용하고 구매하며 만족을 추구한다. 의료 서비스의 소비자는 자신의 필요를 만족시키기 위해 의료 제품과 서비스를 사용하거나 구매하는 사람들이다. 반면에 환자는 덜 적극적인 역할을 맡고 그저 의료 서비스를 받는 사람들이다. 따라서 의료 종사자가 '소비자'를 '환자'와 똑같이 대우한다고 할지라도 당신은 '소비자'가 의료 종사자를 대하는 것과 '환자'가 의료 종사자를 대하는 것이 다르다고 확신할 수 있다. 그래서 소비자중심주의가 의료 서비스 체계 전반에 걸친 관계를 변화시키고 있는 것이다.

소비자는 그냥 의료 서비스를 '받고' 싶어 하지 않는다. 그들은 동등한 참여자가 되고 싶어 한다. 그들은 의료 서비스 제공자와 의료진과 동등한 관계를 맺고 싶어 한다. 소비자는 닥쳐오는 상황이 무엇이든지 감내하고 싶어 하지 않는다. 그들은 자신들의 치료에 영향력을 행사하고 싶어 한다. 그들은 만족을 바란다. 그들은 결과를 성취하고 싶어 한다. 소비자는 인내하고 견뎌내고 싶어 하지 않는다. 그들은 양질의 의료 서비스를 요구한다. 그리고 그들은 자신들이 지불하는 의료비에 합당한 가치를 찾고 있다.

그래서 환자들은 종종 자신들이 의료 서비스 체계에 휘둘린다고 느끼는 반면에, 소비자들은 스스로를 자신의 건강과 행복에 영향을 미치는 결정을 하는 데 있어서 동등한 파트너로 여기며 자신의 이익을 위해 행동할 권한을 갖는다. 무엇이 그들에게 권한을 주는가? 세 가지, 즉 정보, 기술, 개개인의 강한 책임감이다.

건강과 행복에 관한 정보와 그 정보를 손쉽게 사용할 수 있게 하는 기술이 의료 서비스를 소비자중심주의 쪽으로 몰아가고 있음에는 의심의 여지가 없다. 여기에 이 정보에 대한 끝없는 욕구―특히 나이 들어가는 베이비 붐 세대의 욕구―를 결합시키면 우리는 의료 서비스 문화의 중요한 변화를 위한 요소를 갖게 되는 것이다.

• 신뢰할 수 없는 의료 접근성에서
신뢰할 수 있는 의료 접근성으로

양질의 의료 서비스란 단지 사람들이 아플 때 치료하는 것이 아니라 사람들이 계속 건강하고 활력 넘치게 하는 것이다. 건강 의료 모델에서 의료 접근성을 다룰 때 우리는 의료보험 보장 범위 면에서 생각한다. 그렇지만 우리가 행복 면에서 건강을 생각할 때에는 좀 더 폭넓게 사고해야 한다. 의료보험 보장 범위의 문제만이 아니다. 우리는 활력 넘치는 생활을 유지하고 싶은 우리의 욕구에 초점을 맞춘 적당한 치료를 받고 있는가, 건강을 관리하기 위해 필요한 포괄적이고 지속적인 치료를 받고 있는가, 그리고 영양이 풍부한 음식과 적절한 주거 공간, 취업 기회, 건강하고 안전한 환경뿐 아니라 더 건강한 삶을 위한 선택이 가능하도록 알맞은 도구와 정보에 접근할 수 있는가도 고려해야 한다.

의료보험은 매우 중요하다. 이 점은 분명하다. 의료보험이 없다면 성인은 예방 치료를 포함해 효과적인 임상 서비스에 접근할 기회가 적어지며, 아프거나 다친다면 더 악화된 건강 상태와 삶의 질 면에서 더 큰 제약, 그리고 조기 사망에 고통받을 가능성이 높다.

의료보험이 없는 사람들은 일반적으로 의료보험이 있는 사람들만큼 건강하지 않다. 그들은 필요한 치료를 미루거나 포기하는 경향이 있으며, 처방을 받는다고 하더라도 종종 처방받은 대로 약을 복용하지 않는다. 그들은 사전에 막을 수 있었을 입원을 하고 심각한 질병 진단을 놓칠 가능성이 더 높다. 그리고 만성 질환을 진단받는다면 추후 관리를 받을 가능성이 더 낮아져 결국 건강이 더 악화될 것이다. 그들은 또한 예방 치료와 권장된 정기 검진을 받을 가능성이 훨씬 적다. 이는 특정 유형의 암과 다른 질환의 발견을 지체시킬 수 있으며, 그 결과 의료보험이 없는 사람들의 사망률은 의료보험이 있는 사람들보다 현저히 더 높아진다.

건강보험개혁법의 결과 중 하나는 의료보험이 없는 사람들 가운데 더 많은 이들이 이제는 의료보험 보장 혜택을 받게 된다는 것이다. 실제로, 의료보험이 없던 1,600만 명이 넘는 미국인들이 이제야 의료보험개혁법 적용 대상이 되었다.[55] 게다가 예방 서비스에서도 의료보험개혁법이 노인의료보험보다 더 많은 혜택을 제공한다.

예방 치료 혜택을 받지 못하는 사람들은 의료보험이 없는 사람들뿐만이 아니다. 50~64세 성인 4명 중 1명만 기본 권장 암 검진과 다른 예방적 건강 관리를 받아 자신의 건강 상태를 점검한다. 암과 심장병, 당뇨, 그리고 종종 예방 가능한 다른 만성 질환은 한 해 미국인 10명 중 7명의 사망 원인이며 의료비 부담의 75%에 해당한다. 한 연구에 따르면 사람들이 필요할 때 5가지 예방 서비스 ─ 직장암과 유방암 검진, 독감 예방 주사, 금연 상담, 규칙적인 아스피린 복용 ─ 만 받아도 우리는 매년 10만 명의 생명을 구할 수 있다.[56] 특정한 질병에 대한 검진을 받지 않는다는 아주 단순한 이유로 이렇게 많은 사람이 생명을 잃고 있다는 점은 무척 충격적이다. 앞 장들에서 이미 봤듯이 오늘날 고령 미국인들과 관련된 많은 사안은 문화 또는 정책 면에서 복잡하고 바뀌기 어렵다. 그렇지만 질병 검진을 받는 일은 간단하고 효과적이다. 사람들이 검진을 받지 않을 이유가 전혀 없다. 이는 인식과 압박의 문제이다. 그러므로 소중한 이들에게 이 사안을 알려주고, 필요하다면 검진을 받도록 동년배들에게 압력을 가하라.

또한 신뢰할 만한 돌봄은 적절한 돌봄을 받을 수 있음을 의미한다. 예를 들어 고령 인구가 폭발하고 있는 이때에 미국의 145개 의과대학 가운데 노년의학과가 있는 곳이 11개에 불과하다는 사실에 나는 몹시 놀랐다. 해마다 400명이 채 안 되는 노인병 전문의가 의료 시장에 진출한다. 노년학 분야를 전공한 간호사의 1%, 사회복지사의 4%보다 더 적은 숫자이다. 미국에서 진료 중인 노인병 전문의는 모두 합쳐서 약 7,000명뿐이다. 이는 75세가 넘은 미국인 2,000명당 의사 1명 수준이다. 한편 비용 관리를 위해 많은 병원은 노인의학 프로그램을 폐지하고 있다.[57] 이는 말도 안 되는 일이며 우리 고령화 사회와 완전히 엇박자로 가는 것이다. 이는 우리 사회가 노인병 전문의가 공헌하는 바를 가치 있게 여기지 않기 때문에 벌어지는 일이다. 노인병 전문의는 특별한 관점을 가지고 있기 때문에 노인들이 더 오랫동안 독립적으로 생활하고, 병원과 요양원, 그리고 응급실을 멀리하며 지내도록 도울 수 있다. 더 중요한 점은 노인병 전문의는 특정한 질병만 다루는 것이 아니라 한 사람을 온전히 돌보도록 훈련을 받기 때문에 환자의 전반적인 행복에 기여한다는 것이다. 앞으로 15~20년 후에 고령 인구가 엄청나게 증가할 것을 고려해볼 때 우리는 우선 사항을 명확히 이해해야 한다.

건강 문화를 바꾸고 내가 지금 언급한 변화를 만들어내는 일은 쉽지 않을 것이며 하룻밤 사이에 일어나지도 않을 것이다. 터놓고 얘기해보자. 혈압을 낮추기 위해 적절한 음식을 먹고, 필요한 운동을 하며, 일상의 스트레스를 관리하는 것보다 병원에 가서 하루에 한 번씩 먹는 약 처방전을 받는 것이 훨씬 더 쉽다. 이런 생활 양식이 혈압을 유지하는 데 도움을 줄 뿐 아니라 삶의 질과 행복을 증가시키는 건강상의 부가 이익을 가져다준다고 해도 말이다. 그럼에도 불구하고 문화 변화는 일어날 것이다. 실제로 변화는 일어나고 있고, 이 변화는 당신과 나와 같은 사람들에 의해 주도되고 있다. 왜냐하면 우리는 최대한 충실한 삶을 살기 위해 길어진 중년기를 충분히 이용하고 싶어 하기 때문이다. 우리가 쇠락 대신에 육체적·정신적 건강에 초점을 맞추도록 우리 자신의 사고방식을 바꾸고 단순한 질병과 고통, 또는 상처 치료 대신에 우리의 전반적인 행복에 어떻게 기여할 것인가 하는 면에서 건강을 생각할 때 우리는 그저 의존적인 환자가 아니라 의료 서비스의 더 주체적인 소비자가 될 것이다. 그 결과, 우리는 우리의 전반적인 행복을 향상시키는 더 건강한 삶을 영위하기 위해 필요한 돌봄과 정보, 그리고 서비스에 신뢰할 수 있는 접근을 요구할 것이다.

이러한 변화는 또한 불가피한 일이다. 우리가 의생명과학 연구와 게놈학, 건강과 기술에서 전례 없는 혁신과 사회의 거대한 고령화가 동시에 일어나고 있는, 역사상 유일무이한 시대를 살고 있기 때문이다. 앞서 보인 경향들이 고령 인구층의 수요와, 기술 및 혁신에 따른 새로운 건강 및 보건 관련 제품과 서비스의 개발과 맞물림에 따라, 예전에는 상상조차 할 수 없었던 방식으로 나이 듦에 관한 고정 관념이 무너지고, 결국 미래에는 우리가 어떻게 살아야 할지, 어떻게 나이를 들어가야 할지를 우리 스스로 선택할 수 있는 놀라운 기회가 우리에게 주어질 것이다.

• 건강 관리의 새로운 해법

'사이버스페이스(cyberspace)'라는 용어를 탄생시킨 것으로 유명한 공상과학소설 작가 윌리엄 깁슨이 "미래는 이미 와 있다. 단지 널리 퍼져 있지 않을 뿐이다."[58]라고 했을 때 그는 건강 혁신에서 혁명이 일어나고 있음을 묘사했을 수도 있다. 연구와 기술, 새로운 사업 모델은 믿을 수 없는 속도로 발달하고 있으며, 그 결과 우리 건강을 더 잘 관리하는 데 도움을 주도록 설계된 다양한 새 상품과 서비스가 시장에 소개되고 있다. 《포춘(Fortune)》에서 선정한 50대 기업 가운데 현재 38개 기업이 의료 서비스 분야로 눈에 띄게 사업을 전환하고 있다. 예를 들어 제너럴 일렉트릭(General Electric)과 인텔(Intel)은 협업을 통해 가정용 의료 모니터를 개발했다. 구글은 노화와 노화 관련 질병을 더 잘 이해하기 위해 자회사 바이오 기업 캘리코(Calico)를 설립했다. 버라이즌(Verizon)은 낙상 경고 모니터를 선보였다. AT&T는 원격 진료와 원격 감시 장치에 많은 투자를 했다. 그리고 네슬레(Nestlé)는 위장 건강 분야에 투자해왔으며 앞으로 뇌 건강 분야로 진출할 계획이다.[59] MIT 노화연구소 설립자이자 소장인 조지프 코글린 박사는 정보 기술, 로봇공학, 유전학, 유저십(usership),* 서비스 인에이블러(service enabler) 이 5가지를 제품과 서비스에서 혁신을 주도하고 있는 주

----

* 오너십(ownership)에 대비되는 표현으로 제품과 서비스를 이용하는 사용자로서의 의식.

요 기술로 인식했다.[60]

　정보 기술은 모든 사람과 모든 사물이 서로 연결되는 사물 인터넷을 누리게 해주고 있다. 여기에는 파나소닉(Panasonic)이나 토토(ToTo)의 스마트 변기, 식품 구매와 저장을 관리하는 LG 냉장고, 걸음 수와 칼로리, 수면 패턴을 기록하는 핏비트와 조본(Jawbone), 나이키 플러스 퓨얼밴드(Nike+Fuelband)와 같은 웨어러블 활동량 추적 장치, 그뿐 아니라 활동과 행동을 모니터하는, 다른 스마트폰과 연동하는 장치들도 포함된다. 미국의 자동차 회사 포드(Ford)는 대기질 분석을 운전자에게 제공하는 알레르기 경고 시스템을 도입하기까지 했다. 이는 당신이 운전하는 동안 대기질뿐 아니라 혈당 수치나 심장 박동 수에 관한 정보를 제공할 수 있도록 기획된 많은 시스템 가운데 최초로 상용화된 것이다.[61]

　앞서 언급했듯이 나는 핏비트의 팬이 되었다. 핏비트 덕분에 나는 더욱 활동적이 되었다. 활동과 수면 추적에 관한 최근 연구에 의하면 50세 이상의 사람 4명 중 거의 3명 정도가 이들 웨어러블 장치를 부착한 후에 자신들의 활동과 수면, 식습관에 관한 인식이 증가했고, 거의 절반에 가까운 이들이 행동에 변화를 가져왔다. 또한 이 연구에 의하면 50세 이상의 사람들은 이들 장치가 그들의 건강 목표 달성에 도움이 될 만한 구체적이고 유용한 피드백을 제공할 때 이 기술과 상호 작용을 즐긴다. 장치의 사용과 유지가 쉽고, 부착한 장치가 눈에 잘 띄지 않으며, 시의적절한 경고와 즉각적인 정보 접근과 같은 부가 기능이 추가되어 더 효

과적인 장치가 된다면 이 장치의 사용자가 증가하는 데 결정적인 역할을 할 것이다.[62]

많은 로봇공학 장치와 애플리케이션은 이미 건강과 행복을 증진하기 위해 활용 가능하다. 이들 장치에는 이동 지원 로봇(혼다의 하이테크 외발자전거와 보행 보조 로봇 등), 로봇 휠체어, 반려 로봇, 가정용 로봇(로봇 청소기와 잔디깎이 로봇 등), 충돌 경고 시스템과 같은 신차의 자율 주행 시스템, 그리고 약을 조제하는 서비스 로봇이 포함된다. 구글은 무인자동차 시제품을 만들었다. 우리는 2년 전에 이사회 이사들과 구글을 방문했는데 그때 어린 시절에 소아마비를 앓은 이사가 무인 자동차를 타봤다. 그는 이 무인 자동차가 자신이 수십년간 누리지 못했던, 여기저기 다닐 수 있는 자유를 선사해줄 것이며 자신의 인생을 바꿔줄 것이라고 말했다.

2003년 인간 게놈 프로젝트에 참가한 연구원들이 인간 게놈의 염기 서열과 지도를 완성한 이래로 과학자들은 유전학이 우리 건강과 행복의 증진을 위해 어떤 가능성과 기회를 제공할 수 있을지 탐구해왔다. 12년 후, 우리는 상당한 진전을 이루었지만 여전히 겨우 걸음마 수준에 머물러 있다. 상업적 유전자 검사 서비스는 이제 폭넓게 활용 가능하다. 당신의 유전적 유산을 알아내는 일은 재미있기도 하지만 유전적 질병의 가족력 면에서 무척 유용하기도 하다. 그리고 유전자 검사 서비스가 점점 더 많이 활용됨에 따라 질병 치료와 복용할 약의 결정, 질병 예방 등에 대한 개인 맞춤형 의료를 유도할 뿐 아니라 건강 유지를 위한 생활 습관을 알려줄 가능성이 있다.

유저십은 우리들이 일상 활동을 쉽게 수행할 수 있도록 도와주는 서비스 제공자(이들은 대체로 지역에 기반하고 있다)의 수 증가와 관련이 있다. 이는 공유경제 또는 온디맨드 경제(On-Demand Economy)*로 알려져 있는데, 이를 통해 우리는, 예를 들어 자동차나 자전거를 사거나 조수를 고용하지 않고도 일상 활동을 즐기는 혜택을 누릴 수 있다. 이는 우버(Uber)와 리프트(Lyft) 같은 교통 서비스, 태스크래빗(TaskRabbit)과 같은 집 관리 서비스(심부름을 보내거나 가전제품을 수리하기 위해 누군가를 고용할 수 있는 서비스), 에어비앤비(Airbnb)와 같은 숙박 서비스, 로버(Rover)와 도그베이케이(DogVacay)와 같은 반려동물 돌봄 서비스까지도 포함한다.

서비스 인에이블러는 고령 미국인들의 건강 유지를 위한 생활 습관에 영향을 미치는 애플리케이션과 서비스, 비공식 네트워크의 수 증가로 가능해진다. 이것은 가정 건강과 부양 서비스, 주택 규모 축소 자문 회사, 비공식 온라인 네트워크를 포함한다.

이 모든 흥미진진한 혁신적인 해법은 의료 서비스 문화를 바꾸고 있으며 우리에게 건강을 관리할 놀라운 새로운 기회를 주고 있다. 그렇지만 현재의 '환자 간호 시스템'을 진정한 의료 서비스 시스템으로 바꾸기 위해 우리가 할 일은 훨씬 더 많다. 우리는 의

---

* 플랫폼과 기술력을 가진 회사가 수요자의 요구에 즉각 대응해 제품 및 서비스를 제공하는 경제 전략.

료 서비스 공급 및 지불 보상 체계를 돌봄의 양에서 돌봄의 질 쪽으로, 의료비 부담을 환자와 의료 소비자에게 떠넘기기만 할 것이 아니라 건강 개선에 의한 저비용 방향으로, 의료 서비스에 원격 진료와 다른 획기적인 수단뿐 아니라 매장 내 병원을 포함시켜 훨씬 더 편리하게 의료에 접근하는 쪽으로, 의사뿐 아니라 간호사와 사회복지사, 그리고 정신 건강 분야 종사자의 잠재력을 활용함으로써 더 많은 통합 의료를 제공하는 방향으로, 개개인들에게 그들이 필요로 하는 정보와 도구를 이용해 자신의 건강을 관리할 권한을 주는 쪽으로 계속 밀고 나가야 한다.

우리는 AARP에서 여러 방법으로 이 사안들을 다루고 있다. 2014년 10월, 우리는 의료 서비스 분야에서 혁신을 촉진하고 사람들이 나이 들어갈 때 삶의 질을 향상시킬 '장수 네트워크'를 시작하기 위해 유나이티드 헬스케어(UnitedHealthcare) 그룹과 손을 잡았다. 우리는 의약 분업과 활력 있는 노화, 활력 징후 모니터링, 간호 지침, 응급 상황 감지 및 대응, 신체 건강, 식이 요법과 영양, 사회적 연대, 행동 및 정서 건강과 같은 분야에 중점을 두고 있다.

게다가 우리는 2년에 한 번씩, 벤처 투자가와 다른 유망 투자자들, 그리고 실시간 시장 피드백을 제공하는 소비자들과 함께 50세 이상 보건 의료 기술과 혁신 분야의 신생 회사와 기업을 연결해주는 '50세 플러스의 건강 혁신 설명회'를 연다. 우리가 4년 전에 이 행사를 시작한 이후로 결승에 진출한 30개 업체 가운데 15개 업체가 5,000만 달러 투자금을 유치했다. 2개 회사는 설명회 기간 중 다른 기업에 인수되었다.

홍보 경연 행사를 기반으로 우리는 50세 이상의 소비자들을 혁신의 중심으로 보는 '프로젝트 캐털리스트(Project Catalyst)'를 착수하기 위해 유나이티드 헬스케어 그룹과 파이저(Pfizer), 로버트 우드 존슨 재단, 그리고 비영리 단체 메드스타 헬스(Medstar Health) 등 의료 서비스 분야에서 최고로 손꼽히는 몇몇 기업과 단체를 한데 모았다.

그리고 지난해 말, 우리는 AARP 혁신 기금을 개시하기 위해 JP모건(JPMorgan) 개인투자그룹과 손을 잡았다. 그 첫 사업은 50세 이상의 사람들과 그들 가족의 삶을 개선할 수 있는 의료 서비스와 노화에 관한 혁신적인 해법을 제공하는 데 전념할 준비가 되어 있는 기업에 4,000만 달러 규모의 투자 기금을 투입하는 것이었다. AARP 혁신 기금은 집에서 나이 들기, 의료 서비스의 편의와 접근권, 그리고 예방적 건강 등 보건과 관련된 세 영역에서 혁신적 제품과 서비스를 개발하고 있는 기업에 직접 투자될 것이다.

나는 특히 중요한 사안 두 가지를 다루고 싶다. 우리가 이 문제를 이해하지 못한다면 건강을 관리하기 위한 우리 노력을 약화시키고 우리 행복에 심각한 위협을 가할 수 있기 때문이다.

• 돌봄

모두는 아니더라도 우리들 대부분은 인생을 살아가면서 어느 시점에서 부양의 의무와 마주하게 된다. 또는 우리 자신이 가족이나 친구, 어쩌면 그들 모두의 돌봄이 필요한 때를 맞이하게 된다. 전 영부인 로절린 카터 여사는 이 상황을 가장 잘 설명했다. "이 세상에는 네 부류의 사람이 있다. 계속 누군가를 돌봐온 사람, 현재 누군가를 돌보고 있는 사람, 앞으로 누군가를 돌볼 사람, 그리고 누군가 돌봐줄 이가 필요하게 될 사람이다."[63]

점점 나이 들어가면서 많은 이들이 관절염과 고혈압, 당뇨, 관상 동맥 질환, 천식 등과 같은 만성 질환과 더불어 살아가고 있다. 의학적 치료와 개개인 생활 습관의 변화, 더 좋은 건강 정보, 그리고 공중 보건의 발전 덕분에 전체 인구는 불과 50년 전보다 평균적으로 훨씬 더 건강해졌다.

그럼에도 불구하고 우리가 70대, 80대, 90대에 다다를수록 몸은 점점 더 쇠약해지며, 이들 질병은 타격을 주기 시작한다. 우리 대부분은 도움이 필요해진다. '2012 젠워스(Genworth) 치료비 조사'는 65세 이상 10명 가운데 7명이 90일 이상의 장기 요양이 필요하다고 추정했다.[64]

대체로 우리는 가장 먼저 가족에게 의지한다. 가족 간병은 미국에서—실제로 대부분의 국가에서—장기 치료의 근간이다. 국내 4,200만 명의 가족 간병인들이 제공하는 경제 가치는 1년에 약 4,700억 달러로 추정된다. 그런데 이 수치는 미국 기업의 생산성 손실—대체로 허비한 시간 —로 추정된 330억 달러는 포함하지 않은 것이다.[65]

장수하는 사람들이 증가함에 따라 많은 이들이 자녀를 양육하면서 보낸 시간보다 더 많은 시간을 연로한 부모나 친척을 돌보는 데 쓰게 되었다. 이는 현실이다. 많은 사람들 ― 특히 45~55세인 사람들― 은 자녀 양육과 부모 부양, 그리고 경우에 따라서는 조부모 부양까지 여러 책임을 지게 될 것 같다. 예를 들어, 3,800만 AARP 회원들 가운데 40%가 자녀와 부모를 동시에 부양하고 있다.[66] 양쪽을 돌보는 위치에 있는 많은 이들은 어떤 시점에는 자신도 돌봄이 필요한 처지에 놓이게 된다.

오늘날, 점점 더 많은 베이비붐 세대가 연로한 부모 또는 친척들을 돌보는 책임을 지게 되면서 장기 요양의 실태와 직면하고 있다. 그런데 대체로 그들 앞에 놓인 현실은 만족스럽지 않다. 그들은 복잡하고 혼란스러우며 고비용의 시스템과 마주하고 있다.

여기에 혼자 사는 여성으로 대표되는 75세 이상의 가구 수는 2010년에는 600만 명이 안 되었으나 2050년쯤에는 1,300만 명 이상으로 증가할 것이라고 예상된다는 사실을 덧붙일 때 우리는 장기 요양 시스템의 과감한 변화가 필요함을 깨닫는다.[67]

연방 정부는 수년째 가족 부양자들을 도울 방법을 찾으려고 애써왔다. 장기 요양을 담당했던 건강보험개혁법의 일환인 CLASS Act(Community Living Assistance Services and Supports Act)*는 시작도 하기 전에 좌초되어 저소득층의료보장제도가 정부가 제공하

---

* '지역사회 생활 원조 서비스 및 지원에 관한 법'이라는 뜻으로, 노동자를 대상으로 한 자발적 공적 장기요양보험이다.

는 유일한 장기 요양 지원 제도로 남게 되었다. 이에 따라 미 의회 내에 양당, 양원 의원들이 모두 참여하는 ACT(Assisting Caregivers Today)라는 위원회가 결성되었다. 이 위원회는 가족 간병인 보조 정책을 점진적으로 개선하는 방법들을 찾고 있다.

또한 장기요양보험의 민간 부문 시장은 시장에 진입하고 후퇴하는 기업들과, 일반적으로 비용이 많이 들고 증가하는 치료비를 따라잡지 못하는 보험에 가입하기를 주저하는 소비자들 때문에 다소 혼란스러운 상황이다. 그렇지만 혁신이 점점 거세지면서 기업과 기업인들은 증가하는 수요를 목격하고 그 수요를 다루는 새로운 해법을 개발하고 있다. 일례로 셔윈 셰이크가 창업한 케어링크스(CareLinx, Inc.)가 있다.[68]

4년 전에 은행에서 은퇴한 셔윈 셰이크는 가족들이 필요 조건과 예산에 가장 적합한 간병인을 찾는 데 도움을 주기 위해 케어링크스를 창업했다. 케어링크스는 간병인과 가족들에게 일종의 결혼 정보 회사 같은 업체이다. 그는 소비자들에게는 경제적으로 부담할 만한 비용을 지불하게 하고, 간병인들에게는 이직률을 낮추기 위해 더 많은 임금이 지불되기를 원했다. 그래서 그는 환자 가족들의 비용 절감과 간병인들의 임금 인상, 이 두 가지가 가능하도록 설계한 케어링크스를 만들었다. 셔윈 셰이크는 누나와 어머니, 삼촌을 돌봐본 자신의 경험 때문에 가족을 돌봐주는 간병인은 단순한 노동자가 아니라 가족 구성원이 되어간다고 보았고, 그래서 그는 서로가 잘 맞는지 확실히 하는 것이 중요하다는 것을 알았다.

케어링크스는 돌봄이 필요한 사람들과 간병인을 연결해주는 것 이상의 일을 한다. 케어링크스는 환자 돌봄에 따르는 가족과 간병인의 모든 행정 업무를 처리하고, 모든 고객에게 간병 전문가의 상담을 제공하며, 가족들에게 태블릿 PC와 스마트폰 애플리케이션을 통한 간병인의 활동 모니터링을 제공한다. 케어링크스는 현재 미 전역에 걸쳐 2,000여 가족을 돕고 있다. 상위 50개 대도시권에서 10만 명이 넘는 전문 간병인들과 함께 일하고 있다.

이 시장을 개혁하고 있는 또 다른 훌륭한 예는 아너(Honor)이다. 아너의 공동 창립자이자 최고경영자인 세스 스턴버그는 자신의 어머니가 운전에 어려움을 겪게 되었을 때 노인들이 독립적으로 더 잘 살 수 있는 방법에 관심을 가지게 되었다. 지금 그의 임무는 새로운 개념의 재가 돌봄 도입에 일조하는 것이다. 아너는 원격 화상 통신 장비와 온라인 애플리케이션, 그리고 소비자의 간호 방문 예약(최소 1시간)과 시간당 비용 지불을 가능하게 하는 새로운 접근으로 노인과 그들 가족을 전문 간병인 네트워크와 연결해준다. 아너는 최근에 샌프란시스코에서 온디맨드 기능의 '아너 나우(Honor Now)' 서비스를 시작했다. 이는 필요에 따라 노인들이 방문을 요청할 수 있는 간병인 예약 포털 사이트로, 퇴원을 하거나 다른 상황에 있는 환자를 위한 신속한 대응이 가능하다.[69]

가족 간병인과 돌봄을 필요로 하는 이들의 욕구를 해결하기 위해 분명히 더 많은 노력이 필요하다. 많은 사람들은 자신이 간병인이 된다는 사실과, 자신에게 돌봄이 필요하다는 사실을 받아들이기 어려워한다. 우리가 자립성을 잃고 있거나, 약 복용을 기억하는 데 어려움을 겪거나, 또는 더 이상 운전을 할 수 없음을 인지하는 일은 괴로운 경험이다. 마찬가지로 우리가 사랑하는 이들에게서 이런 모습을 보고 도움을 주기 위해 어떤 조치를 취해야 할지도 모른다고 깨달으면서 우리는 종종 가슴 아파하며 할 일을 찾으려고 애를 쓴다. 그렇지만 아너와 케어링크스, 그 밖에 많은 곳에서 내놓은 것과 같은 혁신은 사람들이 이렇게 커져가는 걱정에 대한 혁신적인 해법을 찾도록 힘을 북돋아주고, 문을 열어준다.

• 알츠하이머성 인지증

고령 인구가 더 늘어남에 따른 또 다른 현상은 이전 세대는 거의 알지 못했던 장애와 질병이 더 많이 나타난다는 점이다. 선진 경제에서 기대 수명은 100년 전에 고작 50세 이하였다는 점을 기억하라. 사람들이 70대와 80대, 그리고 그 이상까지 일상적으로 별 탈 없이 지내게 됨에 따라, 우리는 나이가 우리의 신체적, 정신적, 심지어 사회적 건강에까지 영향을 미쳐 약화시킨다는 점을 알게 된다.

예를 들어 알츠하이머성 인지증은 1세기 전에 처음으로 보고되었다. 그러나 우리 부모 세대에 이르러서야 우리는 이 질병으로 인한 비극적이고 치명적인 결과를 알게 되었다. 1909년 알로이스 알츠하이머 박사가 자신의 논문에서 설명한 환자는 57세밖에 안 된 한 여성이었다. 알츠하이머는 나이 때문으로만 발병하지는 않지만 나이와 더 많은 관련성이 있는 것 같다. 알츠하이머 협회에 따르면 85세 이상의 사람들 가운데 4명 중 1명은 알츠하이머를 앓고 있다.

사람들이 점점 나이가 들고 더 오래 살게 됨에 따라 알츠하이머로 고통받는다고 추정되는 사람들 수만 현재 500만 명이고, 그 수는 2050년까지 1,600만 명 이상으로 급속히 늘어날 것이며 의료비 3달러당 1달러를 소비할 것이다. 우리가 이 질병을 통제할 새로운 방법을 찾지 않는다면 말이다.[70]

알츠하이머가 매우 어려운 질병인 이유는 병에 걸려 진행하는 데 오랜 시간이 걸리고 최근까지도 이 병을 확실하게 진단하는 유일한 방법은 사체 부검이기 때문이다. 게다가 실제로 이 질병을 일으키는 원인에 대해 의학계 내에서 의견이 분분해 잠재적 치료법을 시험하기 위해 임상 실험을 설계하는 것이 어렵다. 진행 중인 연구 대부분은 알츠하이머의 진행을 늦추는 데 초점이 맞춰져 있다. 한 연구에 의하면 심각한 인지증 발병을 5년 늦출 수 있다면 미국 내 환자 수를 43%까지 줄이고, 간병 비용으로 4,400억 달러 이상을 절감할 수 있다고 한다.[71] 그렇지만 인지증의 고비용은 관련된 모든 이들이 겪는 정서적 비용 앞에서는 아무것도 아니다.

알츠하이머와 다른 인지증 연구가 계속 진행되는 동안, 치료법이 눈앞에 전혀 나타나지 않는다고 해도, 우리는 뇌를 건강하게 유지하는 법에 대해 더 많이 알게 되었다. 뇌 건강 계획과 관련해 AARP와 함께 일을 하고 있기도 한 유명한 뇌 연구자 폴 누스바움 박사는 뇌 건강을 위해 5가지 부분으로 지침을 제안했다. 신체 건강 유지하기(규칙적으로 운동하기), 좀 더 많은 것을 배우기(게임하기, 퍼즐 맞추기, 새로운 언어 배우기, 여행하기, 악기 연주 배우기), 스트레스 관리하기(이완 기법 이용, 경건의 시간을 즐기기와 같은 방법으로), 올바른 식사하기(가공식품과 나쁜 지방 멀리하기), 사교 활동하기(관심 있는 일에 몰두하기, 새로운 취미 생활하기, 새로운 동호회 활동하기) 등이다.

이 모든 것들은 우리가 우리 자신의 행복의 한 부분으로서 매일 할 수 있고, 해야 하는 활동이다. 이들 활동은 우리가 정신을 잘 차리고 있도록 도와줄 뿐 아니라 건강한 나이듦으로 이끄는 건강한 생활 양식에 잘 적응하며 살아가게 할 것이다.

잔 칼망은 1997년 8월 4일, 122세 164일의 나이로 프랑스 아를에서 죽었을 때 세계 최장수 인물로 기록에 올랐다. 그녀는 115세 때 장수의 비결에 대한 질문을 받고 이렇게 대답했다. "그냥 계속 나이를 먹고 있어요. 저도 어쩔 수가 없어요."[72]

그녀의 대답은 매우 멋지지만 우리 대부분에게 건강한 노화나 길어진 중년을 최대한 값지게 살기 위한 아주 훌륭한 전략은 아니다. 우리는 훨씬 적극적인 접근을 시도해야 한다. 대부분 우리는 살면서 매일 하는 선택에 의해 어떻게 나이 들어갈지 결정하고, 이전보다 행복을 증진시킬 선택을 할 능력을 더 많이 갖고 있다.

맥아더 재단이 주도한 10년간의 연구 덕분에 우리는 건강한 노화의 비결은 질병 예방, 심신 단련, 그리고 적극적인 삶이라는 것을 안다.[73] 신체적으로는 운동을 하고 건강식을 먹으며 흡연을 하지 않고 술과 약물을 남용하지 않으며 청결하게 하고 처방받은 대로 약을 복용하며 건강 검진과 예방책을 이행한다. 정서적으로는 쉬지 않고 뇌를 사용하고 적극적인 삶의 태도를 유지하며 가족과 친구들과 지속적으로 교류를 하며 중요한 관계를 발전시킨다.

우리 모두에게 주어진 과제는 우리를 더욱 행복하게 해주기 위해 시장에 쏟아져나오는 수많은 혁신 제품과 서비스와 함께, 잘 살고 잘 나이 들어가는 것에 대해 우리가 가지고 있는 정보와 연구 결과와 지식을 최대한 활용해 하루하루를 잘 살아가는 것이다. 의사 등 의료 종사자를 찾아가는 것은 중요하고도 꼭 필요한 일이며 우리 건강과 행복에 기여하는 일이다. 그러나 분명한 사실은 우리가 병원과 같은 의료 시설에서 살지 않는다는 것이다. 우리는 슈퍼마켓과 편의점, 사무실, 공장, 식당, 교실, 운동장에서 살아간다. 우리는 또한 미디어 사회, 즉 TV와 비디오 게임, 영화, 그리고 컴퓨터 화면 앞에서 살고 있다. 우리는 스마트폰과 태블릿 PC를 달고 산다. 그리고 우리들 대부분은 우리 집, 특히 소파에서 산다. 병원은 우리 기준 행동이 정해지는 곳도, 우리 습관이 형성되는 곳도, 또래 등 다른 영향이 발생하는 곳도 아니다. 의사 진료와 검사 결과가 건강과 행복에 도움이 될 수 있지만 정말로 건강을 지키고자 한다면 우리는 날마다 더욱 건강하고 더 충만한 삶을 살기 위한 선택을 해야 할 것이다.

제5장

살 곳을 선택하라

인생은 집을 향한 여행이다.

– 허먼 멜빌

2012년에 선라이즈 파크 입주 행사에 참가하기 위해 버지니아 주 샬러츠빌에 갔을 때, 나는 매리언 더들리를 처음 만났다. 선라이즈 파크는 임대 아파트 단지와 저렴한 아파트, 그리고 경제적으로 취약한 주민들에게 안정성을 주는 사회 복지 시설 및 지역 주민 센터가 있는 복합 건물이 있는 소득 계층 혼합 지역이다. 선라이즈 파크는 해비타트(Habitat)* 샬러츠빌 지부의 상임이사 댄 로젠스웨이그의 아이디어로 선라이즈 이동주택 전용 주차구역 부지에 건설되었다. 매리언 더들리는 이 주차구역 내 자기 소유의 이동주택에서 30년 동안 살았다. 8년 전에 그녀는 해비타트가 이동주택 전용 주차구역을 샀고, 이동주택을 없앨 예정이어서 그녀와 그녀의 이웃들이 이사를 가야만 할 것이라는 이

---

* 무주택 서민의 주거 문제 해결을 목적으로 1976년 미국에서 창설된 국제적·비영리적 사회 운동 단체.

야기를 들었다. 당연히 그녀는 무척 화가 났다. 그녀는 자신의 작은 체구와 약간 내향적인 성격─보통 그녀는 사람들과 맞서지 않을 수만 있다면 무슨 일이든지 다 했다─과 상반되는 기개를 보이며 회의 시간에 일어나 화를 내며 항의했다. "나는 내가 그 불쌍한 건축업자들을 겁에 질리게 했다고 생각해요." 그녀는 약간 재미있어하는 기색을 감추지 못하며 말했다. 그녀에게 이동주택은 집이었고, 이웃은 가족과도 같았다. 그래서 그녀는 해비타트와 함께 하는 장기 재개발 프로젝트 내내 주민들을 대표하며 선라이즈의 비공식 시장 역할을 맡았다.[74]

해비타트는 일반적으로 집을 소유할 여력이 없는 가구들을 위해 집을 짓는다. 그래서 이동주택 전용 주차구역 재개발은 그들에게 새로운 발상이었다. 그렇지만 댄 로젠스웨이그는 영구 정착이 가능하면서도 저렴한 새로운 형태의 주택 단지를 조성함으로써 개발업자들이 들어와 강제로 주민들을 쫓아내는 것을 막을 수 있다고 믿었다. 대부분의 이 주차구역 거주자들은 노인이었고, 노년에 담보 대출을 받을 수 없거나 받는 것을 내켜하지 않았다. 그래서 해비타트는 그들에게 새 단지에 있는 주택 구매, 또는 아파트 임대 신청의 선택권을 제공했다. 거주자들이 새로운 선라이즈 단지에서 살지 않기로 결정한다면 해비타트는 그들이 새 집을 찾는 데 도움을 주었고, 이와 관련된 비용 일부를 부담했다. 댄 로젠스웨이그에 따르면 선라이즈 프로젝트는 한 명의 주민도 거주지에서 몰아내지 않은, 미국 내 첫 번째 이동주택 전용 주차구역 재개발 프로젝트였다.

매리언 더들리는 개발이 주민들의 요구를 충족하는지를 확실히 하기 위해 매 순간 해비타트와 함께 일했다. "우리는 여기에서 가족과 같아요. 그래서 나는 우리가 긴밀하게 맺어지고 가족 같은 느낌을 주는 이웃 관계를 계속 유지할 수 있도록 확실히 하고 싶었어요." 이 주차구역에서 원래 살던 16가구 가운데 거주자 둘은 사망했고 5가구는 다른 지역으로 이사하기로 했으며 9가구는 새로운 선라이즈 파크에 입주했다. AARP와 클루게(Kluge) 재단은 아파트 건물 지하에 새 주민 센터를 만들기 위한 기금을 대기 위해 해비타트와 협력했다. 매리언 더들리는 확실히 주민들의 요구에 맞는 주민 센터가 세워지도록 다시 도움을 줬다. "우리는 주민 센터가 노인 회관이 되는 게 싫어요. 또 젊은 사람들이 있으면 좋겠어요." 그녀가 말했다. "우리는 주민 센터가 모든 연령대의 사람들이 어울리고 활동에 참여하는 다양한 세대를 위한 공간이 되기를 바라요." 주민 센터는 주민들이 교제하고 서로에게 배우기 위해 모이는 곳이 되었다. 주민 센터는 요리 수업과 원예 수업, 침술 수업, 그리고 요가 수업 등 여러 활동 프로그램을 제공한다.

매리언 더들리는 그러한 변화가 이따금 힘들었고, 이동주택이 그리울 때도 간혹 있었지만 이곳에 머물기로 한 것은 옳은 선택이었다고 생각한다. 그녀는 한때 자신의 이동주택이 서 있던 곳으로부터 채 200미터도 안 떨어진 현관에서 대단히 만족스러워하며 새 이웃집들을 바라다본다. 그녀는 뿌듯해하며 말했다. "우리는 선라이즈 파크의 주민으로서 지금 저렴하면서도 시설이 좋은 주택에서 살고 있고, 바로 근처에 이용 가능한 시설이 더 많이 있어요. 그리고 무엇보다 중요한 점은 우리가 이웃들과 계속 긴밀한 관계를 맺고 있다는 거예요."

매리언 더들리와 선라이즈 파크에서 살고 있는 그녀의 이웃들이 바라는 것은 우리가 더 나이가 들었을 때 우리 대부분이 원하는 것과 같다. 우리는 살기 좋은 지역사회에서 살고 싶어 한다. 살기 좋은 지역사회란 저렴하면서도 적당한 집과 지원을 아끼지 않는 지역 주민 시설 및 서비스, 그리고 도시 생활과 사회 생활에서 거주자들의 독립성과 참여에 기여하는 적정한 교통수단이 있는 곳이다.

2014년에 밀컨(Milken) 연구소는 성공적인 노년을 위한 최고의 도시에 대해 두 번째 보고서를 발표했다.[75] 이 포괄적인 보고서는 지역사회가 사람들이 점점 나이 들어가면서 삶 속에서 자신의 잠재력을 얼마나 잘 실현하고 사회와 전 연령대의 사람들에게 공헌할 수 있게 하는가에 근거해 미국의 352개 대도시 지역을 평가·비교하고 순위를 매기기 위해 여섯 가지 광범위한 기준에 초점을 맞춘다. 기준은 안전하고 저렴하며 편리한 환경이며, 여섯 가지 기준은 다음과 같다. 즉 건강과 행복, 일자리와 창업의 기회를 포함한 경제적 안정감, 나이가 많은 거주민들을 위한 생활 여건, 이동성과 편리한 교통수단에의 접근성, 가족과 지역사회와의 유익한 관계, 그리고 신체적·지적·문화적 풍요로움이다.

밀컨 연구소는 이들 광범위한 기준 전반에 걸쳐 8개 하위 요소—일반적 지표, 의료 서비스, 건강, 동거 형태, 교통 및 편의 시설, 재정적 풍요도, 고용 및 교육, 지역사회 참여—의 평가를 비교·검토했다. 각 도시의 점수에는 다음의 3가지 순위가 포함된다. 노년 인구의 전체 순위, 65~70세 인구의 전체 순위, 그리고 80세 이상 인구의 전체 순위이다. 밀컨 연구소의 연구에 의하면 미국에서 가장 살기 좋은 도시 5곳은 위스콘신 주의 매디슨, 네브래스카-아이오와 주의 오마하-카운실 블러프스, 유타 주의 프로보-오렘, 매사추세츠-뉴햄프셔 주의 보스턴-케임브리지-뉴턴, 유타 주의 솔트레이크시티이다. 각각의 이들 지역사회는 살기 좋은 곳으로 만들어주는 고유의 독특한 특징을 가지고 있지만, 경제력, 풍부한 양질의 의료 서비스, 활동적인 생활 양식, 지적 자극의 기회, 그리고 접근하기 쉬운 생활 편의 시설과 같은 공통된 특성을 가지고 있다.

당신이 살고 있는 지역사회가 얼마나 살기 좋은 곳인지 알고 싶다면 AARP가 7개 영역—거주지, 이웃, 교통, 환경, 건강, 참여, 기회—전반에 걸친 60개 요소를 기반으로 개발한 거주 적합성 지수가 있다. www.aarp.org/livabilityindex에 가서 우편 번호를 넣기만 하면 당신에게 중요한 거주 적합성 요소 측면에서 당신이 사는 곳이 다른 지역사회와 비교해 어떠한지 알 수 있다.

많은 이들이 점점 나이 들어가면서 늘 당연하게 해왔던 일—장소 이동, 건강 식품 구매, 의료 서비스 같은 필요한 서비스 이용, 미용실이나 이발소 가기, 식료품점에 가서 장 본 물건을 들고 오기 등 — 을 약간 어려워하게 된다. 우리가 바라는 것과 필요한 것은 변하지만 우리 환경이 항상 그러한 변화에 맞추어 개선되지는 않는다. 우리는 이런 문제를 다룰 필요가 있다. 우리는 잘 보이는 교통 표지, 난간, 단층 주택, 출입문에 층계가 없는 집과 건물, 걷기 편한 인도, 의자가 있는 버스 정류장, 쉽게 갈 수 있는 도서관과 공원, 식료품점, 약국, 그리고 이웃과 친구와 교제할 수 있는 곳이 필요하다.

감사하게도 살기 좋은 지역사회가 훨씬 더 많아지기 시작하고 있으며, 이들 지역사회는 노인들에게게뿐 아니라 모두에게 더 나은 삶을 영위하게 해준다. 나는 80세 여성에게 더 좋고 풍족한 삶을 만들어주는 곳은 30세 여성이나 8세 소녀에게도 마찬가지라고 생각한다. 지역사회에서 무엇이 소중하다고 생각하는지 밀레니얼 세대에게 물으면 그들은 대중교통을 이용하고, 가고 싶은 곳에 걸어서 갈 수 있으며, 상점과 녹지, 좋은 학교가 가까이에 있고, 일과 삶이 균형을 이루는 것이 중요하다고 대답한다. 이는 베이비붐 세대와 X세대*가 공통으로 바라는 것이기도 하다. 우리가 개선한 주택 디자인과 인도 구조, 대중교통과 취미 생활은 모두에게 더 나은 삶을 만들어주어야 하며, 실제로도 그렇게 하고 있다. 잘 유지된 인도와 안전한 횡단보도는 이동성에 제한이 있는 노인들뿐

---

* 1965~1976년에 태어난 세대를 가리킨다. 'X'란 '미지'를 뜻하는 것으로 더글러스 커플랜드(Douglass Coupland)가 젊은이들의 라이프 스타일을 다룬 소설 『X세대(Generation X)』(1991)를 출간한 이후 이 용어가 널리 알려지게 되었다.

아니라 유모차를 미는 부모들에게도 도움을 준다. 다양한 교통수 단은 식료품점에 갈 때 더 이상 운전을 하지 않는 주민들뿐 아니 라 학교에 가는 학생들도 돕는다. 저렴한 주택은 사회 초년생들 이 직장 근처에서 사는 데 도움을 주고 은퇴자들이 경제적으로 원래 살던 집에서 계속 지낼 수 있도록 해준다. 다양한 세대가 사 는 지역사회는 또한 참여를 독려하고 사람들이 서로 교제하며 고 립되지 않도록 도와준다. 결국 연령 친화 지역사회는 노년 친화 지역사회만을 의미하는 것이 아니다.

그러나 이들 지역사회는 저렴한 주택과 교통 시설만 조성하는 것이 아니다. 살기 좋은 지역사회의 지도자와 주민들은 그들의 필요와 이해관계를 두드러져 보이게 하는 토지를 어떻게 사용할 지를 결정한다. 그들은 자신들의 지역사회를 자랑스러워하고 주 변 환경을 청결하게 유지하고 공공장소를 안전하고 친환경적이며 매력적으로 유지하기 위해 일한다. 그들은 주택을 건설하거나 수 리할 때 유니버설 디자인(universal design)*의 원칙을 적용한다(예 를 들어 넓은 출입구와 계단이 없는 출입문, 잡기 쉬운 문손잡이 등). 그 리고 그들은 새로운 도로 개념으로 알려진 '완전 도로(complete street)'** 정책을 시행한다. 이 정책은 도시 계획 설계자가 새 도로

---

* 제품이나 시설, 서비스 등의 이용자가 성별, 연령, 국적, 언어, 장애, 문화적 배경 등으 로 인해 제약을 받지 않도록 설계하는 것.
** 보행자의 편리성을 최대한 강조하며 보행자와 자동차·자전거 통행이 조화를 이루도 록 하는 새로운 개념의 길.

를 설계하거나 기존에 있는 도로를 개선할 때 모든 사용자―보행자와 자전거 타는 사람, 버스 이용객, 그리고 오토바이 타는 사람들―를 고려할 것을 요구한다.

살기 좋은 지역사회는 또한 일자리를 창출해내고 집에서 좀 더 가까운 곳에서 쇼핑을 하고, 의료 서비스를 받으며, 취미 활동과 오락을 즐기고, 자원봉사 기회를 가질 수 있게 함으로써 경제 성장의 원동력이 된다. 그리고 지역사회는 살고 일하며 방문하기에 더 이상적인 곳이 됨으로써 이익을 얻는다.

살기 좋은 지역사회는 사람들에게 살 수 있는 곳을 제공하는 것 이상을 준다. 또한 사람들이 성공하도록 용기를 북돋는 건강한 환경을 조성한다. 지역사회와 사회적으로 연결되어―소속감과 안정감을 느끼며―살고 있는 사람들은 정신과 육체, 행동 면에서 더 건강하다. 댄 브에트너와 그의 연구원과 과학자 팀은 이례적으로 건강하게 장수하는 사람들이 사는 세계 여러 지역―이탈리아의 사르데냐, 일본의 오키나와, 캘리포니아의 로마 린다, 그리고 코스타리카의 니코야 반도―의 삶과 문화의 질을 연구했다. 그는 블루존(blue zone)*이라고 불리는 이들 지역에 사는 사람들에게 네 가지 공통적인 특징이 있음을 발견했다. 그들은 건강에 좋은 채식 위주의 음식을 먹고, 활동적인 생활을 하며, 뚜렷한 목적의식을 갖고 있고, 강한 사회적 연결망을 발전시킨다.[76] 우리 모두

---

* 평균 수명이 유난히 긴 지역.

이렇게 하기 위해 노력해야 한다. 그렇지 않은가?

2009년에 AARP는 브에트너와 미국의 비영리 기관인 보건연합 재단과 손을 잡고 미국에서 가장 건강한 마을을 조성하기 위해 지역사회에 이들 원칙을 적용했다. 우리는 약 1만 8,000명의 주민들이 살고 있는 지역사회인 미네소타 주 앨버트 리에서 'AARP 블루존 생명력 프로젝트'를 시작했다. 우리 임무는 온 마을에 건강 수명을 늘어나게 한다는 희망을 가지고 사실상 지역사회의 거의 모든 면 ― 레스토랑, 사업체, 학교, 집, 그리고 매일매일의 삶 ― 에 블루존 원칙을 엮어 넣는 것이었다.

우리는 앨버트 리의 물질적·문화적 측면 모두를 바꿔놓는 작업을 시작하기 위해 마을 지도자들과 함께 일할 전문가를 초빙했다. 이들은 자전거를 타는 사람들과 보행자들에게 좀 더 친화적인 마을을 만들기 위해 많은 사회 기반 시설을 정비했다. 그리고 커뮤니티 가든과 새 산책길, 그리고 부모와 조부모, 자원봉사자들이 어린이들과 같이 무리를 지어 학교까지 걸어가는, 여러 세대가 함께 하는 '걸어가는 학교 버스(walking school buses)'를 만들었다. 그들은 마을의 그림 같은 호수에 둘레길을 조성해 주민들이 집에 차를 두고 가도록 유도했다.

동시에 장수와 영양, 아동기 비만, 그리고 식이 요법 분야의 각 전문가들은 마을 내 가정과 레스토랑을 점검하면서 건강한 식사를 위한 간단한 정보를 공유했다. 식품 전문가는 콩, 렌즈콩, 오렌지, 자몽, 고구마, 호박, 살구, 복숭아, 당근, 그리고 토마토와 같은

'장수 식품'을 찾아내고 표시하기 위해 마을 식품점과 협력했다. 지역 레스토랑과 학교 메뉴는 물론 직장 구내식당과 자판기도 장수 식품에 주안점을 두고 점검했다. 이에 덧붙여 라이프 코칭 전문가가 사람들이 인생의 목적을 찾고 추구하기 위해 자신의 재능과 열정을 이용하는 법을 가르치고 격려하기 위해 동기 부여를 위한 무료 세미나를 열었다.

물론 이 프로젝트가 성공하기 위해서는 마을 사람들이 일단 시작하고 나면 지속할 수 있도록 이 건강한 습관과 사고방식을 영구적으로 받아들일 동기 부여가 되는 것이 중요했다. 주민들이 아주 좋아해서 걷기 그룹부터 건강한 요리 교실과 커뮤니티 가든까지 프로젝트에 참여했다. 케냐 태생의 52세 모라 놀이 말했던 대로다. "사람들이 더 친해졌어요. 생명력 프로젝트 덕분이죠. 이 생명력 프로젝트 때문에 나는 앨버트 리와 미국이 더 좋게 느껴져요."[77] 2009년 10월에 생명력 프로젝트가 끝날 때까지 총 3,464개 마을의 1만 8,000명 주민들이 참여했다. 전에 수명을 측정했었던 주민 786명의 기대 수명은 나중에 2.9세 더 늘었고 육체적으로도, 정신적으로도 더 건강하다고 느낀다고 말했다. 지역 레스토랑의 2/3가 수명 연장 음식을 메뉴에 추가했고 35개 사업체는 더 건강한 일터를 만들겠다고 약속했다. 고용주들은 결근자 숫자가 급격하게 떨어졌고 의료비가 줄었다고 보고했다.

생명력 프로젝트는 지역사회가 어떻게 모든 연령대 거주민들이 더 살기 좋은 곳으로 변화하고 있는가를 보여주는 한 예일 뿐이다. 점점 더 많은 지역사회가 그것을 이해하기 시작하고 있다. 우리는 전국 각지에서 창의적인 지역 파트너십을 통해 그 지역사회의 독특한 특징에 맞춰 그곳을 살기 좋은 곳으로 만드는 해결책을 도출하는 것을 목격하고 있다.

아이오와 주의 디모인은 2013년에 고령 인구의 편의를 도모하고, 보행 환경과 교통 여건을 개선하며, 50세 이상의 사람들을 위한 일자리를 제공하고, '앙코르 기업가' 프로그램을 통해 창업을 장려하고, 지역사회에서 자원봉사자들에게 봉사할 기회를 주기 위해 필요한 자원을 제공하기 위한 사회 기반 시설 건설을 목표로 연령 친화 정책을 시작했다. 디모인은 또한 연령 친화 인증 프로그램을 통해 더 나은 고객 서비스를 고취하고, 대학과 노인의 동맹을 강화하기 위해 '노인 대학'의 기회와 다른 프로그램을 장려한다.

이 정책은 또한 건강과 지역사회 지원 서비스의 중요한 역할을 인식하고 사람들이 필요로 하는 서비스 가까이에 주거 시설이 위치하도록 장려한다. 50세 이상의 사람들을 위한 돌봄과 서비스 조정을 개선하고 더 많은 재가 돌봄 선택권을 정립하고 장려하며, 비만과 당뇨, 그리고 다른 만성 질환 발병률을 낮추는 프로그램을 만들고, 주민들을 위한 이동성과 신체 활동 선택권을 확대하며, 50세 이상의 사람들의 요구를 시와 자치주의 비상 계획에 통합시킨다.

버지니아 주 리치먼드에 있는 버지니아 코먼웰스 대학교(VCU)

와 도미니언 플레이스(Dominion Place) ― VCU 캠퍼스 근처에 위치한, 노인과 장애가 있는 성인들을 위한 개인 소유 아파트 건물 ― 는 도미니언 플레이스에 진료소를 여는 '리치먼드 건강 및 보건 프로그램'을 만들기 위해 힘을 합쳤다. 이 진료소는 치료를 조정하고, 혈압과 혈당을 관찰하며, 보건 교육을 통해 주민들의 기존 의료 서비스를 늘리고 다음번 의사 진료까지 건강을 유지하도록 도움을 준다. 이 진료소는 주중에 VCU 간호대학과 의과대학, 약학대학 학생들과 교수진, 그리고 사회복지사로 운영되며 개개인 건강 계획을 짜고 만성 질환을 관리하며 약 복용을 돕고 주민의 주치의의 처방에 따른다. 이 진료소를 열기 전에 대부분의 주민들은 정기 진료를 받으러 가기 위해 구급차와 병원 응급실을 이용했고, 종종 유통 기한이 지난 약을 복용하고 다른 주민의 처방전을 사용하기도 했다. 이 진료소는 주민들에게 불필요한 고비용의 의료 서비스를 피하도록 도움을 주고, 주민들의 종합적 건강 상태를 향상시키며, 동시에 학생들에게 지역사회를 기반으로 한 실질적인 경험을 제공해준다.

이들 예는 지역사회를 좀 더 살기 좋은 곳으로 만들기 위한 아이디어와 접근법은 무궁무진하다는 것을 분명히 보여준다. 이들 지역사회와 계획은 모두 공무원과 개인 사업가, 그리고 지역사회 지도자들이 서로 힘을 합치고 각 지역사회를 위해 특별히 설계한 해결책을 내놓기 위해 개개인에게 관심을 기울였다는 공통점을 가지고 있다. 지역사회를 좀 더 살기 좋은 곳으로 만드는 데 만병

통치약과 같은 해결책은 없다. 지역사회는 각각 독특하며, 저마다 강점과 문제점, 해결책을 갖고 있다.

·· 집 선택하기

나이가 들었을 때 어디에서 살지 선택하는 것은 표면적으로는 간단한 결정인 것처럼 보인다. 사실 우리 대부분은 이미 결정을 했다. 90%의 사람들은 자신의 집에서, 자신이 잘 아는 동네에서 나이 들어가고 싶어 한다. 친척들과 함께 혹은 요양원 또는 요양 시설에서가 아니라 말이다. 이는 이치에 맞는 말이다. 우리 집은 우리 정체성의 일부이다. 집은 우리 소유물과 우리 기억을 담고 있다. 집은 우리에게 장소감*과 소속감을 느끼게 해주며 개인적 독립성과 지역사회 참여의 시금석이 된다. 집은 우리가 가족과 친구, 이웃과 함께 시간을 보내는 곳이다. 집은 우리에게 안전감과 안정감, 편안함을 느끼게 해준다. 그렇지만 나이가 들었을 때 우리는 대부분 집과 지역사회를 둘러보며 더 이상 잘 맞지 않는다는 것을 알게 된다. 점점 나이 들어갈수록 우리는 목적의식이 있고 의미 있는 삶을 영위하고 싶은 우리 욕구를 키울 뿐 아니라 지속적인 생산성과 건강한 노후를 지원할 수 있도록 집과 지역사

---

* 개인의 활동이나 의식에 의해 형성되는, 어떤 장소에 대한 감정.

회의 환경을 개선하거나 조성해야 할지도 모른다.

그렇지만 너무 자주 정반대의 일이 벌어진다. 우리 집과 지역사회가 장애물이 된다. 오르내리는 데 더 어려워진 계단과 같은 물리적 장애물, 어두운 가로등과 같은 사회 기반 시설 장애물, 또는 교외나 지방에서 살면서 더 이상 운전을 하고 싶어 하지 않거나 운전을 할 수 없는 것과 같은 개인적 변화에서 기인한 장애물이 있다. 우리가 그것을 그대로 내버려둔다면 그것은 충실하고 자립적 인생을 사는 데 장애물이 될 수 있다. 이것이 진실이다. 그래서 더 살기 좋은 집과 지역사회를 만들려면 우리는 우리 집과 지역사회에 존재하는 장애물을 확인하고 제거해야 한다. 아니, 처음부터 그런 장애물들을 만들지 않는 것이 좋다.

미국에서 우리 부모 세대 또는 조부모 세대에게 집은 상당히 많이 변해왔는데 대체로 좋게 변했다. 2×12 조이스트보다 더 가볍고 더 강하며 더 저렴해진, 지금 우리가 사용하는 나무 I자형 대들보 덕분에 우리 집을 폭풍과 지진으로부터 더 안전하게 보호할 수 있게 되었으며, 수십 년 전에는 우리가 감당할 수 없었을지도 모르는 집을 재정적으로 부담할 수 있게 되었다. 이제 우리 집에는 이중 경사창(tilt window)과 화장실 딸린 안방과 빌트인 공기 정화 시스템, 홈 시어터 시스템, 그리고 엔터테인먼트 룸이 있다. 요즘 주택과 타운하우스, 아파트는 1950년대와 1960년대에 지어진 집들과 상당히 다르고 일반적으로 훨씬 더 살기 좋다. 한 가지만 제외하면 말이다. 집주인인 우리가 나이 들었을 때 집은 우리에게 편의를 제공해주지 않는다. 거의 예외 없이 오늘날 미국의 집은 기대 수명이 50세가 안 되던 100년 전에 지어진 집들과 비슷한 점이 너무 많다.

다음을 생각해보라. 기대 수명이 고작 50세였을 때 대부분의 사람들은 계단을 충분히 잘 오르내릴 수 있었다. 휠체어나 보행 보조기가 필요할 만큼 오래 사는 사람들이 거의 없어서 문지방과 출입구, 복도가 아주 좁아도 문제가 되지 않았다. 손이나 관절 부위의 관절염으로 고통받을 만큼 오래 사는 사람들이 거의 없으니 둥근 모양의 문손잡이도 괜찮았다. 대체로 사람들은 그 당시에 저택을 짓지 않았기 때문에 자녀가 독립하고 나면 집 크기를 줄일 걱정을 하지 않았다. 그중 많은 집들은 여전히 전국적으로 우리 이웃에 자리를 잡고 있으며 지어진 새 집도 그 모양과 구조는 크게 바뀌지 않았다. 그러나 오늘날 우리 대부분은 80대와 90대에도 살아 있고, 가능한 한 오랫동안 자신의 집에서 지내고 싶어 하기 때문에 이런 종류의 집은 더 이상 제 기능을 하지 못한다.

우리 대부분은 은퇴를 대비해 저축을 할 필요가 있음을 안다. 그렇지 않은가? 우리는 저축을 하지 않거나 저축을 충분히 하지 않을지도 모르지만(이것은 내가 다음 장에서 다룰 주제이다), 적어도 저축을 해야 한다는 것은 안다. 하지만 우리는 나이 들어가면서 집에 바꿔야 할지도 모르는 부분이 있다는 것에 대해서는

전혀 아는 것이 없다. 우리는 IRA*나 401(k) 퇴직연금**, 역모기지
, 홈에쿼티론(home equity loan)* 등은 익히 알지만 우리 중에 얼마나 많은 사람이 결국에는 필요할 집 변경을 대비해 계획을 세우는가?

우리 중에 얼마나 많은 사람이 손에 들고 사용하는 샤워 헤드와 안전 바, 그리고 슬라이딩 선반이 달린 수납장을 설치하는가? 얼마나 많은 사람이 아주 오랫동안 불편함을 겪은 다음에야 이런 것들을 설치하는가? 결국 우리 집의 가치는 가격표보다 더 많은 것들에 의해 정해진다. 또한 우리 집의 가치는 집이 신체적으로 편안하게 해줄 수 있고 우리 인생의 각 단계를 지나며 우리를 지탱해줄 수 있는가에 따라 정해진다.

개인의 이동성이 약간 약해진 사람들에게 발 딛는 곳에 미끄럼 방지 처리를 한 계단, 계단통과 복도에 단 더 밝은 조명은 아주 큰 차이를 만들 수 있다. 예를 들어 욕조에 안전 바를 설치하고, 둥근 모양의 문손잡이 대신에 레버 핸들을 달고, 집으로 들어가는 입구에만이라도 문턱을 없애는 것으로 큰 차이를 만들어낼 수 있다. 이처럼 간단하고 돈을 많이 들이지 않고도 뭔가를 더

---

* 개인퇴직계좌. 노동자가 직장을 옮기더라도 퇴직금을 계속 적립, 통산하여 은퇴 후 노후 소득으로 활용할 수 있도록 하는 장치.
** 노동자가 운용하는 미국의 확정기여형 퇴직연금제도.
*** 주택을 소유하고 있으나 특별한 소득이 없는 고령자가 주택을 담보로 생활 자금을 연금 형태로 대출받는 제도.
**** 담보 대출을 제외한 주택의 순가치를 담보로 다시 대출을 받는 제도로 주택 담보 가계 대출이라함.

설치하거나 변경해서 아주 커다란 차이를 만들 수 있는 사례가 많이 있다.

이런 종류의 유니버설 디자인 요소는 모든 연령대 사람들의 욕구를 수용한다. 이건 상식이지만 우리는 좀처럼 멈춰 서서 이런 생각을 하지 않는다. 현관으로 올라가는 계단이 많는 집은 보행보조기나 휠체어를 사용하기에 불편한 만큼 유모차를 사용하기에도 불편하다. 더 넓은 복도는 휠체어가 들어갈 필요가 없다면 책장을 두고도 걷기에 충분한 여유가 있는 훌륭한 장소가 될 수 있다. 이런 종류의 디자인은 집을 좀 더 적응하기 쉽고 우리가 이대로 나이 들 수 있을 것 같은 곳으로 만들어준다. 인구가 고령화됨에 따라 기본적인 접근이 배선과 배관처럼 우리 집에 적용되어야 한다는 것을 인식해야 할 때이다.

∙∙ 돌아다니기

근처에 서비스 시설이 있는 지역사회와 우리 욕구를 수용해주는 집은, 지금 살고 있는 집에서 나이 들고 싶어 하는 사람들에게는 엄청난 자산이다. 그러나 이는 해결책의 일부일 뿐이다. 식료품점과 좋아하는 레스토랑, 약국, 병원, 또는 세탁소가 1킬로미터도 안 되는 거리 안에 있어도 실제로 당신이 거기까지 갈 수 없다면 별 의미가 없다. 이동성을 유지할 수 있는 선택권, 돌아다니며 일을 할 수 있는 선택권을 가지는 것은 중요하다.

내 시어머니는 워싱턴 D.C.에서 자립적으로 사신다. 시어머니는 건강이 상당히 좋으니 매우 운이 좋으신 분이다. 시어머니는 거의 매일 아파트 밖으로 걸어 나가 버스를 타고 지하철역으로 가서 그날 가려고 마음먹었던 쇼핑 거리나 쇼핑몰에 가는 기차를 타신다. 시어머니는 쇼핑몰 안에서 걷기 운동을 하고 점심을 먹고 오후 3시쯤 집으로 돌아오신다. 건강하고, 강하고 맑은 정신을 갖고 있는 시어머니는 무척 운이 좋으시다.

그러나 내 친정아버지는 87세이다. 아버지는 모빌에서 26킬로미터쯤 떨어진 앨라배마 시골에서 사신다. 우리는 아버지에게 운전을 그만두시라고 설득하고 있다. 그렇지만 운전은 아버지에게 자립성의 한 형태이며 당신 정체성의 일부이다. 어떤 날에는 가족이나 친구들을 찾아가기 위해 모빌까지 차를 운전하신다. 나는 이 자립성이 계속해서 아버지를 행복하게 해주고, 의욕을 높여주며, 활기 넘치게 해준다는 것을 안다. 나는 아버지가 운전을 하지 않는다면 어떻게 다니실지 모르겠다. 아버지가 사시는 곳에서 16킬로미터 안에는 대중교통 수단이 없기 때문이다.

우리는 자동차를 사랑하는 국민이다. 우유 1리터가 필요한가? 차를 타라. 학교에 가는가? 차를 타라. 교회를 가는가? 차를 타라. 병원에 가는가? 차를 타라. 몇 해 전 GM의 구호를 기억하는가? "이것은 단순히 당신의 차가 아닙니다. 이것은 당신의 자유입니다."

많은 사람들은 여전히 차에 대해 이렇게 느낀다. 그렇지만 사실 점점 나이 들어가면서 우리는 운전을 덜 하거나 어떤 경우에는 전혀 안 하는 경향이 있다. 늘어난 수명 덕분에 수백만 명의 베이비붐 세대는 운전할 능력이 있는 나이보다 10년, 또는 그 이상 더 오래 살게 될 것이다. 우리가 차를 운전하지 않는다면, 또는 우리가 더 제한적으로 운전을 한다면 어떻게 병원과 교회, 식료품점, 레스토랑에 가고, 가족과 친구를 만나러 갈 것인가? 슬프게도 많은 경우에 우리는 그곳에 가지 못한다. 사실 운전을 하지 않는 이들 가운데 절반이 넘는 사람들이 교통수단이 없기 때문에 매일 집에서 지낸다. 그리고 노인 가운데 60%가 집에서 도보로 10분 거리 내에 대중교통이 없다고 말한다.[78] 많은 이들이 인도가 없는 지역에 사는데, 교외와 시골에서 사는 사람들이 특히 그렇다. 걸을 때 노인들이 젊은이들보다 차에 치여 다칠 가능성이 더 높다. 이는 단순히 밖에 다닐 수 없다는 것을 넘어서는 문제이다. 종종 홀로 집에 앉아 있음으로써 우리는 고립되고, 몸을 움직이지 않는 생활을 하게 될 위험이 있으며, 이는 우리의 신체와 정서 건강에 치명적인 영향을 미칠 수 있다. 나는 불편함 — 이것만으로도 충분히 상황이 좋지 않다 — 에 대해서 이야기하고 있는 것이 아니다. 나는 소속감의 상실과 하찮은 존재가 되는 느낌에 대해 말하고 있는 것이다. 이러한 감정은 우리의 신체 기능을 저하시키고 정신적으로 황폐해지도록 영향을 미친다.

이는 노인들을 염두에 두고 계획하지 않은 지역사회의 불행한 결과이다. 이는 불가피하게 이동성에 — 그리하여 거주 적합성에 — 붙박이 방해물이 되어 사람들로 하여금 고립되게 하고 활동량이 적은 생활 양식을 취하게 하며, 궁극적으로는 원치 않는 변화를 만들도록 강요한다.

대중교통 선택권이 더 많은 도시에서조차 버스와 기차는 대체로 통근 시간 중심으로 배정된다. 종종 사무 지구와 상업 지역 주변에는 정류장이 많고 러시아워인 오전과 오후 동안에는 더 자주 배차가 이뤄진다. 그러나 당신이 오전 11시쯤에 주민 센터에 가고 싶거나 점심 때 친구와 만나고 싶다면 당신은 대중교통 때문에 곤란에 빠지거나 실제로 이용하기까지 너무 오랜 시간이 걸릴 것이다.

앞서 언급했듯이 미 전역에 있는 지역사회는 운전자와 보행자, 대중교통 이용객, 그리고 자전거를 타는 사람들을 포함해 거리에 있는 모든 사람들의 안전과 편리에 초점을 맞춘 안전한 거리 정책 — 때로는 '완전 도로'로 언급된다 — 을 만족스럽게 실시하고 있다. 연구에 의하면 잘 설계된 교차로와 인도, 자전거 도로, 그리고 다른 시설들은 부상과 사망, 그리고 자동차 사고를 상당히 줄일 수 있다.[79]

뉴욕 시 주민 에이미 로저스에게 물어보라. 몇 해 전에 도시 건너편으로 이사했을 때 그녀는 맨해튼 어퍼웨스트사이드 71번가 암스테르담 브로드웨이에 있는, 당시 악명 높은 '죽음의 보타이'

교차로를 건넌다는 건 엄두도 내지 못했다. 그녀는 66세였고 걸을 때 지팡이를 사용했기 때문에 신호등이 바뀌기 전에 한쪽에서 반대쪽까지 건너가는 일은 도전이었다.[80]

노인을 위한 뉴욕의 안전한 거리 프로그램은 그녀의 문제를 해결해줬다. 뉴욕 시 교통국은 보행자용 안전지대를 재구성했고, 횡단보도 보행 신호 시간을 늘렸으며, 카운트다운 신호등을 추가설치했다. 교통국 대변인 세스 솔로모노는 다음과 같이 말했다. "우리는 노인이 길을 건너는 관점에서 이 교차로를 다시 설계하고 있습니다. 이 전면적인 안전 개조로 연석과 안전지대가 넓어질 것이며 횡단보도가 개선되고, 보행자를 위한 횡단 거리가 더 짧아질 것입니다."[81] 에이미 로저스는 이제 더 안전하다고 느끼고 될 수 있는 대로 피해왔던 그 길을 더 기꺼이 활용할 것이라고 말한다. 이것은 뉴욕처럼 분주한 도시에만 필수적인 것은 아니다. 당신이 사는 도시나 마을을 생각해보라. 보행자 부상이 잦은 교차로가 있는가? 뉴욕의 계획서 한 페이지를 가져다가 당신 지역사회 책임자에게 변화를 만들어달라고 청원해보라.

우리가 사람들이 나이 들어가면서 번영하고 계속 활기차도록 돕는 살기 좋은 지역사회를 조성하는 것에 대해 생각할 때, 대중교통과 안전한 거리는 더 이상 운전을 하지 않는 사람들을 위한 때늦은 생각이거나 마지막 수단이 되어서는 안 된다. 나이나 능력에 상관없이 모든 사람들이 일생을 통해 이용할 수 있도록 대중교통과 안전한 거리는 표준이 되어야 한다.

• 지원을 아끼지 않는 해결책

보스턴 교외 지역 바닷가 마을 매사추세츠 주의 스왐프스콧은 미 전역의 많은 지역사회처럼 더 효율적으로 자원을 활용할 방법을 찾고 있었다. 그들이 떠올린 생각은 아주 훌륭했다. 그들은 마을의 노인 회관과 고등학교를 합치기로 했다. 그들은 마을 노인들의 요구 사항이 10대들의 요구 사항과 상당 부분 겹친다는 점을 깨달았다. 예를 들어 노인 회관에는 인기 있는 댄스 프로그램이 있는데 고등학교에는 제대로 활용하지 않는 무용실이 있었다. 노인 회관은 겨울철에 회원들을 걷게 하려고 그들을 버스에 태워 지역 쇼핑센터로 데리고 갔는데, 알고 보니 고등학교에는 노인들이 걸을 수 있는 트랙을 갖춘 아주 커다란 체육관이 있었다. 그 고등학교는 가장 규모가 큰 지역사회의 자본 투자처 중 하나였다. 그래서 지역사회의 어린이와 10대부터 노인에 이르기까지 누구나 이용할 수 있도록 체육관을 짓는 것이 어떨까 하는 생각을 했다.

사람들 말에 따르면 학생들과 노인들 모두 서로 교류하고 싶어 했다. 뜨개질 동아리 회원들은 뜨개질하는 법을 몇몇 학생들에게 가르쳐줬다. 지역사회 봉사 시간이 필요한 아이들은 노인 회관에서 점심 급식을 도왔고, 참전 용사들은 역사 시간에 전쟁에 대해 공부하고 있는 학생들과 복무 중이던 당시에 대해서 이야기를 나눴다. 주민 앨리스 캠벨은 분리된 노인 회관과 달리 좀 더 큰 공동체의 일부가 되는 느낌을 받았다고 말한다. 분리된 노인 회관에서는 때때로 지역사회로부터 고립되었다고 느끼고 심지어 어떤 오명을 지니고 있다고 느끼곤 했는데 말이다. "우리는 젊은 사람들을 보는 것을 좋아해요." 그녀는 말한다. "10대 아이들 근처에 있으면 아주 기분이 좋아요."[82]

메인 주에 있는 작은 마을 다마리스코타(인구 2,218명)의 가정의인 앨런 틸 박사는 다음과 같이 말하는 환자들을 아주 많이 만났다. "나를 요양원에 보내지는 않을 거죠?" 동시에 그는 숙련된 간호가 필요한 이들에게 가능한 선택지가 많지 않다는 점을 알게 됐다. 그래서 그는 독특한 해법을 생각해냈다. 그는 영리 목적의 원격 의료 지원 프로그램인 풀 서클 아메리카(Full Circle America)를 시작했는데 아주 큰 성공을 거두었다.[83]

앨런 틸 박사의 프로그램은 고령 환자들의 건강 상태를 추적하기 위한 모니터와 의료 기기의 디지털 네트워크를 사용하고, 그와 함께 식료품 구매와 약속 장소로의 이동을 위한 자동차 운전 서비스, 그리고 고령 환자들의 요구를 충족시키기 위한 그 밖의 다른 일들을 위한 자원봉사자와 유급 간병인을 활용한다. 이 두 접근법을 결합시킨 그는 웹캠과 자원봉사자가 22시간 동안 모니터링을 하게 해, 현장 간병인이 필요한 사람의 하루 간병 시간을 24시간에서 단 2시간으로 줄일 수 있었다.

환자는 웹 카메라를 포함해 환자의 건강을 모니터하기 위한 혈압계 밴드와 청진기가 들어 있는 키트를 받는다. 나머지 건강 관리와 생활 요소들은 유급 스태프와 가족, 자원봉사자의 협업으로 조정된다. 풀 서클 아메리카 프로그램은 비용이 꽤 들고 수입이 고정된 사람들에게는 벅찰 수 있음에도 불구하고 환자들이 가장 가고 싶어 하지 않는 요양원이나 의료 시설을 갖춘 요양 병원에 비하면 아주 적은 금액에 불과하다. 또한 24시간 돌봄이 필요하지는 않지만 혼자 지낼 수는 없는 사람에게 좋은 선택지가 될 것이다.

나는 레스케어(ResCare, Inc.)와 와바시 센터(Wabash Center)의 합작 회사인 레스트 어슈어드(Rest Assured)에 특히 깊은 인상을 받았다. 레스트 어슈어드는 일련의 센서와 터치스크린을 통해 공인 간병인의 온디맨드 지원을 제공하는 통신 장비를 사용한다. 이 시스템은 전자 센서와 스피커, 마이크, 공용 공간의 텔레캠, 연기 감지기, 온도 감지기, 그리고 개인 응급 응답 시스템의 사용을 포함한다. 이 장치들은 각 개인의 가정과, 전자적 지원을 제공하는 원거리 스태프 간병인들을 연결해준다. 그래서 필요할 경우 대기 중인 사람이 재빨리 현장 지원을 하기 위해 파견되거나 응급 서비스가 연결된다. 권한을 부여받은 사용자는 또한 스카이프나 다른 영상 통화 서비스를 이용해 레스트 어슈어드 고객과 화상 채팅을 할 수 있다.

위의 두 가지 예는 고령 사람들이 계속 자신의 집에서 살도록 돕기 위해 혁신적인 기업가와 단체가 어떻게 기술을 사용하고 있는지를 보여준다. 기술은 집에서 나이 들어가고, 계속 활동적이며 바쁜 생활을 유지하고, 가족과 친구, 지역사회와 계속 교제하고 싶어 하는 사람들을 위한 혁신적 해법이 있는 흥미로운 새 시대로 안내하고 있다.

사물 인터넷은 규모가 점점 확대되는 물리적 객체들의 생태계 — 인터넷을 통해 서로 이야기하고 정보를 교환하는 웹 기반 장치 — 를 뜻하는 것으로, 우리와 집·지역사회의 관계를 변화시키고 있다. 언젠가는 가전제품과 매일 사용하는 기기, 가구, 그리고 옷에까지도 정보를 다른 컴퓨터와 스마트폰으로 전송할 수 있는 센서와 컴퓨터 칩이 들어 있을 것이다. 애플워치(Apple Watch)처럼 생기고 디자인이 날렵한 라이블리 안전 시계(Lively Safety Watch)와 같은 웨어러블 장치는 우리 건강 상태와 움직임을 모니터링하고 우리에게 약을 복용하라고 알람을 보낼 수 있다. 멀지 않은 미래에 당신의 냉장고는 당신의 스마트폰이나 컴퓨터, 또는 자동차에 접속해 우유가 떨어졌다고 알려줄 것이다. 당신 집의 온도 조절 장치는 당신의 행동 양식 — 몇 시에 일어나는지, 또는 몇 시에 귀가하는지 등 — 을 기반으로 집 안 온도를 자동으로 조절할 것이다. 카펫에 부착된 센서는 당신의 걸음걸이의 변화를 감지하고 주치의에게 당신이 넘어질 위험성이 증가했음을 알릴 것이다. 그리고 당신은 어디에 있든지 스마트폰이나 태블릿 PC를 통해 집의 많은 기능을 감시하고 작동시킬 수 있을 것이다. 스탠퍼드 장수연구센터 소장 로라 카스텐슨은 우리가 이 분야에서 기술 혁명 초기 단계에 있으며 3~5년 내에 이 혁신이 우리가 나이 드는 방식에 변화를 가져올 것이라고 말한다.

사물 인터넷이 집과 우리의 관계를 변화시키는 동안 공유경제는 내 집에서 나이 드는 것이 더 쉽고 가능해지도록 다양한 온디맨드 서비스를 제공하고 있다. 태스크래빗과 헬로 알프레드(Hello Alfred)와 같은 공유경제 기업은 우리 대신 전구 갈기나 쓰레기 내놓기, 또는 사다리로 올라가 다락에 물건 놓기처럼 일상적인 집안일을 할 사람을 온라인으로 찾게 해준다. 이와 비슷하게 우버와 리프트, 집카(Zipcar) 같은 기업은 우리가 더 쉽고 편리하게 이동할 수 있게 해준다. 우버는 50세 이상의 사람들에게 얼마나 인기가 있을지 확실히 예상하지 못했지만 기회가 있음을 알아차리고 보행 보조기와 휠체어, 스쿠터를 차에 실을 수 있는 차량과, 노인과 장애인 승객을 돕도록 교육받은 운전자를 연결해주는 우버어시스트(uberASSIST)라는 새로운 서비스를 시작했다. 28세 잰 코널리가 창업한 샌프란시스코만 지역의 리프트 히어로(Lift Hero)는 우버와 리프트와 비슷한 서비스를 제공하지만, 스마트폰이 없는 고객은 예약을 하기 위해 애플리케이션을 사용하는 대신에 상담원에게 전화를 걸 수 있다.

과학 기술은 또한 가상 마을(virtual village)의 성장 뒤에 있는 원동력이다. 종종 "자연스럽게 발생하는 은퇴자 커뮤니티"로 언급되는 이 가상 마을은 집수리부터 반려견 산책과 마당 일, 또는 약국의 처방약 배달까지 다양한 서비스를 제공하는 회원제 커뮤니티이다.

어떤 면에서 가상 마을은 공유경제의 개개의 여러 측면을 결합하지만 또한 자원봉사 요소와 사회 연결망 플랫폼을 추가한다. 회원들은 레스토랑에서 만나는 약속을 정하거나 콘서트 예약, 또는 다른 회원 집에서 포트럭 디너(potluck dinner)* 일정을 정하기 위해 가상 마을을 이용한다. 가상 마을의 사회적 요소는 회원의 행복을 증진시킬 뿐 아니라 자신의 집에서 계속 살아갈 자신감을 준다. 마을과 마을 간의 네트워크에 따르면 현재 40개 주에 140개의 가상 마을이 있으며 가상 마을을 고려 중인 곳도 120개나 더 있다.[84] 과학 기술이 사람들이 자신이 살던 집에서 계속 지내는 데 도움을 주기 위해 더 많고 더 좋은 서비스를 계속 추진하고 있기 때문에 가상 마을은 미 전역에 걸쳐 계속 성장할 것이다.

사물 인터넷에 의해 자극을 받은 과학 기술, 온디맨드 서비스의 공유경제, 인구의 고령화는 모두 우리가 전에는 한 번도 경험해본 적이 없는 방식으로 나이듦에 대한 편견을 넘어서고 있으며, 우리에게 원래 있던 곳에서 나이 들어갈 새로운 해법을 가져다주고 우리 지역사회를 더 살기 좋은 곳으로 만들어주고 있다. 그리고 이러한 해법이 제공하는 더 넓은 범위의 이동성 선택권은 많은 노인들에게 성장과 개발, 그리고 사회에 지속적인 참여와 공헌의 미래와, 쇠약, 약화, 고립, 고독의 미래 차이를 드러냈다.

---

* 각자가 음식을 가지고 오는 식사 모임.

∙∙ 자신의 집에서 더 이상 머물 수 없을 때 가능한 더 많고 좋은 선택

우리는 더 살기 좋은 지역사회를 조성하는 데 도움을 줄 혁신에 초점을 맞추고 자신이 살던 집과 동네에서 나이 들어가는 데 도움을 줄 새 해법을 제공하면서도, 자신의 집에서 계속 머물 수 없을 때 또한 고려해야만 한다. 예전에는 더 이상 자신의 집에서 살 수 없었던 노인들은 가족의 집이나 요양원에 가는 것이 유일한 방법이었지만 오늘날에는 더 창의적인 선택이 많이 존재하며 더 많은 방법이 계속 창출되고 있다.

∙ 목표 지향적 코하우징

베티 시걸은 조지아 주 애틀랜타에 있는 질병관리예방센터에서 34년 동안 근무하다가 은퇴했을 때 여생을 애틀랜타 집에서 보내려고 계획했었다. 그렇지만 만성 기관지염이 악화돼 공해가 심한 도시에서는 밖에서 많은 시간을 보낼 수가 없었다. 그녀에게 가장 소중한 활동 중 하나는 정원 가꾸기였기 때문에 이것은 정말 문제였다. 그래서 그녀는 애틀랜타를 떠나 공기가 더 좋은 소도시로 이사하기로 결심했다. 그러나 그녀는 소도시로 이사할 생각에 너무 힘들었다고 말한다. "친구를 사귀기가 어려울 수 있어요. 나는 작은 마을에서 자랐어요. 소도시는 배타적일 수도 있어요."

2002년에 그녀는 우연히 《퍼레이드(Parade)》라는 잡지에서 일리노이 주 랜툴에 있는 여러 세대가 한데 어우러진 코하우징(cohousing) 공동체인 호프 메도스(Hope Meadows)에 관한 기사를 읽었다. 랜툴은 공기가 깨끗한 소도시이면서도 문화 시설이 풍부한 어바나-샴페인에서 50킬로미터도 안 떨어진 곳에 있었다. 바로 그녀가 찾고 있던 곳이었다.[85]

호프 메도스는 어바나 샴페인에 있는 일리노이 주립대학교의 교수였던 브렌다 크라우스 이하트의 영감에서 시작되었다. 1990년대 초, 그녀는 대학에서 10대 엄마와 아동 보호 프로그램의 책임자였다. 그녀는 연구의 초점을 일리노이의 가정위탁보호제도에 맞췄는데 더 많이 알게 될수록 제도를 바꿔야 한다는 확신이 점점 더 강해졌다. 그녀의 집 근처에 있는 채누트 공군 비행장이 문을 닫을 예정이라는 사실을 알게 됐을 때, 그녀는 엉뚱한 생각을 했다. 옛 비행장 한쪽을 열다섯 위탁 가정이 함께 살고 지역사회의 다른 양부모와 현장 스태프로부터 지원을 받을 수 있는 곳으로 바꾸면 어떨까?

그녀는 계획을 실행에 옮기기 위해 주 정부에 청원 활동을 벌여 성공적으로 100만 달러를 지급받았고, 어린아이 명수와 일수를 기준으로 계산하는 일반적인 수당 지급이 아니라 새로 설립된 비영리 단체가 수당을 정액으로 입양 가정에 지급하게 하는 권한까지 성사시켰다. 그때 뜻밖의 문제에 부딪쳤다. 열다섯 가정이 함께 살 곳을 바란 그녀에게 국방부에서 공군 기지의 83블록 구역을 구매할 수 있게 허가해준 것이다. 그렇다면 규모를 키우면 어떨까? 그녀는 생각했다. 그녀는 프로그램을 확대하여 호프 메도스 공동체에서 자원봉사를 하는 조건으로 노인들에게 시세보다 낮게 주택을 공급했다.

베티 시걸은 12년 전, 71세 나이에 호프 메도스로 이사했으며 절대로 그 일을 후회한 적이 없다. 수년간 그녀는 방과 후 학교 교사로, 주민 센터 관리인으로, 그리고 지난 7년 동안 횡단보도 교통안전 지킴이로 자원봉사 활동을 했다. 그래도 정원을 가꿀 시간은 넉넉했다.

베티 시걸과 브렌다 크라우스 이하트 두 사람 모두 호프 메도스가 제 역할을 할 수 있는 원동력은 취약한 두 그룹의 사람들이 서로를 돌보기 위해 모인 환경에서 형성된 친밀한 이웃 관계라고 생각한다. 노인들은 돌보는 관계와 지속적인 사회 참여를 통해 의미와 목적을 발견하고, 위탁 가정은 대가족으로부터 받았을 법한 도움을 받는다. 브렌다 크라우스 이하트는 젊은 은퇴자들이 없었더라면 이 프로그램은 2년 만에 중단됐을 것이라고 말한다. 그들은 사회 각계각층에서 왔으며 모두 어린이들을 돕겠다는 하나의 목표를 위해 그 자리에 있었다. "사회에 환원하고 싶어 하고, 정말로 참여하고 싶어 하며, 좋은 이웃이 되고 싶어 하는 노인들을 안내해 그들이 상당히 취약한 일단의 사람들에게 집중하도록 이끄는 것이 내 목표예요." 그녀는 말한다.

호프 메도스는 적어도 6곳의 다른 코하우징 시스템에 영향을 끼쳤으며, 그곳에서는 외상성 손상을 입은 참전 군인 노인 주민들과 발달 장애를 가진 노인 주민들을 이어주는 일을 한다. 이러한 활동에 대해 브렌다 크라우스 이하트는 다음과 같이 말한 바가 있다. "나는 우리가 이들 사회 문제를 해결하기 위해 노년층의 시간과 재능을 활용하도록 더 많은 일을 해야 한다고 확신해요."

• 다른 종류의 요양원

빌 토머스 박사는 전형적이며 획일적인 요양원 모습을 바꾸기 위해 그 어느 누구보다 많은 일을 한 사람이다. 1980년대 중반 하버드 의과대학에 다닐 때 그는 노인병 의학에는 전혀 흥미가 없었다. 수술은 긴장감 넘치고 모험적인 매력이 있었고, 진료는 지적 허영심을 맘껏 드러낼 수 있었으며, 응급의학은 이 두 세계를 합친 것 같았다. 가정의학 전문의로 레지던트 과정을 마친 뒤에 그는 뉴욕 주 시골 작은 병원에서 응급의학과 의사로 일을 했는데 그에게 딱 맞는 일인 것 같았다.[86]

빌 토머스 박사가 의사 생활을 시작한 지 2년이 되었을 때 지역 요양원 원장이 전화를 걸어와 그에게 요양원의 내과의사 겸 원장을 맡는 것을 생각해보지 않겠냐고 물었다. 그는 재빨리 간단하게 대답했다. "아니요." 왜 요양원처럼 단조로운 곳 때문에 응급실을 떠나야 하는가? 다음 날 그는 응급실에서 24시간 근무를 했는데 근무 시간 내내 거의 서 있었기 때문에 집에 돌아왔을 때 지칠 대로 지쳐 있었다. 그리고 때마침 전화벨이 다시 울렸다. "다시 한 번 생각해보실 수는 없을까요?" 이번에 그는 다음과 같이 대답했다. "글쎄요, …… 생각해볼 수 있을 것도 같습니다." 요양원을 간단히 둘러본 후 방해받지 않고 밤잠을 자는 상상이 머릿속에서 춤을 추었다. 그렇게 그는 요양원 의사가 되었고, 곧 사랑에 빠졌다.

그는 입주민과 그들 가족, 그리고 모든 입주민을 돌보는 스태프들과 사랑에 빠졌다. 이들은 좋은 사람이었고 도움이 필요했다. 시설은 깨끗하고 잘 관리되고 있었지만 뭔가 중요한 것이 빠져 있었다. 그는 저녁에, 그리고 근무가 없는 날 요양원에 찾아가기 시작했으며 앉아서 지켜보고 귀를 기울였다. 그때부터 그는 일기에 다음과 같은 이야기를 적었다. "이곳의 병상 간호는 좋다. 아주 좋기는 한데 사람들은 외로움과 무력감, 따분함에 고통스러워하며 죽어가고 있다." 그는 아내 주디스 마이어스 토머스와 함께 그 고통에 대해 뭔가 조치를 취하기로 결심했다. 그는 "삶은 정원에 있을 때 더 행복하다."라는 가장 간단한 아이디어에 근거해 장기 돌봄에 대한 획기적이고 새로운 접근법을 창출해냈다.

곧 그 요양원은 생기 넘치는 어린이들의 에너지와 새들의 노랫소리(실제로 수백 마리의 잉꼬를 들여놓았다), 껴안아주고 싶은, 한가로이 다니는 고양이들, 그리고 변치 않는 우정을 보여주는 개들로 활기찬 곳이 되었다. 시설은 병원이라는 느낌을 훨씬 덜 풍겼다. 훨씬 더 정원 같아졌다. 그때가 1992년이었고, 이 새로운 접근은

'에덴 얼터너티브(Eden Alternative)'의 시초가 되었다. 그 아이디어는 꽃을 피워 미국 전역으로, 그다음에는 세계 많은 나라로 퍼져 나갔다. 1999년에 빌과 주디스는 9세부터 생후 4개월까지, 5명의 자녀와 함께 '에덴 어크로스 아메리카(Eden Across America)'라는 버스 투어를 떠났다. 미국 내에 있는 모든 요양원을 더 좋은 쪽으로 획기적으로 변화시키는 것이 목표였다.

그가 방문한 많은 요양원들은 그 자체가 빠르게 나이 들어가고 있었다. 그는 곧바로 획기적인 조치를 취하지 않으면 오래된 건물들은 비슷한 디자인의 새로운 시설로 대체될 것이고 이 모든 것이 반복될 것이라는 점을 깨닫게 되었다. 안타깝게도 그 시대의 요양원 모델은 기본적으로 집의 안락함과 즐거움을 결합시킬 생각은 전혀 하지도 않은, 변형된 병원이었다. 빌 토머스 박사는 깨끗한 종이를 한 장 꺼내 옛 모델을 완전히 지우고 전혀 새로운 비전을 그렸다. 지금은 그린 하우스(Green House) 요양 모델로 알려진 장기 요양에 대한 이 혁신적인 접근은 큰 장애가 있는 사람들을 포함해 노인들에게 제공하는 돌봄을 획기적으로 바꾸고 있다. 훨씬 더 집처럼 보이고 느껴지는 이곳에서 지내는 입주민들은 모두 집에서 사는 것처럼 건강하게 지낼 수 있다.

그린 하우스 모델의 목적은 주민들이 병원 대신에 평범한 집에서 살고 있는 것처럼 느끼게 해주는 것이다. 예를 들어 미시간 주의 장로교 마을에 있는 그린 하우스는 각 하우스가 에너지 효율이 좋게 설계되어 있고, 욕실이 딸린 10개의 방과, 벽난로가 있는 공동 거실, 부엌, 그리고 식당으로 구성되어 있다. 각 하우스는 훈련받은 간병인이 운영한다. 의사와 물리치료사, 그리고 다른 전문가는 필요에 따라 방문한다. 이 모든 것 덕분에 입주민들은 더 나은 삶을 영위할 수 있고 입주민 가족들은 마음의 평화를 얻을 수 있다.

그린 하우스는 (훈련받은 지원 스태프와 함께 하는) 집단 거주와 일반적인 가정생활의 사생활 사이에 창조적 균형을 유지한다. 대부분의 시설을 공유하고 하루 일과가 엄격한 일반적인 요양원과 달리 입주민들은 자신의 일정을 자유롭게 정한다.

입주민들에게 자율성을 준 것은 확실히 긍정적인 결과를 가져왔다. 연구에 따르면 입주민들이 전형적인 요양원에서 사는 이들보다 더 행복하고 더 건강하게 오래 산다. 그리고 창의적으로 이끌고 생각할 권한을 부여받은 노동자들은 일에서 더 많은 보람을 찾기 때문에 이직률이 낮아진다.

오늘날 그린 하우스는 미 전역에 생기고 있다. 27개 주에서 173개의 그린 하우스가 운영 중이며 해마다 계속 늘어나고 있다.

세대 간의 조화

대부분의 그린 하우스는 노인들에게 서비스를 제공하지만 모든 사람이 자신과 비슷한 연령대와 함께 살고 싶어 하는 것은 아니다. 90대의 메그 팰리는 동년배들과 함께 살면 "그들의 불평에 대해 불평하는" 소리를 너무 많이 듣게 된다고 말한다. 그 대신에 그녀는 네바다 시에 있는 방 네 칸짜리 집에서 운전과 쇼핑과 같은 서비스를 제공해주고 월세를 감면받는 간병인 둘과 함께 산다.

메그 팰리 혼자만 그런 것은 아니다. 1960년대에 개발된 덴마크 모델에 기반을 둔 일정한 양식의 공동 거주 공동체는 미 전역에 산재해 있으며, 점점 더 많은 베이비붐 세대들이 공동생활에 매력을 느끼고 있다. 뉴욕 주 북부의 이사카에 있는 생태 마을은 거주자들의 연령대 범위가 유아에서부터 은퇴자까지 이르는 공동 거주 공동체 중 하나이다. 그리고 캘리포니아 맨도시노 카운티의 공동 거주 공동체인 치즈케이크(Cheesecake)는 50대와 60대 11명이 설립했으며 최근에 21번째 창립 기념일을 축하했다.

우리 이전 세대는 나이 들었을 때 살 곳에 대한 선택권이 별로 없었다. 자신의 집에서 더 이상 편안하게 살 수 없는 사람들은 장성한 자녀들이나 다른 가족들의 집으로 들어가거나 요양원에 가야 했다. 그렇지만 우리 세대는 더 많은 선택권이 있으며 내 자녀 세대가 가질 선택의 폭은 상상조차 할 수 없다.

살기 좋은 지역사회와 연령 친화 주택을 창조하는 새 기술과 혁신은 우리가 나이 들어가면서 적극적이고 목적의식이 있으며 의미 있는 삶을 살아갈 수 있도록 새로운 방법과 선택을 가져다주고 있다. 모든 세대에 적합하게 설계된 새로운 스마트홈은 우리가 살던 곳에서 나이 들어갈 수 있게 해준다. 공동 거주와 가상 마을과 같은 새로운 삶의 형태는 우리를 고립에서 벗어나게 해준다. 그리고 살기 좋은 지역사회의 새로운 형태는 모든 연령대의 사람들을 기쁘게 받아들이며 세대 간의 소통을 촉진한다. 우리 모두 점점 나이를 먹고 있으며 어딘가에서 살아야 한다는 것은 명백한 진실이다. 그렇다면 과학과 혁신이 우리가 더 건강한 상태에서 편안하게 살 수 있는 곳을 만들어주고, 가고 싶은 곳에 안전하게 가게 해주며, 활동적으로 생활하고 사회에 적극적으로 참여할 수 있도록 제공해주는 기회를 붙잡는 것이 어떻겠는가? 선택은 우리의 몫이다.

제6장

미래를 위한
재원을 마련하라

뭔가 사지 않는다면

여생을 보내기에 충분한 돈이 있을 것이다.

− 재키 메이슨

사실을 직시하자. 살아 있으려면 비용이 많이 든다. 게다가 우리는 조부모 세대보다 20~30년은 더 오래, 더 활동적이고 적극적인 삶을 살고 있기 때문에 그 비용을 대기 위해 아주 많은 돈이 필요할 것이다.

안타깝게도 많은 사람들이 이 공포를 실제로 겪고 있다. 충격적인 사실은 은퇴가 가까운 가구 가운데 절반 이상이 은퇴를 대비한 저축이 정말로 하나도 없으며 65세 이상 가구의 약 절반은 사회보장연금에서 주는 돈이 은퇴 소득 대부분을 차지한다. 그리고 은퇴를 대비한 저축이 있는 가구의 경우 평균 총액이 10만 9,000달러에 불과하다. 이해를 돕자면 현재 소득 수준으로 환산했을 때 한 달에 고작 405달러 소득을 제공해주는 것이다.[87]

우리 대부분은 말년을 대비해 충분히 저축을 하지 못했다. 25세 이상 노동자를 대상으로 한 최근 조사에 따르면 안락한 은퇴 생활을 대비한 저축액에 대해 무척 자신 있다고 말한 사람은 4명 중 1명도 채 되지 않는다. 무척 놀라운 통계 자료이다. 전 연령대를 살펴보면 저축과 투자 총액이 25만 달러 이상인 사람들은 14%에 불과했다.[88] 많은 사람들이 은퇴를 대비하기에는 저축액이 충분하지 않다는 것을 인지하고, 감당할 수 없을지도 모르지만 은퇴기에 편안하게 살기 위해 수입의 상당한 금액을 저축해야 한다는 점을 기꺼이 인정한다. 그럼에도 불구하고 4명 중 1명 이상은 얼마나 저축해야 하는지 전혀 모르겠다고 말한다.[89]

이유는 간단하다. 우리는 분주한 삶을 살고 있는 바쁜 사람들이다. 우리 머릿속을 차지하고 있는 것은 지금으로부터 30년, 혹은 40년, 50년 후보다 다음 주에 관한 것이 더 많다. 우리 대부분은 나이 들었을 때 계속 살아가려면 무엇이 필요할지를 앉아서 충분히 생각할 시간을 가져본 적이 결코 없다. 어떤 사람들은 그것을 예상하는 것이 쉽지 않음을 발견할지도 모른다. 어떤 사람들은 지금 당장 저축에 주의를 기울일 충분한 시간이 없다고 생각한다. 그러나 어떤 사람들은 은퇴기가 어떤 모습이면 좋겠다고 생각해본 적이 없기 때문에 필요한 것을 어떻게 계산하기 시작해야 할지 정말로 모른다. 여행할 목돈을 만들고 싶은가? 연로하신 부모님을 돌보기 위해 돈이 필요할까? 분명히 재정적으로 우리 노년을 준비하는 일에 대한 것으로 화제를 전환할 필요가 있다. 대부분의 경우 이미 시작되었다!

•• 화제 전환

은퇴를 대비해 저축을 하기가 왜 이렇게 힘들까? 전형적인 미국인 가정을 살펴보자. 존과 앤은 50대 후반이다. 두 사람은 결혼해 슬하에 두 자녀가 있고 일리노이 주 에반스톤에서 산다. 부부는 둘 다 대학교를 졸업했다. 존은 소규모 사업체에 컴퓨터 시스템을 팔고 구축하는 회사에서 일한다. 아이들이 대학에 가고 나서 앤은 다시 일을 시작했는데, 다음에 무엇을 하고 싶은지 생각해낼 동안 임시직 채용 대행업체에서 일하고 있다. 두 사람의 수입을 합하면 7만 달러가 약간 넘고 은퇴 대비 저축 총액은 약 8만 달러이다.

존과 앤은 나이가 들면서 마주하게 될 어려운 문제를 걱정한다. 존은 지난 10년 동안 월급이 거의 오르지 않았다. 그렇지만 생활비는 가파르게 증가했다. 그는 적자를 면하려면 더 많은 시간 동안 일해야 한다. 게다가 이제 그는 70대에도 일을 계속 잘해야 할 것이라고 예상한다.

앤과 존은 대학에 다니는 두 아이를 졸업시키려면 얼마나 벌어야 할지 걱정된다. 그들은 주택 가치가 대학 학비를 낼 정도로 상승했을 때 주택 담보 가계 대출을 활용했다. 하지만 학비가 지금은 아이 한 명당 약 2만 1,000달러이다. 학비는 해마다 크게 오르고 부부가 감당하기에 점점 더 힘들어지고 있다.

그들은 또한 의료비에 많은 돈을 쓰고 있다. 보험료는 해마다 오르는데, 그들이 받는 월급 인상분보다 많이 오를 때도 많다. 그들의 집 가치는 대불황 이후 상당히 하락했고, 몇 년이 지난 지금 어느 정도 회복되기 시작하고 있다. 그래서 그들은 결국 집을 팔아도 은퇴와 장기 치료와 같은 예상치 못한 지출을 메우기에 돈이 부족할 것이라고 생각한다.

주거비와 교육비, 의료비가 더 높아지면 식비와 교통비, 여가 활동 비용, 그리고 은퇴를 대비한 저축에 쓸 돈은 더 적어진다. 그래서 이제 그들은 사회보장연금과 노인의료보험제도에 주로 의지해야 할 것이라는 점을 깨닫는다.

그런데도 존과 앤은 자신들이 운이 좋은 사람이라고 여긴다. 많은 친구들이 최근 불황에 실직했다. 그들은 다른 직장을 찾는 데 1년 또는 그 이상이 걸리기도 했고 대부분은 전에 받던 월급보다 더 적게 주는 직업을 받아들여야만 했다. 어떤 친구들은 집을 잃었다. 그리고 어떤 친구들은 파산 신청을 해야 했다.

존과 앤만 이런 것은 아니다. 최신 인구 통계 자료에 따르면 지난 10년 동안 중위 소득이 감소했기 때문에 전형적인 미국인 가구는 더 가난해졌다. 오늘날 4,500만 미국인들 — 전체 인구의 14.5% — 은 가난한 생활을 한다.[90] 랜드(RAND) 연구소는 증가한 의료비 지출이 전형적인 미국인 가구가 지난 10년 간 벌어들였던 수입을 완전히 소진시켰음을 알아냈다.[91] 그리고 《월스트리트 저널(Wall Street Journal)》은 더 많은 미국인들이 은퇴할 형편이 안 될 정도로 아주 많은 빚을 안은 채 60대에 이를 것이라고 보도했다.[92]

그러면 존과 앤 같은 중산층 가구는 어떻게 대처해야 할까? 그들은 전통적으로 세 가지를 한다. 우선 그들은 더 오래 일하고 은퇴를 늦춘다. 그리고 이미 은퇴한 이들 가운데 많은 사람들이 ─ 직장을 구할 수 있다면 ─ 결국 다시 일터로 돌아갔다. 둘째, 생활 수준을 과감하게 낮추고 생계유지를 위해 정부 프로그램에 더 의존한다. 그리고 마지막으로 빚을 더 많이 진다. 집과 401(k) 퇴직연금을 담보로 대출을 받고, 신용 카드 한도를 올리고, 친척들에게 돈을 빌린다. 그 결과 중산층 가구의 빚 평균은 지난 10년에 걸쳐 292% 증가했다.

은퇴를 대비한 저축이 우선순위 목록에서 아주 높은 순위가 아니라는 점에 의문이 생기는가? 매일, 매일, 그리고 한 주, 한 주 그들이 할 수 있는 일은 그럭저럭 살아나가는 것이 전부이다. 그러나 은퇴를 대비해 저축하기 너무 힘든 다른 이유가 있다. 많은 사람들에게 은퇴는 그 자체의 의미와 타당성을 잃었다. 당신이 50세 이하라면 전통적 의미에서 은퇴는 아무 의미도 없을 것이다. 은퇴를 대비해 저축을 하라는 가족과 재무설계사의 조언은 무시된다. 재정적 안정성을 보장받는다는 생각 또한 가망성이 없다. 최근 몇 년간 많은 사람들이 고용 시장과 주식 시장, 그리고 부동산 시장의 상승과 하락뿐 아니라 그 변동이 은퇴를 했거나 은퇴를 앞둔 사람들에게 준 영향을 경험했다. 게다가 밀레니얼 세대의 거의 절반은 전통적인 은퇴 연령이 되었을 때 사회보장연금 혜택을 받을 수 있을 것이라고 기대하지 않으며, 이른

바 은퇴기를 대비한 재정을 그들 스스로 오롯이 감당하게 되리라고 본다.[93] 그래서 은퇴를 대비한 저축은 보통 무의미한 일로 여겨진다. 그 대신에 우리가 언제나 하고 싶어 했던 일을 할 기회를 위한 저축이라고 생각하면 어떨까? 은퇴를 대비한 저축 대신에 인생을 위한 저축으로 생각하면 어떨까?

•• 인생을 위한 저축

은퇴를 대비한 저축을 인생을 위한 저축으로 생각하면, 오늘날 우리가 나이 들어가는 방식과 더 잘 맞게 미래를 위한 재원 마련에 대해 생각해 볼 수 있게 된다. 우리가 제4장에서 치료법에 초점을 맞추는 데에서 질병 예방과 전인적 행복 증진에 초점을 맞추는 쪽으로 확장하는 건강에 대한 새로운 비전을 이야기했듯이, 은퇴를 대비한 저축에서 일생 동안 특히 전통적 은퇴 기간의 재무 탄력성을 증진하는 쪽으로 확대하는 새로운 미래 금융 비전이 필요하다.

이런 식으로 접근할 때 우리는 재원 마련에 관해 전체론적 방침을 취하기 시작한다. 우리 초점은 은퇴를 대비한 저축에만 있는 것이 아니라 자금 흐름의 추적, 비상 자금 마련, 재정 압박에 대한 대처, 자산 보호, 그리고 자금 관리에 대한 학습에 있다. 50세 이상의 사람들에게는 이 중 마지막 두 가지가 특별히 중요하다. 우리 가운데 약 30%만 자본 시장과 금융 시장, 그리고 복잡한 투자 방안의 이해와 관련하여 스스로 경제에 밝다고 생각한다. 게다가 50세 이상의 사람들은 젊은 사람들보다 자산이 더 많기 때문에 우리는 금융 사기와 사기꾼의 목표가 될 가능성이 더 높다.[94]

건강의 목표가 단순히 질병이 없는 것이 아니라 종합적인 육체적·정신적 건강과 행복이듯이, 재무 탄력성은 경제적인 어려움이 전혀 없는 것이 아니라 당신의 인생 목표와 목적을 성취해낼 경제적 능력을 갖고 있는 것이다. 다시 말해서 재무 탄력성은 노년기에 살아남는 것만이 아니라 번영하고 당신이 살고 싶어 하는 인생을 살 만한 여유가 있는 것을 의미한다.

• 자산 계산에서부터 미래 구상까지

은퇴를 계획하거나 직장을 그만둘 생각을 할 때 우리는 남편이나 아내, 재정 전문가와 함께 앉아서 자산을 계산하기 시작한다. 우리는 사회보장연금 혜택을 얼마나 많이 받을 수 있을까? (연금이 있다면) 연금에서는 얼마나 받을 수 있을까? 저축과 투자는 얼마나 될까? 그리고 이 밖에 다른 것은 얼마 있을까? 그런 다음 우리가 생활하고 기본적인 생활 욕구를 충족하는 데 들 거라고 생각하는 비용을 계산한다. 그러고 나서 우리는 그 비용을 감당할 수 있는지, 감당할 수 있으려면 어떤 것을 포기해야 할지 결정한다. 이 모든 과정은 꼭 필요하며 중요한 질문이고, 자산 계산은 정신을 번쩍 차리게 하는 연습이 될 수 있다. 그렇지만 이 접근 방식에는 두 가지 큰 문제가 있다. 우리 대부분은 본업에서 물러난 뒤에 생활비가 얼마나 들지 심각하게 생각해본 적이 한 번도 없고, 이런 계획은 수십 년 전에 세웠어야 했기 때문에 우리는 지금 열심히 따라잡아야 하는 위치에 있다.

하트포드 펀드(Hartford Funds)의 수석 부사장 존 딜은 미래에 투자하는 것에 대해 고객들과 이야기를 나눌 때 단순하면서도 들으면 깜짝 놀라게 되는 다음 3개의 질문을 생각해보라고 하면서 시작한다.

1. 누가 내 집 전구를 갈 것인가?
2. 어떻게 아이스크림을 살 것인가?
3. 누구와 점심을 먹을 것인가?

이 질문은 MIT 노화연구소와 함께 개발했는데, 처음에는 어쩌면 약간 어이없게 들릴지도 모르지만, 사람들이 나이 들었을 때 어떤 인생을 살고 싶은지 생각하는 것을 도와주기 위해 특별히 고안한 것이다.

"누가 내 집 전구를 갈 것인가?" 이 질문은 당신이 어디에서 살 것인가에 대한 더 큰 질문을 던진다. 우리 대부분은 우리가 살던 집과 지역사회에 머물고 싶어 하지만 그렇게 하기 위해서, 다시 말해 우리 자신의 집에서 살고 집을 유지하는 데 따라오는 일상적인 일을 어떻게 처리할지 생각해야 한다. 당신 자신이 그 일을 처리할 수 있는가? 이웃이나 가족들의 도움에 의지할 수 있는가? 도와줄 사람을 고용해야 하는가? 만일 그렇다면 비용은 얼마가 들 것인가?

이제 "아이스크림은 어떻게 살 것인가?" 당신이 계속해서 인생의 소박한 즐거움을 즐기기 바란다면 어떻게 즐기게 될 것인가? 차를 계속 유지하면서 운전을 할 것인가? (그러면 언제까지 운전을 할 것인가?) 대중교통 수단(가능하다면)을 이용할 것인가? 당신을 데리고 가줄 친구에게 의지할 것인가? 택시를 타거나 다른 교통 서비스를 이용할 것인가? 이 모든 것에는 비용이 든다.

그리고 마지막으로, "누구와 점심을 먹을 것인가?" 이 질문은 당신이 나이 들었을 때 사회관계 유지와 그것을 위해 필요한 것에 관한 질문이다. 페이스북과 같은 사회관계망이 아니라 실제적인 관계이다. 당신이 정기적으로 만나는 친구는 당신의 건강하고 활동적인 생활 양식에 도움을 준다. 그들은 당신이 동네 커피숍에서 함께 만나는 사람들이며, 영화와 콘서트, 쇼핑을 함께 가는 사람들이고, 교회나 북 클럽 친구들이다.

우리 중 많은 사람은 우리 미래의 모습과 나이 들었을 때 우리 삶의 모습을 그려보는 데 어려움을 겪는다. 우리는 어떻게 살고 싶은지에 대한 꿈과 포부가 있지만 종종 다른 사람에 대해 이야기하고 있는 것처럼 보인다. 우리는 그날그날의 생활에 너무 몰두

한 나머지 지금 미래의 삶을 준비해야 한다는 생각은 최우선 순위에서 밀려나 있다. 우리는 스스로에게 다음과 같이 말한다. "그건 내일 생각할 거야." 그런데 어느새 내일이 됐고 우리는 한심할 정도로 준비가 되어 있지 않다.

2013년 뱅크 오브 아메리카(Bank of America)는 사람들이 하고 싶어 하는 은퇴 생활을 시각화하고, 그 생활을 성취하기 위해 지금 더 저축을 많이 하도록 동기 부여를 하는 독특한 방법을 제시했다. 그것은 퇴직연금을 늘리도록 동기 부여를 하기 위해 디지털 방식으로 사용자의 초상화를 나이 들게 하는 애플리케이션이다. 고령 얼굴 사진 옆에는 그들이 어떤 나이에 도달했을 때 예상할 수 있는 생활비 증가와 우윳값과 자동차 연료비, 공과금, 그리고 다른 소비재의 소요 비용에 관한 통계 자료가 제시된다.

이 애플리케이션은 스탠퍼드 대학교에서 진행한 일련의 연구에 기초한 것으로, 연구 팀은 사람들이 차츰 나이 들어가는 자신의 사진을 본 후에 은퇴에 더 많은 돈의 할당을 고려한다는 점을 알아냈다. 한 연구에서 50명의 사람들에게 그들의 고령 모습의 사진과 현재 모습의 사진을 보여주고 나서 4개의 선택지(당좌 예금 계좌, 재미있고 화려한 행사, 은퇴 기금, 또는 누군가를 위해 뭔가 좋은 것 구매)에 1,000달러를 할당하라고 요청했다. 고령 모습의 사진을 본 참가자들(172달러)은 현재 모습의 사진을 본 참가자들(80달러)보다 은퇴 기금에 상당히 더 많은 돈을 넣었다.

미국에서 두 번째로 규모가 큰 401(k) 퇴직연금 제공 기관인 퍼트넘 인베스트먼트(Putnam Investments)는 더 많은 저축을 하게 끔 유도하기 위해 또래 집단의 심리적 압박을 이용해보았다. 퍼트넘 인베스트먼트는 고객들에게 그들의 저축액이 또래 집단(나이와 성별, 수입이 비슷한 다른 퍼트넘 고객들)과 비교해 어느 정도 인지 간단한 정보를 알려주는 온라인 도구를 개발했다. 이를 이용해 월급에서 더 많은 돈을 떼어 저축하면 순위가 어떻게 변하게 되는지를 보여주고, 몇 번만 클릭하면 금액 조정이 가능하게 했다. 퍼트넘 인베스트먼트는 《존스씨네 따라잡기(Keeping up with the Joneses)》*에서처럼 이것을 존스씨네 도구(Joneses Tool)라고 불렀다. 그리고 이 도구는 인기를 끈 것 같다. 1만 명 사용자 표본 가운데 거의 1/3이 사회 비교 도구를 사용한 뒤 적립액을 조정했으며, 그 결과 은퇴를 대비한 저축액이 평균 28% 증가했다.[95]

이 이야기의 요점은, 당신이 바라는 인생을 눈앞에 그려보는 것이 인생을 계획하는 효과적인 방법이라는 것이다. 그것은 돈만의 문제가 아니라, 당신이 나이 들었을 때 선택하는 생활의 통합적이고 종합적인 접근을 포함한다. 그럼에도 불구하고 당신이 더 많은 돈과 자원을 가지고 있을수록 더 많은 선택권을 갖게 된다는 것은 변함없는 사실이다.

---

* 모맨드(A.R.Momand)가 1913년부터 1940년까지 《글로브》에 연재한 만화로, 남에게 뒤처지지 않으려고 애쓰는 것을 뜻한다.

•• 미래를 위한 재원을 마련하기 위한
새로운 경로 만들기

오래 사는 내내 자산이 유지되도록 노력할 때 우리 각자가 직면하는 주요 문제는 기존에 있는 전통적 은퇴 대비 투자 모델이 더 이상 효과가 없다는 것이다. 그것은 오늘날 우리가 살아가고 나이 들어가는 방식과 맞지 않는다. 나이 들었을 때 더 길어진 기대수명과 더 활동적이며 적극적인 생활 방식으로 살려는 욕구에 부응하는 재정적 자원과 기회를 가질 수 있도록 우리는 새로운 모델을 만들 필요가 있다.

• 세 다리 의자

우리 부모 세대는 많은 경우 은퇴했을 때 사회보장연금에서 지급되는 소득, 많지는 않지만 안정적인 연금, 그리고 수년 동안 차곡차곡 모아온 약간의 개인 저축이 있었다. 이것이 사회보장연금과 개인 저축, 그리고 고용주가 제공해주는 퇴직연금으로 대표되는 세 다리 의자인 은퇴 소득의 전통적인 모델이었다. 세 다리 의자, 다시 말해 세 다리 의자는 은퇴 소득에 이들 세 원천이 있다면 은퇴기에 있는 사람들이 균형을 맞추어 재정 수요를 충당하고 죽기 전에 돈을 다 쓰지 않을 수 있음을 은유적으로 말하는 것이다. 세 원천 모두로부터 소득을 얻을 수 있을 만큼 운이 좋았던 이들은 세 다리 의자가 은퇴기 동안 괜찮은 생활 방식을 유지하고, 하고 싶은 일을 많이 할 수 있도록 충분한 소득을 제공한다는 것을 알았다.

수년에 걸쳐 상황은 변했고 세 다리 의자는 더 이상 오늘날 은퇴를 앞두고 있는 미국인들에게 은퇴 소득을 상징하지 못한다. 우리가 앞서 논의해왔듯이 우리 세대의 많은 사람들은 은퇴기에 세 다리 의자에 앉아서, 즉 세 다리 의자에 기대어 편하게 지내길 꿈꾸지 않는다. 사실 '은퇴'라는 단어는 우리 세대 많은 이들에게 공감을 불러일으키지도 못한다. 우리는 은퇴를 변환기로, 우리가 원하는 곳에서, 하고 싶을 때, 바라던 일을 할 자유를 가지는 것으로 생각한다. 우리는 활동적이고 참여적이며 얼마간 정규직이든, 임시직이든 일을 하고 있을 것이라고 예상한다.

많은 사람들이 아직도 전통적 은퇴 개념에 흥미를 보이지만 또한 그것을 침체된 개념으로, 능동적이라기보다 수동적이라고 보는 이들도 많다. 전통적 모델에서 은퇴는 우리 자산이 더 늘어나는 시기가 아니라 줄어드는 시기로 간주된다. 그래서 상당히 자주 노인들은 사회의 자원을 쓰기만 하는 존재로 여겨지는 것이다. 우리는 사회보장연금에 돈을 넣는 사람이 아니라 사회보장연금에서 돈을 가져가는 사람으로 보인다. 우리는 연금제도에 돈을 보태는 사람이 아니라 연금제도에서 돈을 가져가는 사람으로 비쳐진다. 사실 우리는 많은 경우에 전통적 정년을 지나서도 일을 하고 있기 때문에 둘 다 하고 있는 것이다.

세 다리 의자가 더 이상 효과가 없는 또 다른 이유는 온갖 의도와 목적하에 두 다리 ─ 연금과 저축 ─ 가 하나가 되었기 때문이다. 세 다리 의자의 한 축이었으며 이전 세대의 은퇴 소득의 한 특징이었던 확정급여형 퇴직연금제도는 유물이 되고 있다. 이 퇴직연금의 방식은 고용주가 당신의 퇴직에 대비해 확정된 금액을 퇴직 급여로 불입하는 것이다. 그 액수는 대체로 당신의 근무 기간과 급여 이력에 기초한다. 고용주는 퇴직 급여를 투자·관리하고, 퇴직하면 당신은 여생 동안 다달이 확정된 급여를 지급받을 자격이 생긴다. 그렇지만 이 확정급여형 퇴직연금제도를 제공하는 고용주들이 점점 줄어들고 있다. 1980년부터 2008년까지 확정급여형 퇴직연금제도에 가입된 노동자 비율은 38%에서 20%로 떨어졌고, 2011년에는 14%까지 떨어졌으며 그 비율은 계속 감소하고 있다.[96]

그 대신에 많은 고용주들이 401(K)와 같은 확정기여형 퇴직연금제도로 주의를 돌렸다. 이 제도는 고용주에 의해 개설된 퇴직연금계좌로 당신 월급에서 일정액을 주식 시장에 투자할 수 있게 해준다. 어떤 고용주들은 당신이 투자한 금액의 일정 비율까지, 또는 한도액에 맞춰 부담금을 납입해줄 것이다. 그리고 엄선된 투자 조건을 제공할 것이다. 그렇지만 그 돈을 구분해서 제대로 관리하는 것은 대부분 당신에게 달려 있다. 당신이 불입할 수 있는 금액이 확정 금액이기 때문에 확정기여형 퇴직연금제도라고 부른다. 즉 연금 수령액은 정해져 있지 않다. 그래서 확정기여형 퇴직연금제도는 그냥 개인 저축을 모으는 또 다른 방법이 되었다.

확정급여형 퇴직연금제도에서 확정기여형 퇴직연금제도로의 전환의 또 다른 특징은 투자의 책임과 위험 주체가 고용주에서 노동자으로 완전히 바뀐다는 것이다. 고용주와 달리 우리 대부분은 퇴직연금 계좌 관리를 위해 전문 펀드 매니저를 고용할 형편이 안 된다. 그래서 우리는 금융 서비스업체의 관리와 우리 자신의 지식에 의존해야 한다. 우리는 신중한 투자에 관해 배워야 할 뿐만 아니라 종종 개인 투자가들을 노리는 사기꾼들을 세심히 살펴 경계해야만 한다.

이처럼 우리 각자는 은퇴 자산을 모으고 관리하는 데 개인적으로 더 많은 위험을 감수해야 하고, 기대 수명과 건강 수명은 늘어나고 있으며, 많은 이들은 얼마간 계속해서 일을 하는 것을 포함해 전통적인 은퇴기 동안 활동적이고 참여적이 되고 싶어 한다. 이에 따라 우리는 우리가 바라는 미래를 위한 재원을 마련하고 돈이 고갈되지 않도록 새로운 모델과 해법을 만들 필요가 있다.

• 네 개의 기둥

세 다리 의자 모델은 두 다리 의자가 되었고, 그것은 우리의 길어진 중년기와 그 이후에 우리가 잘 살기 위해 필요한 지원을 더 이상 제공하지 않는다. 우리 전 생애를 통한 재무 탄력성 구축은 네 개의 강한 기둥에 기초한 새 모델이 필요하다. 네 개의 기둥은 다음과 같다. (1) 사회보장연금, (2) 연금과 저축의 병행, (3) 건강보험, 그리고 (4) 일과 소득이다. 이 새 모델은 우리가 오늘날 살아가고 나이 들어가는 방식과 훨씬 더 관련이 있다.

사회보장연금

사회보장연금이 세 다리 의자에서 초석이었듯이 우리 새 모델에서는 훨씬 더 중요한 기둥이다. 사회보장연금은 은퇴와 장애 또는 사망으로 인한 소득 손실에 대비해 가족을 보호한다. 이 제도는 노년의 재무 탄력성의 기반이며, 2013년에는 미국 노인의 3분의 1을 빈곤에서 벗어나게 해주었다. 또한 65세 이상 노인 중 거의 절반의 주 소득원이며 2017년에는 거의 6,200만 명에게 연금 수당을 지급했다.[97]

　사회보장연금에서 받는 연금 수당 총액은 당신의 급여 이력과 연금 수령을 시작하는 시기를 기초로 한다. 정년을 기준으로 사회보장연금 평균은 1년에 약 1만 5,720달러(한 달에 1,310달러)이고, 최대 수령액은 1년에 4만 1,880달러(1달에 3,490달러)이다. 당신의 연금액은 정년 이후에 연금을 수령하면 늘어날 수 있고, 정년 이전(62세부터 수령 가능)에 연금을 수령하면 줄어들 수 있다.[98]

　사회보장연금은 또한 퇴직연금보다 훨씬 많다. 그것은 또한 유족연금과 장기 장애 급여를 제공한다. 결혼을 해서 자녀가 2명이 있고 중위 임금을 버는 30세 노동자에게 유족연금은 47만 6,000달러 가치의 생명 보험을 든 것과 같고, 장애 급여는 32만 9,000

달러의 가치가 있다.[99] 사회보장연금은 연금과 401(k), 그리고 개인 저축과 같은 다른 은퇴 소득원과 구별되는 특징들이 있다. 즉, 연금 혜택은 자격을 획득한 이들에게 제공되는 것이며, 자격은 유지되고, 확실히 보장되며, 보편적이고, 인플레이션으로부터 보호를 받는다.[100] 사실 사회보장연금만이 유일하게 보장되는 은퇴 소득이다.

사회보장연기금은 현재 2034년까지 모든 연금을 지불할 돈이 충분히 있다. 그 시점에 연금의 77%를, 2091년에는 연금의 73%를 충분히 지급할 수 있다.[101] 사회보장연금의 혜택을 받을 사람은 전 연령대에 걸쳐 많으며 사회보장연금의 장기 지불 능력을 보장하는 것은 정책의 최우선 사항으로 여기고 있다. 우리는 제8장에서 이것의 정책적 함의를 다룰 것이다.

연금과 저축의 병행

개인 저축의 증가—401(k), IRA 또는, 다른 수단을 통해서든—는 노년의 재무 탄력성 획득에 무척 중요하다. 오늘날 노동자들의 2/3 이상이 퇴직연금제도와 IRA, 그리고 다른 개인 저축과 투자에서 나오는 은퇴 소득을 예상한다고 하더라도, 많은 은퇴자들과 전통적 은퇴 연령에 가까운 노동자들은 저축액이 매우 적다. 55세 이상 가구의 약 절반은 은퇴 저축(예를 들어 401(k)이나 IRA)이 전혀 없고, 퇴직연금에 접근하지도 못한다. 여기에 은퇴 저축 상품에 가입한 이들 가운데 많은 사람들이 그들이 실제로 받을 돈보다 훨씬 더 많은 돈을 받을 것이라고 생각한다는 문제가 또 있다. 여기서 주는 메시지는 분명하다. 저축하고, 또 저축하고, 더 많이 저축하라!

건강보험

높은 의료비 부담을 도와주는 적절한 보험 없이는 아무도 현대 사회에서 재무 탄력성을 가질 수 없다. 사실 의료비를 대비한 상품과 의료비 관리는 나이가 들었을 때 재정적 관심사에서 상위를 차지하는 사안 중 하나이다. 50세 이상이 지출하는 의료비는 미국에서 의료 서비스에 지출하는 3조 달러의 대부분을 차지한다. 그리고 우리가 점점 나이 들어갈수록 우리가 의료 서비스에 지출하는 비용은 계속해서 늘어난다. 노인의료보험제도가 있더라도, 65세 이상의 사람들은 소득에서 의료 서비스의 자기 부담 비용으로 더 많은 돈을 계속 지출한다(향후 10년에 걸쳐 5,000억 달러에서 8,000억 달러로 늘어날 것으로 예상된다[102]). 그리고 높은 의료 서비스 비용 때문에 적절한 건강보험이 없다면 한 차례 건강 비상사태를 맞거나 오랫동안 병을 앓기만 해도 경제적 파탄에 이르게 된다는 것을 많은 사람들이 깨닫기 시작하고 있다. 따라서 우리는 적절한 건강보험이 없다면 노년에 우리가 추구하는 삶을 사는 데 필요한 재무 탄력성을 절대로 달성할 수 없다. 현재 수백만 명의 사람들이 건강보험에 가입해 있어서 ACT가 이 문제를 해결하는 데 도움을 주고는 있지만, 아직도 건강보험이 없는 사람들이 많다.

일과 소득

현재 직업은 전통적인 은퇴기 동안 주요 소득원으로 여겨진다. 45~70세의 노동자 가운데 거의 절반이 70세 이후에도 일을 잘할 수 있기를 소망한다. 어떤 사람들에게는 이것이 선택이지만 어떤 사람들에게는 꼭 필요한 것이다. 그러나 반드시 1주일에 40시간 동안 계속해서 똑같은 일을 해야 한다는 뜻은 아니다. 어떤 사람들은 시간제 근무를 하고, 어떤 사람들은 스트레스가 덜한 직업으로 옮긴다. 또 다른 사람들은 자신의 사업이나 프리랜서를 시작하거나, 임시직을 맡아 공유경제에서 창출해내고 있는 새로운 기회를 활용한다.

•• 미래를 위한 재원을 마련하기 위한 새로운 해법과 도구

네 개의 강한 기둥을 기반으로 미래를 위한 재원을 마련하기 위한 새 길을 만드는 것은 쉽지 않은 도전이 될 수 있지만, 다행히 재무 탄력성을 향한 여정에 오른 우리에게 도움이 될 새로운 혁신적 해법과 도구가 소개되고 있다. 급성장하고 있는 공유경제는 우리가 더 나은 삶을 살게 해줄 뿐 아니라 우리에게 새로운 소득원을 제공하고 있다. 고용주가 제공하는 재정적 복지 프로그램은 더 활동적이고 오래 사는 인생의 재정적 욕구를 충족하기 위해 우리가 더 잘 준비하도록 돕고 있다. 모바일 기술은 우리가 재정에 더 쉽게 접근하고 관리할 수 있는 도구를 제공하고 있다. 그리고 새 도구는 금융 사기로부터 우리를 보호하는 데 사용될 수 있다.

· 공유경제의 활용

켄터키 주 루이빌에 사는 63세 독신 여성 재니스 태럴드슨은 생활에 어려움을 겪고 있었다. 3년 동안 그녀는 적은 연금과 사회보장연금의 보완책으로 집에 있는 방 하나를 세입자에게 임대해주고 있었다. 그녀는 좋은 상황이 아님을 기꺼이 받아들이고 가욋돈을 벌 다른 방법을 찾고 싶어 했다. 그녀의 집은 수리가 절실하고 주방 시설도 완전히 고물이었다. 그때 그녀는 이윤 창출을 위한 집 개방을 수월하게 해주는 집 공유 서비스 에어비앤비에 대해 들었다.[103]

재니스는 켄터키 더비(Kentucky Derby)*를 보러 루이빌에 오는 사람들에게 방을 빌려줄 수 있다고 생각하면서 지난 4월에 그 일을 해보기로 결심했다. "그냥 시작했어요." 그녀가 말했다. "지금은 방을 하나에서 세 개까지 빌려주고 있어요. 가끔은 안방도 빌려줘요. 하룻밤에 30~35달러 정도 하는데 매우 합리적인 가격이에요. 나처럼 불경기에서 간신히 빠져나와 최대한 돈을 아끼고 있

---

* 매년 5월 열리는 경마.

는 사람들에게 서비스를 제공하고 싶었거든요. 저렴한 가격은 젊은이들에게나 노인들에게나 모두 매력적이죠. 보통 노인 투숙객들이 그들 자녀나 손주들로부터 한번 시도해보라는 압력을 더 많이 받아요. 그들은 종종 방해되지 않게 자녀나 친척 집에 다녀가요. 그리고 근처에 있는 요양원이나 보호 시설에 있는 부모님을 만나러 오는 손님들도 있어요." 일단 에어비앤비 사업이 어느 정도 안정적인 수준과 수입에 다다르자 그녀는 주택 담보 가계 대출을 얻어 지붕과 홈통 수리, 페인트칠하기, 울타리 작업을 포함해 집의 대대적인 수리를 진행할 정도로 자신감에 차 있었다.

에어비앤비는 밀레니얼 세대를 위해 설계된 서비스로 시작했지만 정책 연구 팀장 애니타 로스는 미국의 호스트 4명 가운데 약 1명은 50세 이상이라고 말한다. "모든 연령대에 인기가 있지만 특히 자녀들이 집을 떠나 빈방이 생기고 고정 수입으로 전환되기 시작하는 50세 이상에게 인기가 많아요." 그녀가 덧붙였다.

최근 기업 조사에 따르면 50세 이상의 호스트 가운데 약 50%가 생활을 유지하기 위해 에어비앤비 수입에 의존하며, 30% 이상이 에어비앤비 덕분에 자신이 살던 집에서 살 수 있다고 한다. 게다가 50세 이상의 사람들이 여행 시 숙소 예약에 점점 더 많이 에어비앤비를 이용하고 있어서 호스트들이 비용을 낮추고 수익을 더 많이 내는 데 도움을 주고 있다. 에어비앤비 측은 현재 60세 이상의 호스트가 전 세계에 100만 명이 있으며 이는 전체 호스트의 10%를 차지한다고 한다. 에어비앤비 호스트를 하면 소득이 생길

뿐 아니라 사회 활동을 지속할 수 있다.[104]

최근에 등장한 공유경제를 활용하고 있는 50세 이상의 사람들의 수가 점점 늘고 있는데 재니스는 그중 한 예일 뿐이다. 공유경제는 시간과 재능을 포함해 자산을 임대해주어 소득을 증대시키는 동시에, 필요할 때만, 그리고 요구에 따라 서비스를 구매해 가지고 있는 자산을 더 오랜 기간 동안 쓸 수 있게 해준다.

다국적 회계 감사 기업인 프라이스 워터하우스 쿠퍼스 (PricewaterhouseCoopers)가 발표한 연구에 따르면 미국 성인 가운데 19%가 구매자 또는 판매자로 공유경제에 참여하고 있다. 판매자들 가운데 대략 4명 중 1명은 50세가 넘었다. 그들은 150억 달러에 달하는 공유경제의 규모가 2025년쯤에는 3,550억 달러까지 성장할 것이라고 추정한다.[105] 50세 이상의 사람들을 공유경제로 끌어모으는 기업의 다른 예는 다음과 같다.

- 우버(Uber): 점점 더 인기가 많아지고 있는 최대 규모의 차량 공유 서비스이다. 우버는 등록된 기사의 약 절반이 40세 이상이고, 4명 중 1명은 50세 이상으로 추정한다.[106]
- 릴레이라이즈(RelayRides): 저렴한 대여 차량을 찾고 있는 사람들과 차량 소유주를 연결해주는 서비스이다. 57세의 스콧 울러리치는 항공기 제조업체에서 인사 관리 담당자로 안정적인 급여를 받으면서 2010년에 출고된 기아 소울을 릴레이라이즈에 대여해주고 한 달에 평균 400~450달러를 번다. 그

는 다음과 같이 말한다. "공유경제는 내 은퇴 계획이에요. 이 작은 규모의 부업에 대해 충분히 파악할 수만 있다면 아마도 나는 곧 은퇴할 수 있을 거예요."[107]

- **태스크래빗**(TaskRabbit): 태스크래빗은 해야 하는 특정한 일―조립, 아기 돌보기, 이사, 집 청소 등―이 있는 사람들과 돈을 받고 그 일을 해줄 사람들을 연결해준다. 63세인 윌리엄 더브는 지난해에 실직한 후에 401(k) 연금 수령액을 낮추고 연금의 보완책으로 태스크래빗을 시작했다. 그는 지금 이케아 가구를 조립하고 1시간에 49달러를 받는다.[108]

- **셰어젠**(ShareZen): 셰어젠은 비행기나 집 또는 배를 공유하는 사람들, 즉 손님과 공동 소유자, 그리고 빌리는 사람의 일정을 조정하는 소프트웨어 도구를 내놓았다. 셰어젠 공동 창업자인 숀 켐프는 다음과 같이 말한다. "고객 대부분은 정년이 다 된 분들이에요. 고가 물건을 공유하면 비용의 일부만 부담하면서도 호화로운 생활을 계속 즐길 수 있죠."[109]

- **도그베이케이**(DogVacay): 당신이 휴가를 가 있는 동안 당신의 반려동물을 맡길 믿을 만한 사람을 찾아주는 서비스이다. 개를 맡아주는 사람이 미국과 캐나다에서 2만 명 넘게 등록했으며 그 가운데 약 1/3이 50세 이상이다.[110]

- **하우스케어러스**(HouseCarers), **트러스티드 하우스시터스** (Trusted Housesitters) 등등: 미국과 유럽에는 집을 봐주는 사람을 연결해주는 웹사이트가 많다. 집을 봐주는 많은 은퇴

자들은 자신의 세계 여행 비용을 마련하기 위해 그 서비스를 이용한다.

공유경제를 주 소득원으로 삼는다면, 그것은 가장 안정적이거나 신뢰할 만한 가족 부양 수단은 아닐 것이다. 보통 기업에서 부담하는 소유 비용의 많은 부분이 각 개인의 책임이다. 공유경제 대부분은 어떤 혜택(예를 들어 건강보험이나 연금, 또는 401(k))도 포함되어 있지 않고, 노동법이 노동자를 보호해주는 정식 채용 분야도 아니다. 그럼에도 불구하고 공유경제는 소비가 IRA와 연금, 사회보장연금 등에서 나오는 은퇴 소득을 초과할 위험이 있을 때 가욋돈을 버는 방법이 될 수 있다. 공유경제는 또한 은퇴를 대비하는 저축을 늘려주는, 수익성 좋은 임시 부업이 될 수 있다.

• 재정적 복지 프로그램

고용주들은 노동자들이 그들의 재정적 문제를 이해하도록 돕는 것이 최고의 이익이라는 것을 점점 인식하고 있다. 노동자 가운데 거의 1/4은 돈이 스트레스의 주요 원인일 뿐 아니라 개인의 재정 문제가 일상을 산만하게 만들어 업무 생산성을 저하시킬 수 있다고 말한다. 건강에 초점을 맞춘 복지 프로그램이 노동자의 생산성에 미치는 긍정적인 효과를 보고, 현재 더 많은 고용주들이 부가적인 직원 혜택으로 재정적 복지 프로그램을 도입하고 있다.

고용주는 이를 통해 노동자들이 재정적 스트레스를 최소화하고, 군건한 재정적 기초를 다지며, 그들을 미래의 재정적 목표를 달성하는 데 도움이 될 재정 계획을 만듦으로써 재정적 풍요를 성취하도록 도우려 한다.

최초로 재정적 복지 프로그램을 도입한 기관 중 하나는 내셔널 풋볼 리그 선수협회(NFLPA)였다. NFLPA에서 선수를 위한 서비스와 개발을 책임지고 있는 데이나 하먼즈는 재정적 복지 프로그램을 통해 선수들이 은퇴한 후, 새로운 직업에 정착해 성공적으로 제2의 인생으로 전환할 기회를 더 많이 얻을 수 있도록 도와왔다고 말한다.

NFLPA의 재정적 복지 프로그램은 온라인 교육 센터와 재정 문제 상담 전화, 그리고 NFL 선수들의 재정적 풍요도에 대한 정기 평가를 제공한다. 거의 모든 NFL 선수들이 투자와 돈을 요구하는 가족과 친구들의 요청을 처리하는 방법에 관해 더 많이 알고 싶어 한다는 점이 평가를 통해 드러났다. 신인 선수들은 건강보험 가입에 대한 조언에 가장 큰 관심을 보였고 고참 선수들은 자산 계획에 더 많은 관심을 보였다.

재정적 복지 프로그램은 은퇴 계획에 대해서만 돕는 것이 아니다. 현금이 일시에 빠져나가는 예상치 못한 의료적·비의료적 비용뿐만 아니라 조기 사망이나 질병, 부상, 또는 실직으로 인한 소득 손실을 포함해 좀 더 직접적인 위험으로부터 노동자들을 보호하도록 돕는다. 이러한 문제로 인해 사람들은 401(k)를 축내거나 생계를 위해 신용 거래에 의지하는 등 재정적 미래에 심각한 손상을 입힐 수 있다.

• 모바일 기술

거의 모든 주요 금융 기관은 이제 스마트폰과 모바일 기술을 통해 금융 계좌와 금융 상품, 금융 서비스 접근 권한을 제공한다. 예를 들어 금융 기술 분야에서 선두주자인 USAA[*]는 혁신적 모바일 특성과 기능성을 더해 고객들이 그들이 원하는 방법으로 어디에서나 계좌에 접근할 수 있도록 했다. USAA는 업계 최초로 고객이 계좌에 접속할 때 생체 인식 기능 ㅡ신원 확인을 목적으로 얼굴이나 목소리를 인식하는 기술ㅡ을 사용할 수 있게 했다. 이 기능은 고객들이 선호하는 시간과 장소에서 USAA 계좌에 더 쉽고 편리하게 접속할 수 있게 해주었을 뿐 아니라 별도의 보안 단계도 추가했다. 우리는 이제 공급자들이 저축과 투자, 지불, 할인, 그리고 다른 기능성을 통합시키는 더 많은 모바일 애플리케이션과 예산 애플리케이션을 만들면서 서비스를 확장하는 것을 보고 있다. 이를 통해 사용자는 더 종합적인 재정 개요를 만들고 금융 거래에 대한 실시간 피드백을 받을 수 있다.

이들 재정적 도구와 혁신적 모바일 기술은 부유한 사람들과 자

---

[*] USAA(United Services Automobile Association)은 미군 복무자 및 그 가족에게 금융 서비스를 제공하는 텍사스 주 소재의 포춘 500 기업 집단이다.

유재량 자산이 있는 사람들, 저축할 수 있는 사람들, 그리고 제공 기관에 요금을 낼 수 있는 사람들에 초점을 맞춘다.

• 금융 사기로부터의 보호

50세 이상 미국인들은 사기와 신원 도용에 높은 수준의 우려를 보이는데, 여기에는 다 그만한 이유가 있다. 미국인들은 2014년에 신원 도용과 투자 사기, 그리고 다른 금융 사기로 180억 달러의 비용이 들었다. 50세가 넘은 사람들은 자산이 더 많은 경향이 있기 때문에 자주 사기의 대상이 된다. 다수의 추산에 따르면, 정도의 차이는 있지만 사기의 영향을 받는 사람들이 약 10%에 불과하다.[111] 그럼에도 불구하고 바로 그 금융 사기는 많은 사람들이 새 모바일 뱅킹 기술과 다른 해법을 이용하지 않는 주요 이유이다.

같은 맥락에서 금융 기관과 다른 금융 서비스 제공 기관은 회원과 고객들이 사기와 신원 도용을 당하지 않도록 방지하는 것이 중요함을 인지하고 있다. 이 기관들은 보안 침입으로 인한 신뢰 상실이 자신과 고객의 관계 및 자신들의 수익을 손상시킬 것이라는 점을 이해한다.

유럽에서는 수년간 활용되어왔지만 미국에는 이제 점점 더 널리 퍼지고 있는 해법 중 하나는 신용 카드 칩 기술이다. 당신은 카드 위에 드러나 있는 작은 금속성의 사각형을 봤을 것이다. 그것은 사기 방지 칩인데 거래가 이뤄지는 동안 카드를 긁는 대신에 카드가 꽂혀 있어야 한다. 스트라이프를 대체하는 칩은 마그네틱 스트라이프만큼 효율적으로 또는 쉽게 복제될 수 없기 때문에 직접 구매를 더 안전하게 하려는 의도가 있다. 이 말은 범죄자가 훔친 데이터를 이용해 위조 카드를 만드는 것─이것은 모든 사기의 약 1/3에 해당한다─이 아주 힘이 들 것이라는 뜻이다. 그러나 칩 기술은 '인터넷 결제' 사기에는 도움을 주지 못할 것이다. 또한 타깃(Target)과 홈 디포(Home Depot)와 같은 소매업체들이 휘말렸던 데이터 유출 사기에 도움을 주지 못할 것이다.

기술은 또한 사기와의 전쟁을 돕기 위해 다른 여러 가지 방법으로 사용되고 있다. 예를 들어, 에이징2.0제너레이터(Aging2.0 GENerator) 프로그램을 통해 창업 자금을 지원받은 트루 링크 파이낸셜(True Link Financial)은 특이한 금융 활동에 대해 카드 소유자(그리고 권한을 부여받은 가족이나 간병인)에게 경고를 보내는 비자 직불 카드를 제공한다.

창업자 카이 스틴치컴은 약 5년 전에 그의 할머니가 가짜 자선단체에 매달 수표 75장을 쓰고 있는 것을 가족들과 함께 알게 된 뒤 이 아이디어를 생각해냈다. "할머니는 한 달에 50달러부터 시작해서 나중에는 하루에 50달러까지 씀씀이가 급증했어요." 그는 말한다. "할머니는 은퇴 교사로 인디애나폴리스에서 살고 계세요. 할머니는 하루에 50달러를 쓸 형편이 안 돼요. 사실 그 돈은 할머니가 생활하는 데 전부 써야 하는 액수였어요."[112]

그의 가족과 같은 가족들에게 금융 기관이 하는 기본적인 조언은 위임장이나 보호권을 통해 할머니의 은행 계좌를 통제하라는 것이다. 그렇게 해서 할머니 수표책과 경제적 독립을 빼앗는 것이다. "할머니는 돈을 관리할 수 없고, 돈을 찾을 수 없어요." 그가 말했다. 카이 스틴치컴의 가족은 할머니에게 경제적 구속복을 입힐 수는 없었다. "특정한 종류의 건망증 때문에 할머니의 세상을 심하게 좁히는 것을 우리는 받아들일 수 없었어요."

트루 링크는 카이 스틴치컴의 할머니처럼 인지증와 알츠하이머를 앓고 있는 사람들이 어떤 안전장치를 두고 자율성을 유지하게 해준다. 현금 인출 총액, 잡지를 몇 권 구독 신청하는지, 그리고 전화 기부는 몇 통이나 하는지와 같은 거래―모든 것이 트루 링크 소프트웨어로 탐지된다―에 한도를 설정할 수 있다. 카이 스틴치컴은 다음과 같이 말한다. "정교한 소프트웨어의 출현으로 당신은 자신의 상황에 맞춰 조정하면서도 확장성이 뛰어난 뭔가를 만들어낼 수 있어요."

카이 스틴치컴은 한 달에 10달러의 비용이 드는 그 서비스를 친절한 생활 지원 서비스라고 여기며, 이 서비스를 이용하면 사용자가 인지 능력이 쇠퇴하고 있음을 받아들이는 것을 감안한다고 하더라도 독립성과 삶의 질 모두를 지킬 수 있다고 생각한다. "사람들은 독립성에 대해 잘못된 방식으로 생각해요. 사람들은 독립성을 자신이 필요로 하는 도움을 받는다기보다 어떤 도움도 필요로 하지 않는 것이라고 생각하죠."

에버세이프(EverSafe)는 부정한 금융 활동을 감시하기 위해 기술을 활용하는 기업이다. 에버세이프의 보안 네트워크는 승인되지 않은 신용 카드 사용과 이상한 현금 인출, 소비 패턴의 변화, 신분 위조 등을 감지한다. 트루 링크와 마찬가지로 노인들은 계좌 감시를 돕기 위해 믿을 수 있는 대리인을 파견할 수 있다. 감시 수준에 따라 7.99달러에서 22.99달러의 서비스 비용이 든다.

AARP는 최신 사기 행위를 추적하고 당신 지역에 가장 널리 퍼져 있는 사기에 대해 경고하기 위해 사기 감시 네트워크를 구축했다. 사기 감시 네트워크는 사기꾼이 어떻게 당신의 돈을 훔치는지 알려주며, 사기를 알아차리고 신고하는 법에 대해 훈련을 받은 자원봉사자와 당신이 이야기를 나눌 수 있는 전화번호를 제공한다.

기술은 계속해서 발전하기 때문에 사기 또한 계속해서 진화할 것은 의심할 여지가 없다. 따라서 사기와 맞서 싸우고 우리 자산을 보호할 새로운 방법을 부지런히 찾는 것은 우리 모두의 책임이다.

우리는 이전 세대보다 더 오래, 더 잘 살 뿐만 아니라 훨씬 더 복잡하고 도전적이며 빠른 속도로 계속 변화하는 금융 환경과 마주하기도 한다. 우리는 저마다 다르게 살아가고 나이 들어가고 있다. 은퇴를 대비한 저축의 옛 모델은 오늘날 세계에서 통하지 않는다. 은퇴를 대비한 저축의 개념마저도 구식처럼 보인다. 우리에게는 저축할 수 있는 능력을 갖게 하는 새 모델이 필요하다. 저축을 함으로써 우리는 노년에 하고자 하는 일을 할 수 있는 재정 자원을 갖게 될 것이며, 또한 우리가 직면하게 될 장벽이 어떤 것이든지 간에 우리는 살아가는 동안 우리의 재정적 필요를 만족시킬 수 있는 재무 탄력성을 갖게 될 것이다.

우리는 갈수록 더 복잡해지는 금융권과 우리 재정이 바닥나지 않도록 하기 위한 도전과 마주하기는 하지만, 최근에 출현한 기술과 혁신적 사업 모델, 그리고 환경을 재정립하고 전통적 금융 관행에 대응하는 대안을 더 많이 주는 새 공급자를 이용해 금융 시장을 붕괴시키고 있다. 이러한 변화는 우리가 더 많은 정보를 바탕으로 재정적 결정을 하고, 우리가 바라는 삶과 나이듦을 위해 더 많은 기회를 창출하도록 우리에게 권한을 주고 있다. 선택권이 더 많아지면 책임도 증가하게 된다. 우리는 금융 시스템과 구조가 어떻게 작동하는지에 대해 더 잘 알아야만 한다. 우리는 우리 자신의 금융 자원을 절약하고, 관리하며, 더 많이 모으는 데 더 많은 책임을 져야 한다. 그리고 우리는 사고방식의 전환과 거시적 접근을 통해 미래를 위한 재원을 마련해야 한다.

제7장

당신의 경험을
일에 활용하라

일과 삶의 균형이라는 것은 존재하지 않는다.

일과 삶 가운데 하나를 선택해야 할 뿐이다.

선택은 당신이 하는 것이고, 그 선택에는 결과가 따른다.

− 잭 웰치

5년 전, 나는 결정을 내려야 했다. 정부 기관에서 25년 가까이 일한 나에게 미 의회도서관의 최고운영책임자직을 사임하고 AARP의 회장을 맡을 수 있는 기회가 주어졌다. 나는 늘 정부 기관에서의 일을 마감한 뒤에는 재단을 이끌고 싶다고 말했다. 하지만 이 목표를 달성하기 위해 특별히 한 것은 없었다. 그야말로 기회가 스스로 찾아온 것이었다. 딸은 대학에 다니고 있었다. 아들도 클 만큼 큰 상태였다. 남편은 막 은퇴해 자문 일을 하고 있었다. 내가 부모님 세대의 평범한 삶의 지혜와 여러 동료와 친구들의 충고를 따랐다면 그냥 은퇴하고 말았을 것이다. 그런데 나도 어쩔 수 없는 것이 딱 하나 있었다. 나는 은퇴할 준비가 되어 있지 않았다. 나는 내가 진정으로 변화를 불러일으킬 수 있는 곳에서 무엇인가 다른 일을 하고 싶었다.

그래서 나는 내 앞에 놓인 선택지를 살펴보기 시작했고, 결국

AARP에 합류해 처음에는 회장으로, 이후에는 최고운영책임자로, 그리고 지금은 최고경영자로 일하고 있다.

내 머릿속을 떠나지 않던 목소리 때문에 주어진 기회를 거의 놓칠 뻔한 것을 생각하기만 해도 몸서리가 쳐진다. 그 목소리는 당시 나의 삶의 단계에 맞는 사회적인 기준은 안전하게 행동해 공직에서 은퇴하는 것이라고 내게 말했다. 다행스럽게도 나는 그 목소리가 시키는 대로 하지 않았다. 그리고 오늘날 나와 같은 수백만 명의 사람들이 그 목소리를 따르지 않는다.

내 이야기는 나에게만 해당하는 것이 아니다. 여러 명의 전 직장 동료들이 비슷한 길을 걸었다. 우리 모두 아는 사람 중에 업무 일정을 조정했거나, 자신의 사업을 시작했거나, 전혀 다른 종류의 일을 시작한 사람이 있음을 안다고 나는 확신한다. 어떤 사람들은 자원봉사 활동을 한다. 많은 사람들이 비영리 부문에 합류했다. 또 어떤 사람들은 자신들이 하는 일을 진정으로 사랑해서 우리가 전통적인 은퇴 연령이라고 생각하는 시점을 지나서 계속 일을 하고 있다. 이는 모두 미국의 노동력 변화의 증거이다.

50세 이상의 우리들은 새로운 가능성을 탐색하고, 성장하고 배우며 발견할 수 있는 새로운 기회를 추구하면서, 나이 들어가는 것뿐만 아니라 삶 자체에 초점을 맞춘다. 우리에게 필요한 것에 그치지 않고 우리가 원하는 것을 지향하는 것이다. 우리는 더 이상 일하기 위해 살지 않는다. 우리는 살기 위해 일한다. 전통적인 은퇴 후의 10~15년을 계획하는 것 대신에 우리는 30년, 40년, 혹은 그 이상의 참여적이며 보람 있는 삶을 내다본다.

사실상 지금 이 나라의 어느 지역사회에 가든지 동일한 근원적 도전에 사로잡힌 50세 이상의 사람들을 만날 수 있다. 삶과 일의 균형을 어떻게 맞출 것인가? 빠르게 변화하기를 멈추지 않아 뒤죽박죽이 된 세상에서 행복과 마음의 평화를 어떻게 찾을 것인가? 10년, 20년, 30년, 혹은 그 이상으로 남은 세월의 삶과 일을 어떻게 계획할 것인가?

많은 사람들에게 있어서 행복과 마음의 평화를 향한 길은 끊임없이 바뀌고 있다. 우리는 미래로 가는 길에 대해 새롭게 구상하고, 진화하는 목표와 꿈을 성취하기 위해 그 길을 계속해서 바꾸어나간다. 대부분의 사람들에게 그 길은 직장으로 바로 연결된다.

미국의 노동 인구는 고령화되고 있다. 미국 노동 인구에서 65세 이상 재직자 수가 1948년 이후 처음으로 10대를 앞질렀다. 2002년에는 50세 이상의 노동자들이 전체 노동 인구의 25%를 차지했다. 2012년에는 그 비율이 거의 1/3에 이르렀다. 2022년에는 50세 이상의 노동자들의 비율이 전체 노동 인구의 약 36%에 달할 것으로 예상된다. 이러한 추세는 단기간 내에 바뀔 것으로 보이지 않는다. 2014년 현재 3명 중 1명의 노동자가 선택에 의해서든 필요에 의해서든 전통적인 은퇴 연령에도 계속 일하기를 원한다.[113] 많은 사람들이 돈이 필요해서 일을 하지만, 계속해서 사회에 기여하고 삶에서 의미를 찾으려는 욕구에 이끌려 일을 하기도 한다. 일은 그것을 가능하게 한다.

이유에 상관없이 우리가 노동 인구로 계속 남아 있는 것은 고용주들에게는 좋은 소식이다. 50세 이상의 노동 인구가 증가함에 따라, 많은 고용주들이 자격을 갖춘 노동자를 모집하고 유지하는 데 어려움을 겪고 있다고 토로한다. '맨파워 그룹(Manpower Group) 2014 인재 부족 설문 조사'에 따르면 미국 고용주의 40%가 일자리를 채우기가 어렵다고 보고했다.[114] 미국 고용주들이 일자리를 채우는 데에 어려움을 겪는 영역에는 숙련된 판매 직원, 레스토랑 및 호텔 스태프, 판매 대리인, 교사, 운전사, 회계 및 재정 스태프, 인부, IT 스태프, 엔지니어, 그리고 간호사이다.

다행스럽게도 오늘날 많은 노동자들이 일을 하고자 하며 인생 후반기에 실제로 일할 수 있는 선택을 할 수 있기를 원한다. 따라서 젊은 노동자의 비율 감소와 앞서 언급한 분야에서의 인재 부족 예상을 감안해 많은 고용주들이 경쟁력을 얻고 유지하기 위해 50세 이상의 경험 많은 노동자들에게 눈을 돌리고 있다.

고령 노동자들을 학교를 갓 졸업한 노동자들로 대체할 수 있을 것이라고 가정했던 인사 담당자들은 그 가정을 재고할 수밖에 없게 되었다. 이제 많은 인사 담당자들이 50세 이상의 노동자들이 전통적인 은퇴 연령을 넘긴 후에도 일자리에 머물게 하기 위한 혁신적인 방안을 찾고 있다. 인사 담당자들은 고령 노동자들이 현재와 미래의 재정적 필요(예를 들어 임금과 연금)에 의해 동기 부여가 되기는 하지만 심리적·사회적 성취 또한 계속 일을 하려는 결정을 내리는 데 중요한 역할을 한다는 것을 깨닫고 있다. 이와 같은 맥락에서, 50세 이상의 노동자들은 고용주들이 제시하는 유연한 근무 일정, 원격 근무, 교육 및 훈련의 기회, 단계적 은퇴 제도, 다른 유형의 직업으로의 전직을 가능하게 하는 가교 일자리와 같은 비재무적 제안에 큰 가치를 둔다.

많은 고용주들이 50세 이상의 노동자들을 영입하고 유지하기 위해 앞서 언급한 혁신적인 방법 가운데 상당 부분을 이미 실천하기 시작했다. 그러나 다른 고용주들은 고령 노동자들의 가치에 대한 부정적인 고정 관념과 시대에 뒤떨어진 인식 때문에 변화하는 노동 인구에 더디게 적응하고 있다.

많은 사람들이 선택에 의해서든 재정적 필요에 의해서든 오랜 기간 노동 인구로 남아 있으려 하거나 은퇴 후에도 어떤 형태로든 다시 일을 하려 하는 현실에도 불구하고, 많은 고용주들은 고령 노동자들이 자신들의 회사의 최종 결산에 가져다주는 가치를 보지 못한 채 이들을 자산이 아니라 골칫거리로 여긴다. 그들은 고령 노동자들을 유지하고 재훈련하며 고용함으로써 얻어지는 이점들을 받아들이지 못한다.

우리는 고령 노동자들에 대한 시대에 뒤떨어진 신념과 고정 관념에 도전해 전통적인 은퇴 연령을 넘겨서 일을 하고자 할 때, 또는 그럴 필요가 있을 때, 우리에게 더 많은 선택 사항을 제공해줄 수 있는 새로운 해결책을 강구해야 한다.

•• 고정 관념과 싸우기

많은 조직의 책임자들이 50세 이상의 노동자가 오늘날의 급변하는 직장에서 어떻게 적응하는지 보지 못하는 이유 가운데 하나는 그들이 고령 노동자들이 어떤 사람들인지를 모르기 때문이다. 고령 노동자에 대한 그들의 인식은 과거에 사로잡혀 있으며, 시대에 맞지 않는 그들의 고정 관념은 결코 옳지 않다. 미국에서 고령 노동자에 대해서 이야기를 할 때, 고령 노동자들이 가져다주는 이점에 대해서는 거의 언급하지 않으면서 그들이 고용주들에게 일으키는 문제들의 부정적 성향에서부터 이야기하기 시작한다. 고령 노동자들은 근무 연한이 길어서 건강보험료가 많이 들며, 젊은 노동자들에 비해 생산성이 떨어지고 능력이 부족하며, 새로운 기술에 적응하는 데 주저하고 느리며, 교육 비용이 더 많이 들고 변화에 저항적이며, 적응력이 부족하고, 덜 혁신적이며, 창조성이 떨어지고, 이러한 것들이 일에서 요구될 때 거리낌 없이 전직을 하기 때문에 인건비가 많이 든다고 여겨진다.

이러한 신념과 오해의 대부분은 오늘날의 사람들이 나이 들어가는 방식을 인지하지 못하는 시대에 뒤떨어진 고정 관념에 근거를 두고 있다. 예를 들어, 오해 가운데 하나는 50세 이상의 노동자들은 그들의 경험과 추가 수당 때문에 젊은 노동자들보다 인건비가 훨씬 많이 든다는 것이다. 연령의 증가에 따라 비용이 증가하는 경향이 있기는 하지만(특히 건강보험료), 고용주에게 미치는 영향은 미미하다. 사실, 최근의 임금과 복지 경향은 연령과 인건비의 상관관계를 약화시켜, 연령이 더 이상 노동자의 고용과 유지 비용의 주요 요인이 아닌 수준이 되었다.[115]

조사에 따르면 경험과 근무 연한에 기인해 노동자의 생산성이 연령에 비례해 증가할 수 있다. 많은 경우에 50세 이상의 사람들은 생산성에 있어서 경험이 적은 젊은 노동자들과 같거나 또는 더 생산적이다. 고령 노동자들의 경제적·기술적 진보에 대한 기여에 관한 미시건 대학의 연구에서는 노동 인구의 평균 연령이 증가함에 따라 생산성이 전반적으로 증가함을 보였다.[116]

50세 이상의 노동자들은 새로운 기술을 배우거나 사용할 수 없다는 것도 오해이다. 사실 고령 노동자 10명 중 9명은 컴퓨터, 태블릿 PC, 또는 스마트폰을 정기적으로 사용한다. 20%에 못 미치는 사람들만이 업무에서 요구되는 새로운 기술을 따라가는 데 어려움을 겪는다고 느낀다. 10명 중 8명은 컴퓨터와 정보 통신 기술에 관련된 교육을 받는 것에 흥미를 가지고 있다.[117] 많은 경우 50세 이상의 노동자들이 새로운 기술을 익히고 사용할 때 겪는 문제는 연령 때문도, 그들이 배울 능력이 없기 때문도 아니다. 문제는 너무 많은 고용주들이 고령 노동자들을 교육하는 데에 투자를 하지 않는 것이다. 컴퓨터 없이 성장한 세대가 노동 인구에서 빠져나가면서, 컴퓨터 등의 디지털 기기들이 우리의 삶 속에 더욱 깊이 스며들면서 이 문제는 사라져가고 있다.

또 하나의 그릇된 신념은 고령 노동자들이 젊은 동료들에 비해 혁신적이지 않고, 창의적이지 못하며, 적응력이 떨어진다는 것이다. 각기 다른 배경과 경험, 그리고 관점을 지닌 노동자들이 혁신이 꽃피는 직장을 만든다. 경험에 의하면 다양한 수준의 상상력과 혁신이 지배하는 조직, 그리고 모든 연령과 인종, 그리고 다양한 배경을 지닌 사람들로 채워진 조직이 가장 성공적인 조직이다. 제3장에서 논의한 것과 같이 고 진 코헨 박사는 창의력과 혁신이 연령에 비례해 실제로 증가함을 밝혔다. 《월스트리트 저널》의 비벡 와드화는 "혁신에는 연령 조건이 없으며, 우리는 함께 일하는 고령 사람들과 젊은 사람들이 모두 필요하다."라고 주장한다.[118] 그는 "젊은 사람들이 새 시대의 소프트웨어 개발을 지배하겠지만 고령 사람들은 실세계를, 그리고 학문 간을 넘나드는 지식, 관리와 비즈니스 기법, 그리고 성숙함을 가져다줄 것이다. 이것이 세계가 직면하고 있는 거대한 문제들을 해결하기 위해 우리에게 필요한 조합이다."라고 말한다.[119]

많은 고용주들이 고령 노동자들을 보유하고 재훈련하고 고용하지 않으려는 데에는 두 가지 다른 이유가 있다. 두 가지 이유모두 시대에 뒤떨어진 신념과 인식에 근거한다. 첫째 이유는 고용주들은 '노동 총량 이론'을 쉽게 받아들이는 것이다. 노동 총량 이론에 따르면 50세 이상의 노동자가 노동 인구로 남아 있으면 젊은 노동자들의 기회를 박탈할 것이며, 심지어는 젊은 노동자들가운데 일부를 노동 인구에서 밀어내기까지 할 것이다. 이 이론은 오랜 기간 존재해온 것으로 이미 오래전에 무의미함이 증명되었다. 이 이론은 우리 경제에 일자리의 총수와 임금의 총액이 고정되어 있다는 가정에 기초한다. 그런데 사실 이 두 수는 다양한 경제적 요인에 따라 늘어나기도 하고 줄어들기도 한다. 이 이론은 또한 고령 노동자들은 젊은 노동자들만큼 생산적이지 않다는 시대에 뒤떨어진 고정 관념에 빠져 있다. 우리가 이러한 고정 관념에 도전하면서 고령 노동자들이 고용주들에게 가져다주는 가치를 드러냄에 따라, 노동 총량 이론은 고령 노동자를 고용하지 않고 이들에 대한 투자를 하지 않는 핑곗거리가 되지 못한다.

우리는 20세기 후반 많은 여성들이 노동 인구에 편입될 때 이와 동일한 주장을 들은 바가 있다. 노동 인구에서 남성의 감소는 어느 정도 있었으나 증가한 일하는 여성 수에는 근처에도 미치지 못했다. 남성 인력의 감소는 주로 고령 노동자들에게서 이루어진 것이며, 이 감소에는 해고보다 사회보장연금과 다른 연금 및 보험 체계의 유용성이 더 많이 기여했다.[120]

한편, 조사에 따르면 고령 사람들이 일을 하면 돈을 더 쓰게 되어 경제가 성장하고 더 많은 일자리를 만든다.[121] 게다가 고령 노동자들은 자녀와 손주들에게 돈을 주는 경향이 있다. 그 돈은 그대로 쓰이기도 하고 경제에 투자되기도 한다. 경제학자 조너선 그루버와 데이비드 와이즈는 이 현상을 광범위하게 연구해 고령 사람의 고용 증가가 젊은 사람의 고용 기회를 줄인다는 근거가 존재하지 않으며, 고령 사람의 고용 증가가 젊은 사람의 실업을 증가시킨다는 근거가 존재하지 않음을 밝혔다.[122]

둘째 이유는 세대 간 갈등에 대한 공포이다. 10명 중 9명에 가까운 고용주들이 젊은 관리자가 고령 노동자를 관리할 때 갈등이 발생할 수도 있다는 두려움에 고령 노동자의 고용에 대해 걱정을 한다.[123]

문제는 이것이다.—젊은 관리자들은 고령 노동자를 어떻게 관리해야 할지 모를 때가 많고, 고령 노동자들은 필요한 것을 젊은 관리자들에게 어떻게 요청해야 하는지를 모른다. 여기서 나이는 중요하지 않다. 문제의 핵심은 경험의 차이, 그리고 젊은 관리자들이 자신들보다 경험이 많은 노동자들을 감독하고 독려하는 방법에 있다. 대부분의 고용주들은 돈, 승진 약속, 경력 개발, 그리고 어떤 경우에는 성과가 좋지 않으면 해고될 수도 있다는 두려움을 이용해 노동자들을 독려한다.

이러한 요인들은 고령 노동자들, 특히 은퇴 시점에 거의 다다른 사람들에게는 크게 중요하지 않다. 이런 사람들을 관리하는 데에는 다른 접근이 필요하다. 이 접근은 사명감을 중시하는 것, 단지 주주들을 위해 돈을 버는 것을 넘어서서 어떤 사회적 목적을 성취하는 것, 업무 일정에 유연성을 부여하는 것, 그리고 고령 사람들을 대상으로 한 혜택을 포함해 더 많은 선택권을 제공하는 것을 포함하는, 기존과는 다른 가치 제안에서 시작한다.

이렇게 생각해보자. 25년 전 많은 노동자들 사이에서의 핵심 질문은 "내가 여성의 지시를 받을 수 있을까?"였다. 현재 많은 고령 노동자들 사이에서의 질문은 "내가 젊은 사람의 지시를 받을 수 있을까?"이다. 이 질문에 답을 하는 데에는 시간이 좀 걸릴 것이다. 그러나 결국 답은 "할 수 있다."일 것이다. 이와 같은 일은 인구 구성이 계속해서 변화함에 따라 점점 더 많이 발생하고 있다. 이에는 젊은 관리자와 고령 노동자 양쪽 모두의 변화가 요구된다. 이 변화가 제대로 이루어진다면 더 나은, 더 강력한, 그리고 더 생산적인 노동력을 확보하게 될 것이다.

50세 이상의 노동자들인 우리는 노동 인구에 많은 이익을 끼치며 여러 가지 방법으로 가치를 부가한다. 우리는 오늘날의 경제에서 크게 요구되는 특징을 드러냄으로써 가치를 부가한다. 이 특징에는 경험, 원숙성과 전문성, 굳건한 직업 윤리, 충성심, 신뢰성, 지식과 이해, 그리고 멘토링을 할 수 있는 능력이 포함된다. 우리는 또한 젊은이들보다 감정적으로 더 안정적이다. 우리는 젊은 노동자들보다 부정적 감정을 덜 경험하며, 긴박한 상황에 더 잘 대처하고, 더 나은 협력자이며, 갈등을 덜 겪는다. 이에 더해, 우리는 젊은 노동자들보다 불시에 퇴직할 가능성이 적기 때문에, 노동력 유지에 쓰일 돈과 시간이 최종 결산에 영향을 미치는 생산적인 일에 더욱 효율적으로 투자되게 함으로써 가치를 창조한다. 나는 많은 고용주들이 '은퇴할 날이 얼마 남지 않아 오랜 기간 근무할 가능성이 적은 고령 사람에게 왜 투자를 해야 하는가?'라고 생각하며 고령 사람을 고용하지 않거나 투자를 하지 않는 것이 특히 흥미롭다. 특히 밀레니얼 세대는 그 어느 직장에서도 2년 이상을 머무르지 않으면서 이 직업에서 다른 직업으로 옮겨 다니는 것으로 알려져 있는데도 말이다. 1~2년 내에 다른 사람, 아마도 경쟁자에게 가서 일할 가능성이 큰 노동자를 교육하는 것보다 머물러 있을 가능성이 큰 고령 노동자에게 시간과 자원을 쓰는 것이 더 이치에 맞는다.

우리는 또한 다른 노동자들에게 좋은 영향을 끼침으로써 가치를 창조한다. 조사에 따르면 고령 노동자들은 매우 열정적이고 의욕이 넘치며 경험이 풍부하기 때문에 더 긍정적이고 효과적인 근무 환경을 만드는 데 도움을 주어, 결국에는 향상된 생산성과 비즈니스 성과를 도출하게 한다.[124]

AARP에서 수행한 조사에 따르면 고령 노동자들의 대부분은 하고 있는 일에 대해 여전히 열정을 가지고 있다. 45~74세 노동자들에게 설문 조사를 실시한 결과 놀라울 정도로 많은 사람들이 다음과 같은 답을 했다. 그들은 회사에서 일하는 것을 자랑스럽게 여기고, 일을 하면서 계속 성장하며, 직업은 자아 정체성에서 중요한 부분을 차지하고, 아직도 성취하고자 하는 것들이 많다.[125]

고령 노동자들이 직장에 가져다주는 긍정적 측면에 초점을 더 맞추고 이들에 대한 이야기와 인식을 파고드는 시대에 뒤떨어진 신념과 고정 관념에 도전함으로써 우리는 전통적인 은퇴 연령을 지나서도 계속 일하고 싶어 하거나 일할 필요가 있는 사람들에게 더 많은 선택권을 창출해내는 해법을 촉구하기 시작할 수 있다. 나는 누구든지 일을 하고자 하면, 또는 일할 필요가 있으면 일을 할 수 있어야 한다고 믿는다. 재정적 안정성을 성취하는 것은 개인에게 있어서 핵심적일 뿐만 아니라, 사람들이 경험을 일에 활용하도록 함으로써 우리의 경제와 사회에 이익을 끼친다. 50세 이상의 사람들은 노동자가자 소비자로서 고용주들에게 매우 큰 경제적 이익을 가져다준다. 고용주들이 이를 활용하지 못한다면 그들과 회사의 최종 결산에 엄청난 피해를 입히는 것이다.

•• 우리의 경험을 일에 활용하기 위한 혁신적인 해결책을 만들기

과거에 대부분의 개인들은 대체로 순차적인 패턴을 따라 살았다. 젊어서는 교육을 받고, 성인이 되면 일을 하고, 나이 들어서는 여가를 즐기거나 은퇴를 했다. 그러나 이 선형 패턴은 변화를 맞이했고, 오늘날 사람들이 나이 들어가며 사는 방식을 더 이상 반영하지 못한다. 점점 더 많은 사람들이 전통적인 은퇴 연령을 넘겨서 일을 하고 있다. 또한 사람들은 학교로 돌아가 새로운 기술을 배운다. 여러 업계의 고용주들은 예상되는 고용 격차에 대응하기 위해 계속 일할 고령 노동자들을 필요로 한다. 그렇다면 고용주들은 왜 고령 노동자들은 더 이상 일을 할 수 없다는 가정을 고집하는가? 고령 노동자들을 받아들여야 하는 현실에 적응해야만 한다.

• 고령 노동자들을 받아들이기 위해 직장을 바꾸기

고령 노동자들을 받아들이기 위해 직장을 바꿔야 한다고 하지만, 사실 고령 노동자들이 원하는 것은 밀레니얼 세대나 X세대가 원하는 것과 크게 다르지 않다. 도전적이고 의미 있는 업무, 학습·개발·발전의 기회, 일과 개인 생활을 성공적으로 결합할 수 있게 해주는 지원, 공정한 대우, 남에게 뒤지지 않는 임금이 그것이다.[126] 주어지는 조건들 가운데 가장 중요한 것은 유연성이다. 유연성은 근본적으로 여러 업무 조건에 대한 결정권을 갖는 것, 그리고 관리자와 고용주로부터 신뢰와 존중을 받는 것이다. 관련 조사에서는 스마트폰이 발명되기 훨씬 전에 이것이 동기 부여와 헌신의 핵심 요인임을 밝혔다.[127] 세대를 막론하고 노동자들은 유연성을 가치 있게 여긴다. 또한 유연성이야말로 일과 삶에서 요구되는 것들의 균형을 맞추는 핵심 요소라고 본다.

유연한 직장과 업무 구조란 다름이 아니라 언제, 어디서, 그리고 어떻게 업무를 수행하느냐에 있어서 새로운 관점으로 일을 하는 것이다. 유연성은 여러 가지 형태로 실현될 수 있다. 사무실에서 보낸 시간이 얼마나 되는가가 아니라 일의 결과로 평가하는 것, 유연한 근무 시간과 시간제 근무, 원격 근무, 집중 근무 주간, 그리고 교대 유연성 등의 대안적 업무 배치의 제공, 그리고 기술의 도움을 받는 유연한 작업 공간의 설계 등을 포함할 수 있다. 일시적 업무 할당, 계약직 배치도 해당된다.

자동차 제조사 BMW는 자사의 고령 노동 인구 분포를 인지하고, 고령 노동자들로 구성된 조립 라인과 젊은 노동자들로 구성된 조립 라인의 생산성과 실적을 비교 실험해보기로 결정했다. 그들은 소소한 인간공학적 조정을 하면 고령 노동자들로 구성된 조립 라인의 생산성이 젊은 노동자들로 구성된 조립 라인의 생산성과 같은 수준으로 상승함을 확인했다. 또한 결근율은 공장 전체 평균 이하로 떨어졌다.

BMW는 고령 노동자들을 받아들이기 위해 70건의 소규모 인간공학적 설계와 장비 교체를 시행했다. 이에는 새 나무 바닥, 작업 중 앉을 수 있는 이발소 스타일의 특수 의자, 눈의 피로와 실수를 줄이기 위한 돋보기의 설치, 물리치료사가 디자인한 작업 중 할 수 있는 일일 스트레칭 운동 등이 포함되었다.

위 실험의 성공에 기초해 BMW는 전 세계에 흩어져 있는 공장들에 비슷한 프로젝트와 장비 교체를 도입해 현재 고용된 고령 노동자들이 생산성을 유지하거나 향상하도록 도왔다.[128]

CVS 케어마크(CVS Caremark)*는 다른 유형의 유연성을 제공한다. 그들은 '스노버드(Snowbird)' 제도를 시행하는데, 이에 따라 북부 지역에서 근무하는 수백 명의 약사들과 다른 직원들이 매해 겨울에 플로리다 등 따뜻한 주의 지점으로 근무지를 옮긴다. 이 제도는 고령 노동자들에게 인기 있을 뿐만 아니라, 회사는 이 제

---

* 미국 최대의 의약 유통 회사.

도를 통해 추운 시기에 남부 지역에서 발생하는 업무 급증에 대처할 수 있다. 또한 회사의 교육 및 고용 비용을 절약하면서 교육과 멘토링의 기회도 만들어준다.[129]

홈 디포는 수천 명의 고령 노동자들을 고용한다. 경험상 그렇게 하는 것이 경쟁 업체와 대비해 큰 장점을 갖추는 것이라고 믿기 때문이다. 홈 디포가 고령 노동자들에게서 가장 높이 평가하는 것은 첫째로 유연성이다. 이 유연성 덕분에 관리자들은 주간 영업 일정을 수월하게 짤 수 있다. 둘째는 지식이다. 많은 고령 노동자들은 지식이 풍부해 '보조 코치'가 되어 젊은 노동자들을 교육하고 멘토링한다.[130]

2013년 60세의 수전 노드먼은 메인 주에 있는 침체된 소규모 핸드백 회사 에르다(Erda)를 인수했다. 수전 노드먼은 유연 근무 시간을 제공해 나이 들어가는 노동력을 유지하기 위해 전력을 쏟고 있다. 오래된 직원들이 갓 들어온 직원들에게 그들의 지식을 전수할 수 있을 만큼 충분히 오래 근무하게 하기 위해서이다. 수전 노드먼은 《뉴욕 타임스(New York Times)》에 다음과 같이 말했다. "소중한 지식을 보존하는 일은 장수 기업으로 살아남기 원하는 모든 사업체에 필수입니다. 우리 회사의 직원들이 보유한 기술은 습득하려면 실습이 필요합니다. 시간을 들여 교육을 하면 신입 직원들도 이 기술을 익힐 수 있습니다. 다만 그들을 가르칠 누군가가 함께 있어야 하죠."

에르다의 모든 직원들은 사무실 열쇠를 가지고 있어서 자신의 업무 일정을 스스로 정할 수 있다. 때때로 금요일에는 오전 5시 30분에 출근해 반일 근무만 할 수도 있는 것이다. 유연성은 직원들의 신체에도 해당된다. 수전 노드먼은 매일 운동 시간을 제공해 고령 직원들이 민첩함을 유지할 수 있도록 한다.

그녀는 또한 장비들을 현대화해 더욱 인체공학적으로 만들었다. 새 장비들 덕분에 노동자들은 서 있기보다는 더 오랫동안 앉아 있을 수 있다. 이는 반복 동작을 줄여서 관절의 보존에 큰 도움을 준다.

수전 노드먼은 고령 노동자들이 새로운 업무 방식을 배우는 데 더디다는 고정 관념이 틀렸음을 입증했으며, 학습은 나이와는 아무런 상관이 없음을 알게 되었다. 수전 노드먼은 말한다. "우리 회사의 고령 노동자들은 새로운 방식을 빠르고도 쉽게 받아들입니다. 제가 프랑스식 솔기를 디자인에 도입했을 때 우리는 모두 함께 컴퓨터에 둘러앉아서 유튜브 비디오를 보면서 솔기를 어떻게 박는지 보았습니다. 고령 직원들은 금방 배우더군요."[131]

일터와 업무 구조를 유연하게 만드는 것에 더해 많은 고용주들이 은퇴를 단일 이벤트가 아닌 하나의 과정으로 여기기 시작했다. 그들은 노동자들이 은퇴하거나 다른 종류의 일로 전직하는 것을 돕는 혁신적인 방법들을 강구하고 있다. 이것은 전통적인 은퇴 연령에 다가가는 노동자가 작업량을 줄여 계속 일하면서 활동적인 전일제 고용 상태에서 은퇴로 점차 옮겨갈 수 있도록 하는 광범위한 고용 방식과 협상을 포함한다. 어떤 경우에는 최근에 은퇴한 노동자가 복귀해 이전과 다른 임시직 또는 프로젝트 단위의 일을 맡는 것을 허용하기도 한다.

많은 사람들이 인생 후반기에 일하기를 기대하거나 원한다고 말한다. 그리고 많은 사람들이 실제로 그렇게 하고 있다. 그러나 모든 사람이 전일제로 일하기를 원하지는 않는다. 사람들은 육체적·정신적으로 활동적인 삶을 살기를 원해서이든, 사회 공헌을 원해서이든, 또는 단순히 일하는 걸 즐겨서이든 간에 능동적으로 고용된 상태를 유지하면서 일과 관련되지 않은 활동을 할 수 있는 시간을 더 갖고 싶어 한다. 그래서 고령 노동자들은 은퇴 시기가 다가옴에 따라 일의 양을 점차 줄이는 단계적 은퇴에 큰 매력을 느낀다. 이에 더해 많은 회사들이 오랜 경력을 가진 노동자들의 전문성이 지속적으로 필요하다는 것을 깨닫고 있다. 단계적 은퇴는 고령 노동자들이 활동성을 유지하면서 조직의 지식을 전달하는 것을 보장하는 방법이다. AARP에는 노동자들이 업무량을 줄여 수월하게 완전한 은퇴에 익숙해지도록 하는 '단계적 은퇴' 제도가 있다.

널리 시행되고 있는 제도 가운데 하나는 '은퇴 후 재고용'이다. 이 제도에 의해 고용주는 은퇴한 노동자를 다시 고용해 성수기에 일을 하게 하거나 임시직 또는 프로젝트 단위의 업무를 담당하게 할 수 있다. 2만 2,000명 이상을 고용하고 있는 타이어 회사 북미 미쉐린(Michelin North America)은 지식 공유, 멘토링, 그리고 경험에 있어서 고령 노동자들에게 의존한다. 이 회사는 '복귀 은퇴자 고용'이라는 공식 제도를 도입해 은퇴한 노동자가 계속해서 일하기를 원하면 업무 일정을 줄여서 회사에 복귀하게 한다.[132]

매사추세츠 주 보스턴에 있는 하버드 의과대학 부속병원인 베스 이스라엘 디컨네스 의료 센터(Beth Israel Deaconess Medical Center)은 은퇴한 지 6개월이 지난 많은 은퇴자들을 전일제, 시간제, 그리고 일용직으로 받아들이고 있다. 다양한 의료 분야에서의 다년간 경험이 환자의 치료 결과에 직접적인 영향을 미치는 산업인 병원에서는 경험이 많은 고령 노동자들을 고품질 진료와 비공식적 멘토링을 위한 소중한 자산으로 간주한다.[133]

· 세대 간 노동력의 창출

노동력의 고령화는 미국이라는 큰 회사에 업무상 차질을 발생시키고 있다. 비영리 영역도 사정은 마찬가지이다. 사업체들과 단체들은 세대 간 노동력을 효과적으로 관리하기 위한 방법을 찾기 위해 고군분투하고 있다. 그들은 4세대로까지 구성될 수 있는 노동력(고령 노동자들의 비율이 높을 가능성이 많다)을 최대한으로 활용하는 방법을 쉬지 않고 찾고 있다.

어떤 면에서 보면 오늘날 우리가 고령 노동력에 적응하면서 겪는 변화는 30여 년 전 내가 정부 기관에서 직장 생활을 시작했을 때 접했던 변화와 비슷하다. 당시 사안은 고령 노동력의 유입을 어떻게 다룰 것인가가 아니라 여성과 소수자 노동력의 증가를 어떻게 다룰 것인가였다. 다양성을 받아들이는 것은 미국 전역, 모든 영역에서 고용주들이 오래 지속해온 여정이다. 우리는 이 여정을 통해 포용력을 배웠으며, 다양성이 미국의 강점이라는 것을 배웠다. 고령 노동자들을 받아들이기 위한 오늘날의 고군분투는 그 여정의 연장선 위에 있다. 오늘날 대부분의 기업 대표들이 다양성을 갖춘 노동력의 사업적 이점을 이해하고 받아들인다. 그러나 그 다양성에 고령 노동자들이 포함된다고 보는 사람들은 매우 적다. 하지만 역사를 통해 우리는 다양성과 고령 인구 등 사회적 변화에 적응하는 데 실패하는 조직은 구습에 젖어 있음으로 인해 침체를 겪을 위험이 있음을 알 수 있다. 밀레니얼 세대, X세대, 베이비붐 세대, 그리고 침묵 세대*가 함께 일하는 직장은 그날 그날의 업무에 대한 다양한 관점과 접근이 만들어질 수 있는 독특한 기회를 제공한다.

다국적 의료 기업인 글락소 스미스 클라인(GlaxoSmithKline)은 공식 네트워킹, 멘토링 프로그램, 그리고 교차 교육을 통해 세대 간의 이해와 협력을 지원한다. 이런 제도들은 고령 노동자들로 하여금 자신들이 젊은 동료들과 연결되어 있다는 느낌을 가질 수 있는 기회를 제공한다. 마찬가지로 젊은 노동자들은 고령 노동자들의 지식과 경험으로부터 도움을 받는다.[134]

---

* 대략 1920~1940년대, 즉 대공황과 제2차 세계대전 중에 태어난 세대. 부모의 실직, 파산 등의 경제적 파탄을 경험하며 성장하여 자기 목소리를 내기보다는 매사에 소극적이고 순응적으로 반응하는 경향이 있어 침묵 세대라고 불린다.

캘리포니아 주 샌디에이고에 있는 사설 비영리 의료 기관 스크립스 헬스(Scripps Health)에서는 세대별로 특화된 교육 프로그램을 운영한다. 예를 들어, 이 회사에는 곧 부모가 될 직원들을 위한 프로그램, 자녀와 나이 들어가는 부모 양쪽 모두의 필요를 충족시키느라 애쓰고 있는 샌드위치 세대가 지닌 독특한 도전들을 관리하는 방법에 관한 프로그램, 그리고 가족을 간병하는 직원들을 위한 프로그램이 있다.[135]

이와 같은 프로그램들은 고령 노동자들과 젊은 노동자들에게 따뜻한 환경을 조성해 전 세대의 노동자들 사이의 깊은 상호 이해를 지원한다. 이는 결국 모든 노동자들의 열성적인 참여와 헌신으로 이어진다.

• 새로운 기회의 창출

50세 이상의 사람들이 더 오래 일하고 있고 많은 고용주들이 숙련된 노동자의 부족이 예상되는 산업의 일자리를 고령 노동자들로 채울 것을 검토하고 있지만, 고령 노동자들은 정작 그러한 일자리를 채우기 위해, 그리고 직장에서 필요한 사람으로 남아 있기 위해 필요한 교육을 받지 못하고 있다. 고령 노동자들은 생산성을 유지함과 동시에 직장 생활에서 선택의 폭을 넓히기 위해 자신들의 업무 능력을 사용하고 향상시킬 기회를 갖기 원한다. 그리고 그들은 현장 교육을 자신들이 원하는 바를 성취할 수 있는지를 결정짓는 중요한 요인으로 여긴다. 하지만 현실에는 단절이 존재한다.

교육 기회의 절대 다수가 젊은 노동자들의 초기 경력 단계에서 제공된다. 고령 노동자들은 미국의 비즈니스 생산성에 기여하리라는 기대를 받고 있는데, 그들은 왜 그 역할을 감당하는 데 도움이 되는 교육과 재교육의 기회를 얻지 못하고 있는가? 이 질문에 답하려면 오랜 고정 관념과 편견, 그리고 사람들이 오늘날 나이 들어가는 방식이 이전 세대와는 눈에 띄게 다름을 인지하지 못하는 현실로 다시 돌아가야 한다. 직설적으로 말하면, 많은 기업이 구식 사고방식에 사로잡혀 고령 노동자들을 교육 또는 재교육하는 것은 투자 가치가 없다고 믿는다. 고령 노동자들이 젊은 이들에 비해 이직할 가능성이 적음에도 불구하고 많은 사람들이 고령 노동자들은 투자를 회수할 수 있을 만큼 오랜 기간 회사에 남아 있지 않을 것이라고 믿는다. 게다가 많은 고용주들이 기술이 발전함에 따라 고령 노동자들은 배우기를 원하지 않거나, 배울 능력이 없거나, 혹은 새 기술의 사용에 익숙해질 때까지 너무 오랜 시간이 걸릴 것이라고 가정한다. 반면에 젊은 사람들은 더 많은 기량을 가지고 있으며 최신 기술에 능통할 것이라고 여긴다. 조사와 경험에 따르면 일하는 데 도움이 되는 기술이라면 고령 노동자들은 쉽게 그 기술을 배우고 포용할 것이다. 교육의 기회가 주어지기만 한다면 말이다.

교육은 고령 노동자들의 경력 개발의 핵심 요소이며, 교육을 받으면 그들의 기술, 전문성, 그리고 지적 능력을 활용하는 새로운 역할로 옮겨가는 길이 열린다. 내가 미 의회도서관에서 최고 운영책임자로 일할 때, 우리는 자신의 분야에서 최고의 전문 큐레이터인 사람들을 대체로 젊은 직원들인 기술 전문가와 연결해 주는 프로그램을 시작했다. 미 의회도서관 사서인 제임스 H. 빌링턴 박사는 그들을 '지식 항해자들'이라고 불렀다. 기술 사용을 통해 워싱턴 D.C.의 미 의회도서관을 방문했을 때만 보고 들을 수 있었던 역사적 유물과 원고, 지도, 그리고 녹음 자료를 이제 전 세계의 교실과 도서관, 그리고 가정에서 보고 경험할 수 있다. 이 프로그램의 결과는 경이적이었다. 이 프로그램은 큐레이터들에게 그들의 지식을 공유할 수 있는 완전히 새로운 방법을 제시했다. 기술·디지털 전문가들은 자신들에게 절실했던 콘텐츠의 경험을 쌓을 수 있었다. 도서관 이용자들은 이 프로그램 덕분에 역사 학습에 훨씬 더 흥미를 느끼게 되었다. 나이가 들고, 도서관에서 여러 해를 보낸 많은 직원들은 이 프로그램을 통해 활기를 되찾았으며 그들의 일을 완전히 새로운 각도에서 볼 수 있었다고 말했다. 우리는 최고의 직원들로 하여금 계속해서 일을 하게 했고, 놀라운 재능을 가진 사람들이 문 밖으로 걸어 나가지 않게 했다. 우리는 또한 가장 오랜 경험을 가진 직원들이 그들의 컬렉션과 지식을 더 다양한 방법으로 드러내 보일 수 있는 기회를 제공했다.

• 멘토링과 역멘토링

나는 고령 노동자들이 젊은 노동자들로 하여금 현장 실무 기술을 배우고 발전시키도록 돕는 멘토 역할을 하는 것의 이점을 여러 차례 보았다. 고령 노동자들이 자신의 기술과 지식을 사용해 젊은 노동자들에게 지식을 전수하고 멘토링하는 것은 다음 세대가 새로이 책임을 맡게 되었을 때 도움이 된다.

마찬가지로 학교를 갓 졸업한 신입 사원은 최신 기술과 접근 방법, 그리고 이론을 고령 노동자들과 공유함으로써 역멘토의 역할을 할 수 있다. 내가 AARP 재단을 이끌었을 때, 우리는 '멘토 업(Mentor Up)'이라 불리는 프로그램을 시작했다. 이 프로그램을 통해 젊은 자원봉사자들은 나이가 많은 성인들에게 데스크톱 컴퓨터, 노트북 컴퓨터, 스마트폰, 그리고 태블릿 PC를 이용해 인터넷을 사용하는 기본적인 방법을 가르치는 일에 참여했다. 이와 유사한 프로그램들이 전국적으로 확산되고 있다.

최신 기술에 능통한 20대와 고령 경영진을 연결시키는 일은 기업계에서 인기를 얻고 있다. 고령 참여자는 소셜 미디어 프로필을 만드는 방법을 배우고, 젊은 참여자는 경험 많은 전문가로부터 비즈니스 관행을 배운다. 제너럴 일렉트릭(General Electric)의 최고경영자 잭 웰치가 500명의 최고위 경영자들로 하여금 자신보다 직급이 낮은 사람들을 찾아가 인터넷 사용법을 배우라고 요구하면서 이런 관례를 옹호한 이후로 점점 더 많은 경영자들이 최신 경향에 뒤처지지 않기 위한 방법으로 역멘토링에 의존하고 있다.[136] 페이팔(PayPal)의 글로벌 플랫폼 및 인프라 부문 부회장인 스리 시바난다는 역멘토링에 대해 다음과 같이 말한다. "저는 저보다 앞서 길을 걸어간 사람들로부터 배운 것을 적용하며 살아왔습니다. 그러나 제가 무엇이 트렌드인가를 배우는 데 도움을 준 사람들은 완전히 다른 부류의 사람들이었습니다. 그들은 우리 회사의 젊은 구성원들입니다. 그들은 제가 노출되지 못한 경향과 정보로 통하는 열쇠를 지니고 있습니다."[137]

· 앙코르 커리어

레스터 스트롱이 3학년이었을 때, 담임 교사는 그의 부모에게 레스터 스트롱에게 정규 교육을 시키는 것은 시간 낭비라고 말했다. 그는 가르칠 수가 없는 상태였고 육체 노동자로 살게 될 운명이었다. 교사들은 행운이 따른다면 언젠가는 레스터 스트롱이 독립적으로 살 수 있게 될지도 모른다고 그의 부모에게 말했다. 이러한 사실을 강조하기 위해 레스터 스트롱의 선생님은 다른 아이들과 떨어져 혼자 있으라고 레스터 스트롱의 책상을 복도에 내놓았다. 레스터 스트롱은 양질의 교육을 받을 기회를 결코 얻지 못할, 8명의 자녀 가운데 가장 불행한 아이인 것 같았다. 그의 부모는 큰 충격을 받았다. 그의 아버지는 중학교도 채 마치지 못한 사람이었다. 그들이 할 수 있는 일은 별로 없었다.

다행스럽게도 레스터 스트롱에게는 그도 배울 수 있고 성공할 수 있다고 이야기해주는 3명의 멘토가 있었다. 그들은 레스터 스트롱과 모든 것을 함께 했다. 그의 숙제를 돌봐주었고, 성적표를 보며 학교에서 어떻게 행동해야 하는지를 가르쳤다. 무엇보다 중요한 것은 그들이 레스터 스트롱에게 희망과 확신을 주면서 그의 삶을 바꾸어놓은 것이다. 레스터 스트롱은 3학년 과정을 다시 다녀야 했다. 그러나 4학년 때에는 우등생이 되었으며, 이후 고등학교를 2등으로 졸업했다. 그는 내셔널 메리트 스칼러십(National Merit Scholarship)* 장학생으로 선발되어 데이비슨 대학을 장학금을 받고 다녔으며 컬럼비아 경영대학원으로 진학했다.[138]

레스터 스트롱은 처음에는 기자로, 이후에는 경영진으로 방송국에서 매우 성공적인 경력을 쌓았다. 그는 결국 보스턴의 뉴스 앵커가 되어 여러 해 동안 그 자리를 지켰다.

레스터 스트롱은 3학년 때의 경험과 그의 삶을 바꾸어놓은 3명의 멘토들을 결코 잊지 않았다. 그는 말한다. "나는 더 의미 있는 일을 하라는 소명을 받았다는 느낌이 들었습니다. 내가 거의 그럴 뻔한 것처럼 학생들이 퇴학을 당하지 않도록 하는 일을 하고 싶었습니다." 그리하여 레스터 스트롱은 60세에 텔레비전 뉴스 앵커에게 비추어지는 화려한 불빛을 포기하고 체험봉사단(지금은 AARP

---

* 비영리 단체인 내셔널 메리트 장학 재단(National Merit Scholarship Corporation)이 주관하는 대학생 장학 제도. 1955년에 시작되었으며 일 년에 두 번 경쟁을 통해 장학생을 선발한다.

재단 체험봉사단)의 최고경영자로서 앙코르 커리어를 시작했다. 이 단체는 레스터 스트롱이 멘토링을 받았던 것과 같이 유치원생에서 3학년생까지의 어린이들을 멘토링하는 50세 이상의 자원봉사자들을 모집한다. 오늘날 AARP 재단 체험봉사단에서는 2,000명 이상의 50세 이상 자원봉사자들이 전국적으로 221개의 시내 학교에 속한 3만 2,000명에 이르는 유치원생에서부터 초등학교 3학년까지 학생들의 읽기와 쓰기 능력을 향상시키는 일을 하고 있다.[139]

레스터 스트롱의 이야기는 직업의 세계가 어떻게 변화하고 있는지를 보여준다. 900만 명으로 추산되는 미국인들이 앙코르 커리어를 추구하기 위해 레스터 스트롱이 간 길을 따랐으며, 3,100만 명의 사람들이 앙코르 커리어를 추구하는 데에 관심이 있다고 한다.[140]

체험봉사단과 같은 앙코르 커리어는 앙코르(Encore.org)의 최고경영자인 마크 프리드먼의 아이디어이다. '앙코르 커리어'는 사회적 영향, 목적, 그리고 때로는 지속적인 소득을 하나로 묶는, 인생 후반부에 다시 시작된 직업이다. 마크 프리드먼은 앙코르 커리어가 은퇴의 종전 목표인 '일로부터의 자유'를 새 목표인 '일할 자유'로 대체한다고 본다. 이는 사람들이 오늘날 나이 들어가는 방식을 더 잘 보여준다.[141]

나이듦의 편견을 넘어설 때, 우리는 나이 들어가는 것의 의미에 대한 시대에 뒤처진 신념과 고정 관념에 도전하며, 더 많은 사람들이 어떻게 나이 들어갈지를 선택할 수 있도록 하는 반짝이는 새로운 해결책을 찾고 있다. 이것이 앙코르 커리어의 전부이다. 레스터 스트롱처럼 앙코르 커리어를 추구하는 사람들은 나이듦의 편견을 넘어선 사람들이다. 그들은 구시대의 고정 관념에 저항하고 있으며, 그들의 직업을 통해 개인적으로 의미 있을 뿐만아니라 사회에 긍정적인 영향을 끼치는 일에 참여함으로써 무엇이 가능한지를 다른 사람들에게 보여주고 있다.

• 갭이어*

내 아들과 딸이 고등학교와 대학을 졸업했을 때, 그들의 친구들가운데 몇 명이 미래에 무엇을 할 것인가를 생각하기 위해 갭이어를 보냈다. 사람들이 길어진 중년기에 접어들면서, 이제 점점더 많은 사람들이 그들 자신의 오래된 습관을 깨뜨리고, 재충전을 하며, 다음에 무엇을 할 것인가를 숙고하기 위해, 갭이어를 보낸다. 어떤 사람들은 이 시간을 이용해 강의를 듣고, 여행을 하며, 인생 계획 워크숍에 참여하고, 자원봉사 활동을 하며, 큰 프로젝트에 참여하기도 하고, 그냥 쉬기도 한다. 주어진 시간을 어떻게 보내든지 간에, 그들은 갭이어가 주는 여유가 미래에 대한새로운 시각을 갖게 하는 것을 경험한다. 때로는 이전에는 결코

---

* 갭이어(gap year)는 학업을 병행하거나 잠시 중단하고 봉사, 여행, 진로 탐색, 교육, 인턴, 창업 등의 다양한 활동을 직접 체험하며 이를 통해 향후 자신이 나아갈 방향을 설정하는 한 해의 시간을 갖는 것을 말한다. 1960년대에 영국에서 처음 시작되었다.

고려해보지 않은 변화에 대해 심사숙고하게 되기도 한다.[142]

사람들이 은퇴를 했다가 1~2년 후에 은퇴를 번복하고 직장으로 돌아오는 것은 그리 드문 일이 아니다.[143] 다시 말해서, 그들은 은퇴 후의 이 기간을 일종의 갭이어로 활용해 이후에 무엇을 할 것인가를 생각하는 것이다.

인구 고령화를 통해 우리가 경험하고 있는 인구학적 변화 덕분에 기업과 단체들은 나이듦에서 오는 경험과 지혜를 활용하고, 그것을 젊은이들이 가진 디지털 문해력 및 상상력과 결합시킬 기회를 얻었다. 이는 또한 고령 노동자들이 길어진 중년기에 그들의 경험을 일에 반영할 수 있는 최선의 방법에 대해 생각해볼 수 있는 기회이기도 하다.

우리는 일터에서 4세대가 어우러져 함께 일하고 있는 기업과 단체들을 보기 시작한다. 이렇게 되기 위해서는 젊은 사람들과 고령 사람들이 상대방이 자신의 업무 경험에 가져다줄 수 있는 것을 배우고 존중하는 문화를 발전시킬 필요가 있다. 우리는 일을 하는 새로운 방식을 지원하는 해결책을 개발해야 한다. 우리는 고령 노동자들의 지혜, 지식, 그리고 경험을 담아낼 기회를 얻기 시작했으며, 언제든 어디서든 일할 가능성이 더 큰 노동자들의 필요와 욕구에 대응하기 시작했다. 이러한 경향이 지속되도록 하는 것이 중요하다. 우리는 노동자들이 제도적 지식을 잃지 않고 새로운 직업으로 옮겨가는 것을 돕는 더 좋은 방법을 찾을 수 있다. 우리는 또한 여러 세대의 노동자들이 서로 지식을 교환하며 서로에게 멘토링할 기회를 제공하는 더 좋은 방법을 찾을 수 있다. 우리는 또한 새로운 작업 방식과 참여 방식을 발전시켜야 한다. 예를 들어, 사람들이 변화를 만들어내기 위한 목적과 열정을 추구하도록 북돋우는 앙코르 커리어처럼 말이다.

이와 같은 사안들에 대한 해결책을 찾는 것은 고령 노동자들뿐만 아니라 모든 노동자들에게 중요하다. X세대와 밀레니얼 세대가 경력을 쌓아나감에 따라 일과 은퇴의 경계는 지금보다도 더 옅어질 것이다. 그리고 직업이 우리의 연장된 삶에 필요한 돈을 공급하고 사회에 참여하며 기여하는 방법으로서 더욱 중요해짐에 따라, 우리는 일을 계속하고 싶어하거나 일할 필요가 있는 사람들이 이용할 수 있는 선택지를 늘려야 한다.

우리가 알고 있는 직업에 종말이 오고 있다. 그러나 전통적인 은퇴 연령을 넘겨서 일을 계속할 것을 선택하는 사람들이 점점 많아지고 있다. 이들은 일을 계속하는 것이 꼭 나쁜 일은 아니라는 점을 일깨워준다. 우리는 우리 경험을 일에 활용할 것이며, 그런 다음 우리 삶 가운데 가장 의미 있는 일을 발견할 것이다. 그것은 일에 대한 편견에서 벗어남으로써 가능해질 수 있다.

제8장

규칙을 바꾸자

기존의 것을 비판하는 것만으로는
아무것도 바꿀 수 없다.
뭔가를 바꾸려면 기존 모델을 쓸모없게 만드는
새로운 모델을 만들라.
– 리처드 벅민스터 풀러

2015년, 우리는 노인의료보험제도와 저소득층의료보장제도, 그리고 노인복지법의 50주년과 사회보장연금의 80주년을 기념했다. 2017년에는 연령차별금지법의 50주년을 기념했다. 이들과 유사한 수백 건의 공공 정책들은 기대 수명은 물론, 더 나이를 먹는다는 경험이 오늘날과는 매우 다른 시기에 발효되었다. 예를 들어, 사회보장연금이 법제화된 1935년 당시 남성의 기대 수명은 60세, 여성의 기대 수명은 64세였다. 현재 남성의 기대 수명은 76세, 여성의 기대 수명은 81세이다. 사회보장연금, 노인의료보험제도, 저소득층의료보장제도와 같은 정책들이 사람들이 더 오래 더 잘 살도록 하는 데에 중요한 역할을 했음은 의심할 여지가 없다.

여러 해에 걸쳐 우리는 더 잘 나이 들어가는 데 도움이 되도록 정책과 관례를 수정해왔으며, 나이 들어가는 우리를 지원하는 인프라를 개선했다. 그러나 현실은 프로그램과 제도, 정책, 그리고 어떤 의미에서는 우리의 문화까지도 오늘날 사람들이 나이 들어가는 것에 뒤쳐져 있다. 대부분의 정책과 관례는 20세기의 생활 양식에 맞추어 제정된 것으로, 오늘 우리가 살아가는 방식을 적절히 지원하지 못한다.

베이비붐 세대(제1차 베이비붐 세대는 70대가 되었다)가 나이 들어가고 있는 현시점에서 나이 들어가는 사람들을 지원하는 인프라와 시스템은 점점 더 시대에 뒤처지고 있다. 베이비붐 세대의 출생이 우리의 문화와 사회 제도에 변혁을 일으켰던 것과 같이 그들의 고령화도 마찬가지로 변혁을 요구하고 있다.

앞선 장에서 살펴본 바와 같이, 우리들 가운데 많은 사람들이 우리 개개인의 삶 속에서 우리가 나이 들었을 때 어떻게 살고 싶은지, 어떻게 건강을 관리할지, 그리고 어떻게 우리 재정 자원을 지속시킬지 그 방법을 생각하며 이미 나이듦의 편견을 넘어서고 있다. 나는 우리가 어떻게 건강에 접근하고, 지역사회를 변화시키고, 일과 은퇴를 계획하는가에 있어서 우리가 이뤄야 할 변화에 대해 말했다. 이 장에서는 우리가 장수하는 삶을 준비하고 그러한 삶을 살아가기 위해 바꾸고자 하는 규칙, 정책, 프로그램, 그 외 여러 제도들 가운데 일부를 살펴보고자 한다. 이 목록이 완전하지는 않지만 AARP에서 가장 중요하게 여기는 것들은 다 포함하고 있다. 이로써 21세기를 살아가며 나이 들어가고 있는 우리들을 지원할 수 있는 인프라를 개선하거나 바꾸어나갈 수 있는 새로운 해결책에 대한 새로운 생각들을 독자들이 가질 수 있게 되기를 희망한다.

●● 건강

건강의 초점을 질병의 치료로부터 건강과 행복을 성취하도록 돕는 쪽으로 전환함에 따라, 우리는 50세 이상의 사람들이 좀 더 건강한 삶을 영위하는 데 필요한 돌봄과 정보, 그리고 의료 서비스에 접근할 수 있도록 보장해주는 정책과 관례, 그리고 제도가 필요하다.

• 건강한 삶

우리의 현재 의료 시스템은 '환자 관리' 시스템이라는 표현이 더 어울린다. 비용을 감당할 수만 있다면 현재 시스템은 아픈 몸을 치료할 때 도움이 된다. 그러나 현재 시스템은 건강을 유지하는 데에는 별로 도움이 되지 않는다. 건강과 행복을 더 강조하는 긍정적인 발전의 조짐이 보이기는 한다. 예를 들어, 건강보험개혁법은 예방적 조치에 초점을 맞춘 조항들을 포함하고 있으며, 노인의료보험제도는 이제 이 제도의 혜택을 받기 시작하는 사람들을 위한 '노인의료보험제도 환영' 무료 건강 검진을 제공한다. 하지만 이것들은 단지 시작일 뿐이다. 우리는 더 많은 변화를 이루어내야 한다. 이 전투의 최전방에 있는 AARP는 우리의 관심이 필요한 몇 가지 주요 영역들을 파악했다.

우리는 전체 시스템을 더욱 효율적으로 작동하도록 만들어야 한다. 이 문제를 해결하기 위해 소비자인 우리에게 주어진 역할이 있다. 그러나 대부분의 책임은 공급자, 지급자, 그리고 정책 입안자들에게 있다. 환자와 소비자에게 비용을 전가하지 않고 의료 성과를 개선함으로써 비용을 낮출 수 있다. 이와 함께 새로운 시행 모델 또한 계속해서 개발해야 한다. 대부분의 사람들에게 의료 서비스는 조직화되어 있지 않고, 품질이 들쑥날쑥하며, 비용은 감당할 수 없을 정도로 점점 더 증가하고 있다. 우리들이 의사에게 비용을 지불하는 가장 일반적인 방법인 진찰료가 이와 같이 체계적이지 못한 의료 서비스를 조장한다. 진료비는 의료 서비스를 더욱 효율적으로 만들기 위해 시스템을 개선하고 조직화하며 통합하는 의료 종사자들과 의료보험에 거의 보상을 주지 못한다.

건강보험개혁법은 이러한 비용 적정성과 품질 문제에 대처하기 위한 조항들을 포함하고 있다. 예를 들어, 새로 설립된 노인의료보험제도 및 저소득층의료보장제도 혁신 센터에서는 고품질 의료 서비스를 강화함과 동시에 지출을 줄이는 다수의 의료비 지불 및 서비스 시행 모델을 실험할 것이다. 이 센터는 환자 중심의 의료 서비스의 조직화, 품질, 그리고 효율성을 개선하는 프로그램을 우선적으로 추진할 것이다. 또한 이 센터는 폭넓은 의료비 지불과 관행의 개혁을 촉진할 것이다. 메디컬 홈, 책임 의료 서비스 조직 등 새로운 치료 모델의 시범 사업도 다른 조항들에 의해 승인되었다.

이러한 작업을 지속해 공급자들을 위한 새로운 보상책, 그리고 여러 분야의 의료 종사자들의 새로운 아이디어를 탐색해야 한다. 여기에는 양이 아니라 가치를 추구하는 지불 체계 혁신의 확대, 광범위 의료 조직화 촉진(의사를 포함한 모든 의료 종사자들이 서로 의사소통하게 하는 것 등), 약제비 감축 방안의 구현, 소비자들에게 서비스의 비용과 품질에 대해 더 유용한 정보를 제공하는 일, 의료 서비스 프로그램을 더 효율적이며 낭비가 없도록 만드는 일 등이 포함된다. 이와 같은 일들을 통해 괄목할 만한 비용 절약이 이루어질 것이며, 사설 보험의 혁신적인 비용 절감이 촉진될 것이다. 무엇보다도 중요한 것은 사람들이 더 건강한 삶을 유지할 수 있도록 돕는 것이다.

위와 같은 혁신적 접근과 그 외의 개혁을 통해 우리가 받는 돌봄의 질이 개선되고 비용이 더 낮아진다면 우리 모두에게 득이 될 것이다. 의료 서비스의 '혁신'과는 반대되는 것 같아 보이지만, 혁신을 이루는 한 가지 방법은 최고령자와 최약자들을 위한 의사 가정방문제도를 되살리는 것이다. 워싱턴 D.C.에 있는 비영리 법인 메드스타 헬스(Medstar Health)의 연구는 이 '혁신'이 해당 지역의 최고령자들의 노인의료보험제도 비용의 17%를 절감할 가능성이 있음을 보였다.[144]

효율성을 개선할 수 있는 좋은 방법 가운데 하나는 의료 시스템 전체의 투명성을 강화하는 것이다. 사실은 이것이 의료 시스템 개선의 핵심이다. 이 일은 주요 관련자인 병원과 의사, 보험 회사, 그리고 정치가들의 몫이다. 그러나 이 일은 소비자인 우리의 요구가 있어야 실현될 것이다. 의료 소비자인 우리는 합리적인 결정과 가치 추구에 필요한 정보를 갖고 있지 않을 때가 많다. 다른 시장에서는 당연하게 여겨지는 요소들인 투명성, 공정 가격, 공개된 품질이 의료 시장에는 존재하지 않을 때가 많다. 우리는 이미 의료 서비스의 가중되는 비용 부담을 안고 있으며 의사와 병원, 보험 회사, 복잡한 규칙 체계, 규정, 그리고 이해할 수도 없고 바꿀 능력도 없는 관행에 끌려다니고 있다. 우리는 의료 종사자들에게 향상된 투명성과 정보를 요구해야 하며, 정치 지도자들에게 의료 시스템을 더욱 투명하고 소비자 친화적으로 만드는 법안을 통과시키고 규정을 제정해달라고 요구해야 한다.

• 노인의료보험제도

많은 미국 노인들이 보장 가능하며 비용 지불이 가능한 의료 서비스를 받기 위해 노인의료보험제도에 의존하고 있다. 2016년에 노인의료보험제도는 5,680만 명의 사람들에게 의료보험을 제공했다. 노인의료보험제도의 지출은 6,790억 달러였으며, 수입은 7,100억 달러였다. 가입자당 평균 수혜 금액은 1만 2,872달러였다.[145] 2020년에는 노인의료보험제도 가입자가 6,400만 명에 이를 것으로 추산된다. 노인의료보험제도 운영위원회의 최신 보고서에 따르면 노인의료보험제도는 전반적인 고비용 의료 서비스에 직면해, 지속적인 재정적 도전에 맞서면서 2029년까지 지불 능력을 유지할 것이다. 매우 많은 사람들이 의료 서비스 비용 지출의 주요 수단으로 노인의료보험제도에 의존하고 있고 앞으로도 의존할 것이기에 노인의료보험제도의 장기적인 지불 능력에 대해 고민해야 하며, 현재 그리고 미래에 우리가 나이 들어가는 방식을 지원할 수 있도록 노인의료보험제도를 개선하기 위한 적절한 단계적 조치를 취해나가야만 한다.

돈을 아끼려는 의도로 수혜자에게 피해를 주는 혜택 축소를 적용하기보다는 목표가 분명한 해결책을 도입해야 노인의료보험제도의 비용을 절감하고 유의미한 절약을 이루어낼 수 있다. 노인의료보험제도의 비용을 줄이거나 비용 상승 속도를 늦추려는 정책 입안자들에게는 대체로 2개의 선택지가 주어진다. 서비스의 양을 줄이거나 비용을 소비자에게 전가하는 것이다. 어떤 방법을 택하든지 비용 부담은 결국 우리가 하게 된다. 그러나 노인의료보험제도를 더 효율적이고 덜 비싸게 만들기 위해 우리가 할 수 있는 다른 일이 있다. 첫째로 의료 서비스의 협력 체계를 개선할 수 있다. 우리들 대부분은 오로지 한 명의 의사를 만나는 것이 아니라 주치의 한 사람과 여러 명의 전문 분야 의사들을 만난다. 그런데 현실을 직시해보면, 이들 의사들은 서로 의사소통을 잘 하지 않으며, 진료 협력을 조직화하는 일은 대체로 우리에게 맡겨진다.

오늘날 우리에게 주어진 기술을 이용해 진료 협력 체계를 더 잘 운영하지 못할 이유가 없다. 이는 검사와 진단의 중복을 피하고, 의료 기술을 더욱 효율적으로 사용해 불필요한 절차와 서비스를 줄이는 데에 큰 도움이 된다. 치솟는 의약품 가격에 대처하고 부정 및 부당 적용을 지속적으로 적발하는 것만으로도 노인의료보험제도 비용을 줄일 수 있다. 이 모든 조치들은 노인의료보험제도의 재정을 절약하는 동시에 의료 시스템의 전반적인 개선에 기여할 것이다.

• 가족 부양자

오늘날 약 4,000만 명의 미국인들이 일상생활과 의료, 간호 등에 도움을 필요로 하는 연로한 부모와 배우자, 그 외의 친척들을 돌보고 있다. 돌봄 활동에는 집안 살림과 허드렛일, 목욕과 옷 입기 등의 개인적 돌봄, 약속 잡기, 개인 재무, 복약 관리, 상처 관리, 이동 등이 포함된다. 지불되지 않는 가족 부양자들의 기여의 경제적 가치는 연간 약 4,700억 달러에 이를 것으로 추산된다.[146] 가족 부양자들이 더 이상 돌봄을 할 수 없게 된다면, 공공 지원 시스템의 경제적 비용은 하늘로 치솟을 것이다. 우리가 가족 부양자들을 인정하고 지원하기 위한 정책과 전국적 계획, 그리고 인프라를 발전시켜야 하는 것이 그토록 중대한 이유가 바로 이것이다.

가족 부양과 관련된 문제들을 해결하기 위한 다수의 정책들이 여러 주에서 도입 및 시행되고 있다. 예를 들어, CARE Act(Caregiver, Advise, Record, Enable Act)는 피부양자들이 입원을 할 때나 집을 옮길 때에 가족 부양자들을 지원해준다. 재정부양법은 가족 부양자들이 재정적 어려움을 잘 헤쳐나갈 수 있도록 돕는다. 이와 같은 법에는 통일후견절차법도 있는데, 이 법은 성인 후견인 관련법이 모든 주에서 일관되게 지켜지는 것을 보장해준다. 통일대리권법도 대리권법에 있어서 같은 역할을 한다. 몇몇 주에서는 가족 부양자들이 자신들의 돈을 들여 친지들을 돌볼 때에 세금을 어느 정도 경감해주는 부양자 세금 공제법을 도입했다. AARP의 부양 자원 센터(www.aarp.org/home-family/caregiving)에서는 주별 부양 정책과 자원에 대한 정보를 제공한다.

몇몇 주에서는 가정 간호나 성인 주간 보호 서비스와 같은, 주에서 재정을 부담하는 서비스를 이용할 수 있는 노인들의 수를 크게 늘렸다. 비슷한 맥락으로 여러 주에서 가족 부양자들이 힘들게 얻은 휴식 시간을 잘 보낼 수 있도록 임시 간호 서비스의 재정을 확대했다. 오랜 금기를 혁파해 고급 전문 간호사들로 하여금 제1차 또는 응급 요양 서비스 제공자의 역할을 감당하게 하고, 간호사들이 투약 등의 업무를 소비자들과 정기적으로 직접 접촉하는 숙달된 가정 간호 종사자들에게 위탁하는 것을 허용하는 법안들이 도입되었다.

또 다른 법안들은 연방가족병가법이나 고용주의 유급 또는 무급 휴가 정책의 개선을 통해 직업을 가진 부양자들이 가정과 직장에서의 책임의 균형을 유지하는 것을 돕기 위해 직장 유연성 문제에 대처하고 있다.

일부 고용주들은 ReACT(Respect A Caregiver's Time)에 참여해 부양자들을 지원하기 위한 변화를 도입했다. ReACT는 노동자 부양자들이 직면하는 도전에 대처해 그들을 고용하고 있는 회사에 끼치는 영향을 줄이려고 노력하는 고용주 연합 단체이다.

• 의료 지원 인력

가족들이 고령 인구를 돌보는 책임을 전적으로 질 수 있을 것이라고 기대할 수는 없다. 사실 우리는 점점 증가하는 돌봄 격차에 직면하고 있다. 가족 부양자의 수는 감소하고 있으며 미래의 수요에 미치지 못할 가능성이 크다. 초고령 인구의 급격한 증가와 그들을 돌볼 가족들의 감소에 따라 우리는 새로운 해결책을 찾을 수밖에 없게 되었다. 과거에 그랬듯이 가족은 앞으로도 고령 가족을 돌보는 일에 있어서 중심적인 역할을 계속 담당할 것이다. 하지만 미래에는 가족 부양자들이 가중되는 스트레스와 부담을 견디기 위한 더 많은 지원을 필요로 할 것으로 예상된다.

우리는 다양한 기술을 보유하고 잘 훈련된 수백만 명의 인력이 필요하다. 우리에게는 더 많은 노인병 전문의와 간호사, 심리학자, 사회복지사, 약사, 물리치료사, 치료 코디네이터, 그리고 가정 간병인이 필요하다. 또한 우리는 이러한 인력을 교육하고 훈련시킬 교사들과 이런 종류의 직업을 갖고자 하는 많은 젊은이들이 필요하다. 그런데 이러한 일은 대개 부담은 매우 큰 반면에 임금은 매우 적다.

노인을 직접 대면하여 돌보는 이들, 예를 들어 가정 간병인, 개인 간병인, 그리고 공인 간병인 역시 더 필요하다. 환자를 직접 대면하여 돌보는 이들은 대부분의 유료 서비스와 지원을 제공한다. 그러나 스스로를 돌봐야 하는 사람들과 그들의 가족 부양자들은 필요한 일에 적합한 사람들을 찾기 어려운 경우가 많다. 저임금과 거의 없다시피한 혜택 때문에 이직율은 더 높아지고 돌봄의 질은 더 낮아진다.

이 문제를 해결할 수 있는 중요한 방법 하나는 직무의 범위를 넓혀서 노동자들을 끌어들이고 유지하는 것이다. 모든 전문 인력에게 훈련과 경험, 그리고 기술 수준 전반에 이르는 서비스를 제공하는 방법을 찾는 것은 인력 부족에 의해 발생한 의료 서비스 이용 불능 문제를 완화하는 데 도움이 될 것이다. 의료 지원 인력 등록제의 정착 또한 소비자들이 환자를 직접 대면하여 돌보는 이들을 찾는 데에 도움이 될 것이다. 그리고 4장에서 살펴보았듯이, 기술 기업가들은 의료 지원 인력과 돌봄 수요를 연결하는 혁신적인 온라인 접근 방법을 고안하고 있다.

∙∙ 부

장수하는 삶에 적합한 재정적 자원과 기회를 제공하는 일은 엄청난 도전이다. 공공 정책과 민간 부분의 실행이 힘을 합쳐서 사회에 속한 개인들을 지원해야 하기 때문이다. 우리는 제7장에서 파괴적 재창조가 절실한 직업과 인력에 관한 사안을 다루었다. 그런데 다른 정책과 관행들에도 변화가 필요하다.

∙ 사회보장연금

1940년 1월, 아이다 메이 풀러가 최초의 사회보장연금 수당을 받은 이후로, 사회보장연금은 사람들이 독립성과 존엄성을 지키며 살아가는 것을 도왔다. 여러 세대를 거치며 사회보장연금은 일생 동안 노고를 치르며 연금을 납입한 많은 미국인들의 안정된 은퇴의 기반이 되었다. 또한 사회보장연금은 노동자가 사망하거나 장애를 갖게 되었을 때 어린 가족에게도 꼭 필요한 보호 장치를 제공했다. 사회보장연금의 중요성은 아무리 강조해도 지나치지 않다. 사회보장연금은 미국인들이 의존하는 신성한 신뢰를 상징한다. 2013년 사회보장연금은 2,200만 명의 모든 연령대의 미국인들을 가난으로부터 지켜주었다.[147]

다양한 인구학적 특성과 정치적 견해를 가진 미국인들의 2/3가 사회보장연금이야말로 가장 중요한 정부 정책 가운데 하나라고 말하고 있으며, 30세 이하 인구의 거의 10명 중 9명에 해당하는 사람들이 그들이 은퇴했을 때 사회보장연금이 지속되고 있을 것인지 알고 싶어 한다.[148]

'사회보장연금 운영위원회 2015년 보고서'에 따르면 노령, 유족 및 장애 통합 기금은 앞으로 약 20년간 노령, 유족, 그리고 장애 급여 전액을, 그 이후로는 73~79%를 지급할 수 있다. 사회보장연금의 장기 지급 부족 문제에 대한 조치가 취해지지 않으면 2034년에는 20% 이상까지 줄어들 것이다.[149] 그러므로 우리는 사회보장연금이 미래 세대들에게 적정한 혜택을 지속적으로 제공함과 동시에 장기 지급 능력이 보장될 수 있도록 충분한 출자가 이루어지는지 확인해야 한다.

사회보장연금의 미래에 대한 고려는 사회가 어떻게 변화하고 있는지의 맥락 속에서 이루어져야 한다. 단기적으로 사회보장연금이 어떻게 지급 능력을 갖추며 적정 상태를 유지하도록 할 것인가뿐만 아니라 장기적으로 사회보장연금을 어떻게 개선할 것인가를 고민해야 한다. 기존의 정책은 매우 성공적이었지만 지난 80년간의 인구학적·경제적 변화에 대처해 미래의 수혜자들과 그들의 가족의 필요에 대응할 수 있도록 개선이 필요하다.

사회보장연금은 우리의 역사상 현재와는 매우 다른 시기에 만들어졌다. 그때에는 대부분의 여성이 집 밖에서 일을 하지 않았으며 출생 시 기대 수명은 60세 정도였다. 오늘날과는 상황이 다르다. 오늘날의 고령화는 불과 한 세기 전과 다르며 미래 세대의 고령화는 또 다를 것이다. 여성들은 그 어느 때보다도 더 많이 집 밖에서 일을 하고 있으나 사회보장연금은 부부 가운데 한 사람만 돈을 버는 것이 보통인 시기에 만들어졌다. 우리는 더 이상 교육에서 일, 그리고 은퇴로 이어지는 선형적인 진행 속에 살고 있지 않다. 우리는 인생 전체를 통해 이런 단계들을 드나들고 있다. 우리들 가운데 점점 많은 사람들이 80대, 90대, 혹은 그 이상까지 살게 되면서 최고령 수혜자들에게는 연금이 적정하지 않을 때가 종종 있다.

우리는 이렇게 변화하는 현실에 맞게 사회보장연금을 개선해야 한다. 사회보장연금을 개선할 방법을 찾으면서 제대로 시행되는 것은 유지하고, 필요한 부분은 고치고 개선하며, 장기적인 재정 안정성을 성취하기 위한 단계를 밟아나가야 한다. 이는 몇몇 정치가들이 우리로 하여금 믿게 하려는 것과 같이 단순히 은퇴 연령을 늦춘다거나 연금을 줄이는 것으로 해결될 수 없는 복잡한 사안이다. 이에는 그러한 것들보다 훨씬 많은 것들이 관련되어 있다. 우리의 정치 지도자들이 당면한 문제를 해결하기 위한 최선의 방법을 찾을 때 우리는 그들에게 몇 가지 매우 기본적인 원칙을 따를 것을 촉구해야 한다.

첫째, 사회보장연금은 지급 능력과 의미 있는 연금 급여가 장기적으로 보장될 수 있도록 충분한 출자가 이루어져야 한다.

둘째, 우리는 사회보장연금의 근본적 성격을 재확인해야 한다. 우리가 모든 노동자와 가족이 은퇴, 장애, 혹은 사랑하는 가족의 사망 등 큰 인생사를 겪은 후에도 재정적 안정 속에서 살 수 있는 사회를 추구한다면, 사회보장연금은 모든 노동자를 포함해야 하며, 노동자들에게 공정하게 기여할 것을 요청해야 한다. 모든 노동자들이 연금과 이해관계가 있어야 한다. 모든 노동자들이 납입해야 하며, 또한 보호받아야 한다. 개인과 고용주, 그리고 연방 정부의 협력은 매우 중요하며 지속되어야 한다.

셋째, 사회보장연금은 이에 대한 의존성이 가장 큰 사람들과 은퇴를 미루기 힘든 사람들의 필요를 고려해 가장 어려운 사람들을 위한 보호를 보장해야 한다. 사회보장연금은 사실상 모든 노동자들을 보호하지만 가장 취약한 사람들을 더 지원할 수 있어야 한다. 이에는 많은 여성들이 포함된다. 왜냐하면 여성들은 남성들보다 더 장수하며, 소득은 적고, 부양과 육아 때문에 노동력에서 제외되는 경향이 있기 때문이다.

넷째, 사회보장연금의 개혁을 통해 이 제도의 핵심 가치를 드러내어 이제까지 공고한 안정적 은퇴의 기초를 제공한 사회보장연금의 장점들을 계속 유지해나아가야 한다. 사회보장연금이 곧 도래할 재정적 도전을 직면하고 있다고 해도 노동자들과 그들의 가족들은 여전히 이 제도의 핵심 요소에 의지할 것이다. 노동자들은 은퇴 후 소득을 제공하고 물가 상승으로부터 자신들을 보호하며, 그들이 상해를 입거나 아파서 더 이상 일할 수 없게 되었을 때 그들과 그들의 가족을 보호하고, 조기 사망했을 때에 가족을 보호하는 등의 사회보장연금 혜택을 계속해서 받아야 한다. 사회보장연금은 젊었을 때에 일한 사람들에 대한 보상을 계속 제공해야 한다. 사회보장연금은 국민들을 경제 변동성으로부터 보호해야 하며, 예측 가능하고 안정적이며 일생 동안 지속되는 연금을 제공해야 한다. 사회보장연금의 성공적인 정책 구조의 핵심 요소들(단계적으로 확정되어 평생 지속되는 혜택, 물가 상승으로부터의 보호, 그리고 소득에 연계된 연금)은 보존되어야 한다.

다섯째, 개선 사항은 오늘날의 노동력의 특성을 반영해야 한다. 변화하는 경제는 많은 노동자들과 사회보장연금에 재정적 도전을 안겨주었다. 열심히 일하는 미국인들에게 안정적인 은퇴의 꿈은 점점 더 달성하기 힘든 것이 되어가고 있다. 대부분의 노동자들은 안정적인 은퇴를 꿈꾸는 일을 더 어렵게 여기거나 불가능하다고까지 생각한다. 임금이 제자리를 지키고 있기에 은퇴를 대비해 저축을 하는 것은 더 어려워졌다. 소득 불균형의 증가가 사회보장연금의 재정적 위치를 약화시켰다. 경제에서 소득의 증가분이 사회보장연금에 쓰일 목적으로 과세되고 있지 않기 때문이다. 사회보장연금은 이 새로운 현실에 대응해야 한다. 개선된 사회보장연금은 지난 80년간의 경제적·인구학적 변화에 대처해 미래의 수혜자와 그들의 가족의 필요에 응답할 수 있어야 한다. 또한 21세기의 사회보장연금 프로그램은 더욱 사용자 친화적이어야 한다. 행정 개혁을 통해 효율성을 증대시키고 투명성을 촉진해 사람들이 자신들에게 주어진 혜택을 어떻게, 그리고 언제 수령할 수 있는지 더 쉽게 이해할 수 있도록 해야 한다.

마지막으로 사회보장연금의 개선이 이루어지면서 공정성이 보장되어야 한다. 제도의 변화는 점진적으로 이루어져 현재 수급자와 은퇴가 임박한 사람들을 보호해야 한다. 연금을 납입하고 사회보장연금의 수혜 자격을 획득한 사람들이 확실히 연금을 받을 수 있도록 하는 방법을 강구해야 한다. 현재 수급자는 그들이 매일 의존하는 연금이 줄어들거나 빼앗기지 않는다는 것을 알아야 하며, 곧 수급자가 될 사람들은 그들이 납입한 금액에 근거해 연금을 받을 수 있다는 약속이 지켜질 것임을 알아야 한다. 이와 동시에 젊은이들과 미래 세대들은 그들의 기여가 의미 있는 보호를 가져올 것이며 나이 들었을 때 존엄성을 지키며 살 수 있을 것이라는 것을 알고 안심해야 한다.

• 일하고 저축하라

나이 들었을 때 살아가기에 충분한 돈을 가지기 위해 사회보장연금을 개선하는 것이 필수적이기는 하지만, 사회보장연금은 은퇴자의 유일한 소득원으로 조성된 것은 아니다(그러나 많은 사람들에게 사회보장연금은 유일한 소득원이다). 우리는 더 많은 사람들이 노년을 위해 더 많이 저축할 수 있도록 장려하고 도울 수 있는 방법을 찾아야 한다. 55세 이상의 인구 가운데 거의 절반에 해당하는 사람들의 저축액이 5만 달러 이하인 것이 현실이다. 아주 많은 사람들이 돈을 소진할까봐 걱정하는 것은 놀랄 만한

일이 아니다.[150]

많은 젊은이들은 저축을 하지 않는다. 그들은 저축을 할 여유가 없거나 여유가 없다고 생각한다. 그러나 진짜 문제는 우리의 현재 정책과 관행이 매월 아주 적은 금액이라도 저축하라고 사람들을 격려하거나 저축을 쉽게 할 수 있게 해주지 못한다는 것이다. 5,500만 명의 미국인들(18~64세 인구의 절반 정도)이 그들의 고용주를 통한 퇴직연금제도를 이용할 수 없는 상황이다. 이용할 수 있다 하더라도 너무 많은 사람들이 가입을 하지 않는다.[151] 민간 영역 고용주의 절반 이상이 노동자들에게 퇴직연금제도를 제공하지 않는다. 그런데 고용주가 퇴직연금 적립금에 대한 급여 공제 선택을 노동자들에게 제시하면 가입률이 큰 폭으로 오른다.[152]

고용주들은 사람들이 더욱 쉽게 저축할 수 있도록 훨씬 더 많은 일을 할 수 있다. 401(k), 또는 다른 퇴직연금제도를 제공하는 많은 고용주들이 노동자들의 동의를 요청한다. 그러나 행동과학에 따르면 자동 가입 제도는 노동자의 가입을 증가시키며, 부담금 자동 상승(예를 들어, 급여가 인상될 때마다 퇴직 연금 부담금 또한 증가하는 것)은 시간이 지날수록 사람들이 저축을 더 많이 하게 한다.[153] 그러므로 단순히 자동 가입 제도를 이용하는 것만으로도 고용주들은 노동자들로 하여금 더 많이, 더 쉽게 저축을 하게 도울 수 있다.

우리는 또한 직장 저축을 장려하는 공공 정책의 입안을 고려할 필요가 있다. 20개 이상의 주에서 작은 기업체의 노동자들을 위해 주에서 지원 설정하는 퇴직연금제도인 워크 앤 세이브(Work and Save) 연금, 또는 자동 IRA를 제공하고 있거나 제공을 고려하고 있다. 이러한 기금은 업체로 하여금 노동자들을 위한 개인 퇴직 저축 계좌를 쉽게 만들 수 있게 해, 노동자들이 그들의 재정적 미래를 스스로 책임지고 나이 들어가면서 독립적으로 살아갈 수 있게 돕는다. 이러한 계좌는 개설하기가 쉬우며 고용주나 주 정부에 주어지는 지속적인 비용이나 위험 요소가 없다.

워크 앤 세이브 연금은 또한 노동자들로 하여금 저축을 더 많이, 더 쉽게 할 수 있게 해 안정되고 독립적인 미래를 살아갈 수 있게 한다. 계좌 개설은 자율이다. 가입할지 말지 정하는 것은 노동자들에게 달려 있다. 또한 계좌는 이동 가능하다. 노동자들이 직장을 옮길 때 그들이 가입한 워크 앤 세이브 계좌도 함께 옮기는 것은 빈번한 일이다.

사람들에게 저축을 장려하는 또 하나의 방법은 세금 체계를 개혁해 더 많은 금액의, 혹은 환급 가능한 저축자 공제(현재 개인당 1,000달러에 머물러 있다)를 마련해 저소득 노동자를 위한 보상을 확대하는 것이다. 저축자 공제는 은퇴를 위한 저축을 하는 저소득·중소득 납세자에게 특별한 세액 우대를 부여하며, 보상 확대는 저소득 노동자가 미래를 위한 자금을 마련하는 데 도움을 줄 것이다.

저축은 사회적 차원에서 매우 중요한 것이라는 공공의 인식을 제고하기 위해 많은 일을 해야 한다. 이 일은 뒤로 미룰 수 있는 일이 아니다. 되도록 이른 시기에 저축을 시작하고 가능한 한 은퇴하기 전까지 돈을 인출하지 말아야 한다는 메시지를 퍼뜨려야 한다. 고용주 부담의 퇴직 연금이나 주 부담의 워크 앤 세이브 연금에 가입한 노동자들은 그들의 납부액이 불어날 수 있게 재직 기간 동안 계속 연금에 가입해 있어야 한다. 또한 노동자들에게 쉽게 퇴직에 대비한 저축을 할 수 있는 간편한 방법을 제공하면 정부의 안전망에 의존하는 미국인들이 줄어들 것이다. 이는 결국 납세자의 돈을 아끼는 일이다.

• 자금의 관리와 보호

은퇴에 대비한 자금을 조성하는 것은 해답의 일부일 뿐이다. 우리에게는 자금을 관리하고 보호할 수 있는 새롭고 더 좋은 방법도 필요하다. 확정급여형 퇴직연금의 종말 이후로 은퇴 자금의 조성과 관리에 대한 대부분의 책임이 우리들 개인에게로 옮겨졌다. 하지만 그렇다고 해서 모든 책임을 꼭 우리가 져야만 하는 것은 아니다.

점점 더 복잡해져가는 세상에서 자산을 관리할 수 있는 능력을 갖춘다는 것은 그 어느 때보다도 중요하다. 재정 무능력은 우리 사회의 모든 부분, 그리고 모든 소득 수준에 폭넓게 팽배해 있는데, 특히 학생, 여성, 저소득층, 그리고 놀랍게도 50세 이상의 사람들에게 더욱 그러하다. 우리는 높은 대출 수준, 낮은 저축률,

그리고 은퇴 대비 계획 부재 등의 재정 무능력의 증거들을 너무 자주 본다. 한마디로, 재정적 노하우의 결핍이 은퇴 후 재정적 안정성을 성취하는 데 주요 장애물이다.

단순히 50세 이상 인구에게 재무 교육을 시행한다고 해서 돈 관리 기술을 개선할 수는 없다. 노년의 재정적 안정성을 성취하려면 이른 시기에 시작해야 한다. 따라서 우리는 학교에서 젊은 이들과, 직장에서 노동자들과, 그리고 지역사회에서 가족들과 재정적 문해력 문제에 대처해야 한다.

안타깝게도 우리들 대부분이 개인 재정에 대해서 실제로 알고 있는 것보다 더 많이 알고 있다고 생각한다. 노동자들의 절반이 은퇴를 위해 얼마나 저축을 해야 하는지 전혀 알지 못한다. 보스턴 대학의 은퇴연구소에 따르면 취업 연령(36~62세) 가구의 거의 44%가 은퇴기를 대비할 만큼의 충분한 저축을 하지 못하는 위기에 처해 있다.[154] 이로 인해 이미 지급 능력 문제를 직면하고 있는 국가 은퇴 시스템에 더욱 심한 압박이 가해지고 있다.

자동 가입, 자동 상승, 그리고 자동 재균등화와 같은 스마트한 자동 처리 기능을 저축 상품 설계에 적용함으로써 고용주들은 노동자들에게 재정적 자원과 도구를 제공해 그들이 저축을 통해 재정적으로 대비할 수 있도록 도울 수 있다. 이에 더해 은퇴 계산기, 사회보장연금 계산기, 장기 요양 계산기와 같은 온라인 기반의 의사 결정 도구는 계속 복잡해지는 재정적 상황을 잘 헤쳐나갈 수 있도록 도울 수 있다.

미국인들은 또한 신중한 재정 관리의 핵심 개념을 배우고, 실천하며, 그들의 가족과 그리고 지역사회 안에서 공유해야 한다. 관련 연구에 따르면 부모야말로 자녀들의 긍정적 재정 태도와 행동에 유일하고도 가장 큰 영향력을 행사할 수 있는 사람이다. 우리는 또한 취약한 고령 노동자와 구직자들을 그들이 살고 있는 지역사회 안에서 도울 수 있는 새롭고 혁신적인 방법을 개발해야 한다. 즉, 목표를 설정하는 방법, 부채를 줄이고 신용을 회복하며 저축을 하는 실행 계획을 세우는 방법, 나아가 그들의 재정에 대한 통제권을 되찾는 방법을 가르쳐야 한다.

우리가 가진 돈을 관리할 수 있는 재정적 능력을 갖추는 것은 개인의 재무 탄력성의 공고한 기초를 다지는 핵심 요소일 뿐만 아니라 국가적인 경제 성장과 풍요를 이룩하는 토대이기도 하다. 점점 더 많은 사람들이 재정 자문가에게 어디에 투자할지, 투자처를 언제 바꿀지, 언제, 얼마나 현금을 인출할지, 위험 요소 및 혜택과 부작용은 무엇인지 등의 전문적인 상담을 받으려 한다. 많은 재정 자문가들이 우리의 자산을 보호하고 늘리기 위해 열심히 일하고 있지만, 그렇게 하지 않는 자문가들도 있다. 많은 재정 자문가들이 법의 빠져나갈 구멍을 이용해 은퇴를 대비해 저축을 하는 사람이 아닌 자신들의 이익을 위한 자문을 한다. 우리는 이를 바꾸어야 한다. 오늘날 은퇴를 위해 저축을 하고 재정적 목표를 달성하는 것은 힘겨운 일이다. 그런데 금융업계의 누군가가 우리를 이용하게 하여 더 힘들게 살 필요가 없다. 모든 자문은 소비자의 이익을 최우선으로 하여 이루어져야 한다. 우리에게는 우리를 위해, 그리고 우리의 재정적 미래를 위해 어떤 것이 최선인지에 따른 투자 자문을 받을 자격이 있다. 우리는 우리와 우리의 미래를 위한 최선의 투자를 선택할 수 있도록 돕는 데에 있어서 월 스트리트 전체의 진정성을 보장할 수 있는 표준이 필요하다.

우리들 대부분이 겪고 있는 또 하나의 도전은 어떻게 저축을 안정된 평생 소득으로 바꿀 수 있는가이다. 많은 재정 자문가들은 거치식 연금보험을 사는 것이 해답이라고 말한다. 이는 정해진 기간 동안 안정된 월 소득을 제공하면서 장수 리스크, 금리 변동성, 물가 상승의 위험성을 제거해준다. 그러나 우리는 매우 적은 수의 사람들(전체 가구의 약 6%)만이 개인 종신 연금에서 소득을 얻고 있음을 알고 있다.[155] 또한 개인 종신 연금은 매우 복잡하고 비싸다. 오늘날처럼 금리가 낮을 때에는 괜찮은 수준의 소득을 얻으려면 많은 돈이 들어간다. 그리고 개인 종신 연금을 급여 선택 사항으로 제시하는 고용주는 거의 없다. 게다가 많은 사람들이 그들의 평생의 저축을 연금에 투자하도록 전환하는 것을 내켜 하지 않는다.

그럼에도 불구하고, 연금은 우리가 나이 들어갈 때 중요한 평생 소득을 마련하는 데 도움이 될 수 있다. 그리고 금융 서비스업계에서는 위에서 제기한 문제들을 해결한 새로운 평생 소득 상품들을 개발하고 있다. 예를 들어, 많은 사람들이 거치식 연금이 어떻게 운영되는지 이해하지 못하기 때문에 어떤 회사들은 지금 종신 연금을 2년 정도의 체험 기간 동안만 구입할 수 있도록 하여 연금의 운영 방식에 친숙해지도록 한다. 2년의 체험이 끝나면 구매자들은 연금을 계속 유지하거나 일시금을 받거나를 선택할 수 있다. 또 다른 혁신적 방식은 연금 가입액을 401(k)에 기여금을 점진적으로 증가시키는 것을 장려하고 가입자의 노동 연한 동안 또 다른 직접기여형 퇴직연금에 가입하도록 하는 것이다. 이 방식 하에서는 우리의 직장 생활을 마감하면서 큰 금액을 한 번에, 혹은 몇 번에 나누어 연금으로 전환해야 할지의 결정을 마주할 필요가 없다. 금융업계는 우리가 나이 들어감에 따라 겪는 재정적 필요를 해소해줄 수 있는 더 많은 평생 소득 관련 선택지를 제공하는 새로운 해결책들을 지속적으로 창출해 우리가 가진 돈을 소진하지 않도록 도와야 한다.

우리는 우리 소득을 보호하고 관리하는 방법을 통제하고 안내하는 규칙을 바꿔야 한다. 우리는 우리의 미래를 대비해 돈을 저축하기 위해 평생 힘써 일했는데 우리의 은퇴 자금을 보호하고 관리하는 것을 돕기 위해 만들어진 법의 빠져나갈 구멍으로 인해 우리의 돈이 사라지는 것을 바라보고만 있을 수 없다.

• 연령 친화적 금융

금융 기관은 우리의 평생에 걸쳐 매우 중요한 역할을 한다. 하지만 나이 들어가면서 우리와 은행, 그리고 투자 자문가들의 관계가 변하기 시작한다. 우리가 우리의 재정적 미래, 재정적으로 안정적이 되고 싶은 욕구, 돈을 소진해버릴 것이라는 공포에 더 신경을 쓰게 되면서, 우리는 우리의 재산을 사기와 착취로 잃지 않을 것이라는 확신을 가져야 한다. 우리는 우리가 의존하는 서비스에 접근할 수 있어야 하며 안전하게 업무를 볼 수 있어야 한다. 우리는 정보가 충분히 주어진 상태에서 스스로 결정을 내리고 재정 조력자가 필요한 상태가 되기 전에 믿을 만한 재정 조력자를 미리 선택할 수 있어야 한다. 연령 친화적 금융이란 개인뿐만 아니라 금융 기관에게도 이로운, 앞서 나열한 모든 요구에 대응하는 방법이다.

연령 친화적 금융의 원칙은 다음과 같다. 첫째, 고령 소비자를 노리는 재정적 착취와 사기를 방지하는 것이다. 이는 베이비붐 세대들과 장수하는 사람들에게 계속 커지는 문제이다. 50세 이상의 소비자들이 미국 금융 자산의 대부분을 소유하고 있는 상황에서 재정적 착취는 가장 빠르게 증가하는 노인 학대의 형태이다.[156]

둘째, 재정 조력자에 의존하는 인지증에 걸린 사람들을 포함해, 고령 소비자에게 더 많은 자율권을 주기 위해 우리는 더 많은 일을 할 수 있다. 기존의 도구들이 도움이 되지만, 좀 더 발전시켜야 한다. 은행 종사자들은 더 많은 훈련과 인식이 필요하다. 인지 장애의 보편화는 더 큰 도전을 가져다준다. 매우 어려운 일을 감당하는 재정 조력자들을 돕기 위한 전략이 더 필요하다.

셋째, 은행 환경을 접근하기 쉽고 찾아가기 쉽게 만드는 것이다. 직접 은행에 가든지, 컴퓨터, 스마트폰 또는 태블릿 PC를 이용해 디지털로 접속하든지 금융은 쉬워야 한다. 시각, 청각, 이동, 또는 인지 기능에 어려움이 있는 사람들에게 주어지는 도전을 생각해보라. 예를 들어, 종이에 인쇄되거나 온라인 서비스에 표시되는 문구들은 눈에 잘 띄고 읽기 쉬워야 하며, 모바일, 또는 원격 접근은 복잡하지 않으면서 안전해야 한다.

마지막으로 연령 친화적 금융은 고령 가구의 재정적 안정성을 촉진하며 그들의 재산 보호를 돕는다. 1,700만 명에 달하는 45세 이상 미국인들이 재정적 서비스가 제대로 이루어지지 않는 가구에서 산다. 그들은 전형적인 금융 업무보다는 페이데이 론(Payday loan)*과 같은 서비스에 의존할 가능성이 있다.[157] 이와 같이 서비스를 제대로 받지 못하는 사람들은 그들의 기본적인 재정적 필요에 따라 은행을 이용하기를 선호할 것이며, 그러면 은행과 신용조합에게는 새로운 비즈니스의 기회가 열릴 수 있다.

개선된 연령 친화적 금융을 구현하기 위해서는 고령화 지지 단체뿐만 아니라, 금융업과 은행업, 그리고 나이 들어가는 소비자 등 다양한 집단의 통찰을 통합한 전문적 지식이 필요할 것이다. 50세 이상의 사람들과 그 가족들의 금융 활동에 사용할 수 있는 기존의 도구와 서비스들을 강조함과 동시에 해당 소비자들을 더 잘 도울 수 있는 새로운 혁신을 개발해야 한다. 예를 들어, 바클레이스

---

* 무담보 고금리 단기 대출.

(Barclays) 은행은 취약한 고객들을 더 잘 응대하는 방법을 전 직원에게 가르치는 커뮤니티 드라이빙 라이선스(Community Driving License)라는 교육 프로그램을 개발했다. 직원들은 사기와 착취, 인지증, 취약성, 그리고 접근성에 대한 온라인 교육을 받는다. 또한 바클레이스 은행은 사기와 착취 위험에 처한 고객들을 확인하기 위해 데이터 분석 기법을 사용하고 있으며 그러한 고객들을 보호하기 위한 교육을 제공하는 법을 현재 실험하고 있다.[158]

우리는 또한 금융 사기와 싸우기 위해, 더 나아가 고령 고객들을 위한 친근한 은행 문화를 진작하기 위해 은행 직원들의 교육을 강화할 필요도 있다. 뱅크 오브 아메리칸 포크(Bank of American Fork)는 각 지점에서 '연령 친화 챔피언'을 선발함으로써 연령 친화적 문화를 장려한다. 이 챔피언들은 사기나 스트레스가 심한 조력자들을 알아보는 방법에 대한 추가 교육을 받으며, 고령 고객들의 요구 사항에 응대하기 위한 정보와 지원을 다른 직원들에게 제공한다. 이 은행은 또한 입출금 계좌와 위임장, 자동 요금 납부, 그리고 사망 후 지급 계좌에 대한 제3자 모니터링과 같은 연령 친화적인 상품과 기능을 도입했다. 이 제3자 모니터링은 리드 온리(Read Only)라고도 알려져 있는데, 가족이나 친구에게 권한을 부여해 노년 성인의 계좌에서 이상 현상이 발생하는지를 모니터링하게 한다. 그러나 예금 자체에 접근하는 것은 불가능하며 거래를 할 수 있는 권한도 없다.[159]

마지막으로 고객들에게 사기와 착취에 대한 교육을 하기 위해

해야 할 일이 더 있다. 이에는 재정 조력자를 위한 특별 지도와 지원이 포함된다. 오리건 주 은행 연합에서는 노년층에 대한 사기와 착취를 방지하는 것을 목표로 하는 훈련 교재를 개발했다. 오리곤 주에 있는 모든 은행과 다른 모든 주의 은행 연합은 이 교재를 받았다. 이러한 봉사 활동과 훈련의 결과로 오리건 주의 은행들은 현재 주 내에서 노년층 학대를 두 번째로 많이 신고하는 기관이다.[160]

연령 친화적 금융은 전문적인 지원이 요구되는 시점에 처한, 즉 재정적 결정을 내릴 때나 재정 서비스를 이용해야 하는 50세 이상의 사람들의 재정적 욕구와 염려의 많은 부분을 해결해주는 방법 가운데 하나이다. 50세 이상의 사람들은 금융 기관의 고객층 가운데 상당한 부분을 차지한다. 이들은 사기로부터의 보호, 지식이 풍부한 재정 조력자, 접근성 등 독특하고 변화하는 금융 욕구를 지니고 있다. 이러한 욕구를 해결함으로써 금융 기관은 고객들로부터 신뢰와 충성을 얻을 뿐만 아니라, 고객들이 사기와 재정적 착취를 당했을 경우 자신들이 입을 손해를 막을 수 있다.

•• 자아

나이가 들었을 때, 우리들 대부분은 계속해서 사회에서 필요하고 영감을 주는 자산으로 받아들여지기를 원한다. 우리는 나이 들어가는 것보다 살아가는 것에 더 초점을 맞추고 있다. 우리에게 는 여전히 목표와 꿈이 있으며, 삶의 목적을 찾아서 성취하려는 단호한 결심을 가지고 있다. 그러나 우리가 각자의 개인적 성취를 추구하기 위해 노력할 때에 종종 우리가 하고자 하는 일을 못하 게 하거나 극단적으로 어렵게 만드는 장애물과 맞닥뜨리게 된다. 이러한 장애물 가운데 일부는 문화적인 것이며, 일부는 행동적인 것이고, 또 다른 일부는 제도적인 것이다. 나이듦의 편견을 넘어 서는 것에는 이러한 장애물과 끝까지 싸워 우리가 원하는 대로 살고 나이 드는 방식을 선택하는 것을 가로막는 제도들을 바꾸 어나가는 것이 포함된다.

• 연령차별주의

연령차별주의는 차별의 마지막 미정복지이다. 우리는 인종과 성 별, 성적 성향, 또는 재정 상태에 대한 차별을 받아들이지 않는 다. 하지만 우리는 연령차별주의자들이 50세 이상의 사람들을 차별하는 것을 허용한다. 우리는 언제 그러기를 멈출 것인가? 제 도적 연령차별주의는 우리의 온전한 사회 참여를 방해하는 큰 장애물이다. 우리는 시민 사회와 경제 성장의 거대 원천이다. 그 러나 우리의 능력과 유익성에 대한 연령차별적인 그릇된 태도와 가정 때문에 우리는 기여할 수 있는 기회를 얻지 못할 때가 많 다. 우리는 개인적인 연령차별적 행동에 맞서야 하며, 또한 우리

사회에 제도적 연령차별주의가 발붙일 곳이 확실히 없도록 해야
한다.

• 시민적·사회적 기여의 기회

연장된 수명과 일반적으로 더 좋은 건강은 시민적·사회적·경제
적으로 참여해 사회 발전에 기여할 수 있는, 새롭고도 증대된 기
회를 향한 우리의 눈을 열어주었다. 이에는 멘토링에서부터 자원
봉사와 제2, 제3의 직업과 평생 교육까지 포함된다. 질문은 이것
이다. 이와 같은 기여를 하기 위해서 정책을 어떻게 설계하고 구
현하여 제도적 장애를 부술 것인가? 이것이 우리에게 주어진 도
전이다. 이 도전은 더 많은 자원봉사 기회를 만드는 것이 다가 아
니다. 이 도전에 있어서 더 중요한 일은 50세 이상의 사람들의 시
민적·사회적·경제적 기여를 지원하는 새로운 인프라를 조성하고
이를 우리 문화의 사회적 직조물로 잘 엮는 것이다. 직장에서 이
러한 움직임이 나타나기 시작하고 있다. 점점 더 많은 고용주들
이 직원들에게 자원봉사 프로그램을 제공하고 있을 뿐만 아니라,
이러한 일을 그저 좋은 일로만 인식했던 사람들이 이제는 이러한
일을 그들 사업의 핵심적인 것으로 받아들이고 있다. 고용주가
비용을 부담하는 프로그램은 직원들에게 그들의 열정, 기술, 그리
고 재능을 지역사회의 이익을 위해 사용할 수 있는 봉사 기회를
제공한다. 예를 들어, AARP에서는 지역사회 건설 프로그램을 통

해 직원들이 연간 48시간을 유급으로 자원봉사 활동에 사용할 수 있도록 허용한다. 비영리 단체인 링크드인 포 굿(LinkedIn for Good)에 따르면 400만 명 이상의 전문직 종사자들이 자원봉사에 관심이 있음을 링크드인 프로필에 적극적으로 표현했다.[161]

• 교육

우리는 모두 "살면서 배우라."라는 오래된 격언에 친숙하다. 50세 이상의 우리들에게는 이 구절이 새로운 의미로 다가온다. 특히 베이비붐 세대들이 학교로 돌아가고 있다. 어떤 사람들은 새로운 기술을 배우거나 옛 기술을 개선하고자 한다. 어떤 사람들은 다른 사람들을 가르치는 데에 자신들의 유용한 경험을 사용하고자 한다. 또 어떤 사람들은 개인적으로 흥미롭거나 삶을 풍요롭게 하는 과목들을 배우고자 학교로 돌아간다. 또한 많은 사람들이 중년으로부터 새로운 길어진 중년기로의 전환을 어떻게 해야 할지에 대한 도움을 받기 위해 학교로 돌아간다. 그들은 목적의식을 찾고 있으며 앞으로 나아가기 위한 전략을 개발하고자 노력하고 있다. 그들은 삶의 전환에 대처하기 위한 도움을 얻기 위해 삶의 기술을 찾고 있다.

대학들은 이러한 움직임에 매우 더디게 반응하고 있으며, 지역 대학은 더욱 그러하다. 다른 많은 기관들과 마찬가지로 대학 시스템은 기대 수명이 지금의 절반 정도였을 때에 설계되었다. 그러니 생각해보자. 오늘날과 같은 기대 수명이 주어진 상황에서 교육 기관의 새로운 시스템을 설계한다면, 그 기관들이 18~22세를 주요 대상으로 서비스하도록 만들겠는가? 아니면 인생 전체에 걸쳐서 더 넓은 범위의 인구에 대한 서비스를 제공하도록 만들겠는가? 우리의 대학들은 그들의 지평을 넓혀야 하며, 계속해서 배우려는 불타는 욕구가 있는 50세 이상의 인구에게 어떤 것을 제공할 것인가를 생각해야 한다.

이 일을 수행하는 한 가지 방법은 대규모 공개 온라인 강좌(Massive Open Online Courses), 즉 MOOC를 개발하는 것이다. 명칭이 의미하는 바와 같이 MOOC는 온라인으로 접속할 수 있으며 무제한 참여를 제공한다. MOOC는 매우 유연해 대학의 학점을 따기 위해, 혹은 자격증을 따기 위해, 또는 단지 배우기 위해 수강할 수 있다. MOOC는 전통적인 학습 자료인 녹화된 강의, 필수 또는 추천 도서, 그리고 다른 형태의 실습에 더해 상호 작용하는 토론 그룹을 제공한다. 어떤 학생들은 자신이 속한 공동체에서 같은 과목을 수강하는 사람들을 찾아서 토론 그룹을 만들어 지역 커피숍이나 도서관에 모여서 강의, 읽기 과제, 학습 자료에 대한 토론을 진행하기도 한다. MOOC는 재미를 위해 배우려는, 또는 학교로 돌아가려는 50세 이상의 사람들 사이에서 인기를 끌고 있다. MOOC는 그 유연성 덕분에 학습을 계속하며 참여하는 삶을 유지하는 매력적인 방법으로 받아들여지고 있다.

• 환경

환경이 우리에게 적절하지 않다면, 우리는 공공 정책과 관행을 개선해 적절하게 만들어야 한다. 예를 들어, 교통에 대해 생각해 보자. 우리의 교통 체계의 대부분은 직장을 오가는 통근자들을 이동시키기 위해 설계되었다. 만일 당신이 한낮에 시내버스를 타고 식품점이나 병원에 가려고 한다면, 행운을 빈다. 당신은 아마도 단지 몇 킬로미터를 가기 위해 두 시간짜리 시내 관광을 해야 할 수도 있다.

2011년 보행자 사망자 수는 미국 교통 사망자 수의 14%를 차지했다. 사망자 가운데 거의 1/5은 65세 이상의 사람들이었다. 슬프게도 2시간마다 한 사람의 보행자가 안전하지 않은 도로나 횡단보도 때문에 사망한다.[162]

이 문제를 해결하기 위해 전국적으로 700개 이상의 관할 구역이 안전한 도로 정책을 도입했다(제5장에서 언급한 뉴욕 시의 예와 같은 것). 이 정책들의 반 이상이 작은 도시와 교외 지역에서 시행된다. 이 정책들은 때로 '완전 도로'라고 불린다. 설계자들이 새 도로를 설계하거나 기존 도로를 보수할 때에 보행자와 자전거를 타는 사람, 버스 탑승자, 운전자 등 모든 사용자들을 고려해야 하기 때문이다. 관련 연구에 따르면 잘 설계된 교차로, 인도, 자전거 도로, 연장된 보행자 횡단 시간, 카운트다운이 있는 교통 신호 등은 부상과 사망, 그리고 자동차 사고를 현저히 줄여

줄 수 있다. 이러한 노력에도 불구하고 너무나 많은 사람들이 목적지까지 안전하게 걷거나, 자전거를 타거나, 또는 대중교통을 이용할 수 없다.

오늘날 우리가 어떻게 나이 들어가는지를 생각할 때 우리의 많은 제도와 사회 구조, 그리고 사실상 문화까지도 고령화 사회를 지원하도록 만들어지지 않았다는 것을 깨달아야 한다. 우리가 나이 들어가면서 번성하고 성장하며 기여하려면 우리 사회의 많은 부분, 즉 의료 서비스, 직업과 은퇴, 교육, 교통, 도시 계획, 주거, 그리고 지역사회 개발 등을 재설계해야 한다. 우리는 실질적인 변화의 옹호자들이 되어야 한다. 우리는 규칙을 바꾸어야 한다.

우리 모두에게는 이 일에서 감당할 역할이 있다. 에설 퍼시 앤드러스 박사는 집단 목소리와 집단 목적, 그리고 집단 구매력이라는 원칙에 근거해 AARP를 설립했다. 이 원칙들은 오늘날에도 유효하다. 50세 이상의 우리들은 변화를 위한 강력한 세력이다. 이 장에서 나는 우리가 이루어내야 할 중요한 변화들 가운데 일부를 논의했다. 어떤 일들이 이루어져야 하는지 우리는 대체로 알고 있다. 질문은 이것이다. 우리에게 변화를 일으키려는 의지가 있는가? 젊은 시절에 우리는 집단 목소리와 집단 목적, 그리고 집단 구매력으로 하나 되어 미국의 공공 정책과 사회 제도, 태도, 그리고 문화를 바꾸었다. 이제 우리 사회가 나이 들어가면서 직면하는 사안들을 둘러싸고 있는 공공 정책과 사회 제도, 태도,

그리고 문화를 바꾸기 위해 한 번 더 행동해야 한다. 우리의 목소리가 워싱턴에서, 우리의 주 수도에서, 우리 지역사회에서 들리게 해야 한다. 우리는 우리가 살아가는 방식, 목소리를 내는 방식, 그리고 다른 사람들과 더불어 사는 방식을 통해 우리가 바라는 변화 자체가 되어야 한다. 우리 앞에는 엄청난 기회가 놓여 있다. 우리가 하나가 되어 우리에게 필요하다고 알고 있는 사회적 변화를 일으키고, 이를 지식과 혁신, 기술, 그리고 삶을 통해 얻어진 지혜와 결합시킨다면 우리는 그 기회를 잡아 모든 사람들이 독립성과 존엄성, 그리고 목적을 지니고 나이 들어갈 수 있는 미국을 건설할 수 있을 것이다.

나에게 있어서 이 모든 것은 다음으로 귀결된다. 우리는 시대에 뒤떨어진 신념과 태도에 도전하고 공공 정책과 사회 제도를 개선하며 새로운 해결책을 만드는 운동에 다 같이 참여해야 한다. 그래야 우리가 어떻게 나이 들어갈지를 우리가 직접 선택할 수 있다. 그렇게 하지 않으면 나이듦이 우리를 방해해 우리가 바라고 필요로 하는 바와는 더 이상 맞지 않는 세계에서 살도록 우리를 강제하고, 우리를 주변인으로 느껴지게 하며, 계속해 성장하고 기여하며 삶의 목적을 성취하는 것을 허용하지 않을 것이다. 우리의 선택은 분명하다.

제9장

미국에서의
삶과 나이듦에 대한
새로운 비전

당신은 결코 과거에 의해 미래를 계획할 수 없다.

– 에드먼드 버크

나는 2014년 9월, 샌디에이고에서 열린 '50세 플러스 인생'을 위한 AARP의 전국 행사의 무대에 올라 8,000명의 참가자들에게 나이듦의 편견에서 벗어날 것을 호소하는 기조연설을 처음으로 했다. 그 이후로 나의 호소에 대한 반응은 뜨거웠다. 알고 보니 내가 전한 이야기는 50세 이상의 사람들이 그동안 듣기를 원해 온 메시지였다. 전국에 흩어져 다양한 삶을 사는 사람들이 자신들의 경험을 나와 공유한다. 그들은 자신들은 부모 세대와 같은 방식으로 나이 들어가기를 원하지는 않지만 무엇을 해야 할지는 알 수 없다고 이야기한다. 그들은 우리 사회에서 이루어지는 이야기를 바꾸기를, 경우에 따라서는 이제껏 이루어지지 못한 이야기를 갖기를 간절히 바란다. 그들은 나이 들어감에 따라 어떻게 살 것인가에 대한 더 많은 선택지를 갖기를 원한다. 또한 그들은 그들이 자립성과 존엄성, 그리고 목적을 유지하면서 나이 들어가는 것을 도울 수 있는 새로운, 그리고 더 나은 해결책을 원한다. 그들은 새로운 여정을 향해 길을 나설 준비가 되어 있다. 나도 마찬가지이다.

나는 50세 이상의 사람들에게 새로운 길을 제시하기 위해, 그리고 미국에서 살면서 나이 들어가고 있는 모든 세대를 향한 새로운 비전을 창조하기 위해 이 책을 썼다. 나는 나의 자식들이 자신들의 나이듦과 나의 나이듦을 동일시할 수 없는 것 이상으로 나의 나이듦을 나의 부모님의 나이듦과 동일시할 수 없다. 나의 나이듦과 부모님의 나이듦은 너무나 다르다. 어떤 특별한 삶의 단계에 이르렀을 때, 예를 들어 생일이라든가, 아이들을 대학에 보냈을 때, 아이들의 졸업식에 참여했을 때 나는 때때로 작은 놀이를 한다. 나의 부모님이 나와 같은 경험을 했을 때의 모습을 회상해 보는 것이다. 나의 어머니가 57세였을 때 어떠하셨나? 내가 대학을 졸업할 때 부모님은 무엇을 하셨나? 부모님은 인생길 가운데 특별한 순간들을 맞닥뜨리면서 당신들의 삶을 어떻게 바라보셨을까? 이런 생각은 나의 눈을 번쩍 뜨이게 하며 부모님의 세대와 나의 세대 사이에 얼마나 큰 변화가 있었는지를 깨닫게 한다.

오늘날 우리가 나이 들어가고 있는 방식은 한 세대 전, 심지어 10년 전과도 극적으로 다르다. 우리는 이전보다 더 오래, 더 건강하게 산다. 그러나 그것이 다는 아니다. 우리는 삶의 끝자락에 단순히 몇 년을 추가한 것이 아니다. 우리는 중년을 연장해 본질적으로 새로운 삶의 단계를 창조했으며 우리의 삶과 나이듦에 있어서 완전히 새로운 가능성의 세계로 향하는 문을 열었다. 우리는 새로운 가능성의 폭과 깊이를 이제 막 이해하기 시작한 것이다. 우리는 60세 이상 인구가 15세 이하 인구를 앞지르는 시기에 살고 있다. 인구학자들은 오늘날 태어나는 어린이들의 반 이상이 100세까지 살 것이라고 예측한다. 어떤 사람들은 처음으로 150세까지 살 사람이 이미 태어났다고 믿는다.

지금 시대는 참으로 놀라운 시대이다. 10년 혹은 5년 전까지만 해도 고령화 문제에 관심이 없었으며, 고령화를 인정조차 하고 싶지 않아 하던 많은 기관들과 기업들이 이제는 고령화에 대한 폭넓은 담론에 적극적으로 참여하고 있다. 10년 전 우리는 유명 인사들에게《AARP 매거진(AARP: The Magazine)》의 표지 모델이 되어 달라고 그야말로 사정을 해야 했다. 하지만 지금은 스타들이 표지 모델이 되겠고 계속 연락해온다. 기업가들과 혁신가들은 50세 이상의 소비자들을 위한 수많은 상품과 서비스를 선보이고 있다. 나이 들었을 때 잘 살아갈 수 있는 우리 능력에 영향을 미치는 모든 분야에서 학술 연구와 기술의 진보가 혁신을 주도하고 있다. 과학은 연장된 삶을 가능하게 만들고 있다. 이제는 우리가 연장된 삶을 어떻게 살 것인가를 생각해내야 한다.

이렇듯 놀라운 발전에 의해 우리의 나이 들어가는 방식이 바뀌고 있지만 고령화를 둘러싼 대부분의 담론은 아직도 고령화를 해결해야 할 문제로 여긴다. 그리고 주어지는 모든 해결책은 미국의 고령화라는 국가적 위기를 피하기 위한 노력이다. 이러한 움직임은 고령화는 절대적으로 그리고 근원적으로 잘못된 것이라는 인식을 전제로 한다. 그러나 매일 수백만 명의 사람들이 이러한 전제는 그릇된 것임을 증명하고 있다. 고령화에 대한 담론은 위기를 회피하는 것에 대한 것이어서는 안 된다. 그것은 우리들에게 주어진 기회를 어떻게 잘 활용해 우리들 각자가, 나아가 국가가 어떻게 번영을 이룰 것인가에 대한 것이어야 한다.

우리의 문화, 제도, 사회적 지원, 그리고 인프라는 과학과 기술, 그리고 혁신이 우리가 나이 들어가는 방식에 가져온, 그리고 앞으로 지속적으로 가져올 발전과 보조를 맞추지 못했다. 우리는 바로 이것에 대해 이야기를 해야 한다. 우리는 고령화에 대한 해묵은 신념과 고정 관념을 제거하고 더 많은 사람들이 나이 들어가는 방식을 선택할 수 있는 새로운 해결책의 제시에 박차를 가해야 한다. 이는 더 이상 효과가 없는 옛 모델을 새 모델로 교체하고, 새 모델이 미래에도 계속해 작용할 수 있도록 지속적으로 갱신하는 것을 의미한다. 바로 그것이 바로 이 책의 제목이기도 한 '나이듦, 그 편견을 넘어서기'가 의미하는 바이다.

•• 고령화의 네 가지 자유

1941년 1월 6일, 미국이 제2차 세계대전에 참전하기 바로 전날,

프랭클린 델러노 루즈벨트 대통령은 연례 국정 연설을 하기 위해 상·하원 공동 의회 앞에 섰다. 루즈벨트 대통령은 연설을 통해 제1차 세계대전에서 비롯된 고립주의 정책의 종식을 논하며 네 가지 자유에 근거한 새로운 이데올로기를 제안했다. 네 가지 자유는 의사 표현의 자유, 신앙의 자유, 결핍으로부터의 자유, 그리고 공포로부터의 자유이다. 루즈벨트 대통령의 네 가지 자유는 미국의 제2차 세계대전 참전에 대한 대중의 지지를 얻는 구호가 되었다. 네 가지 자유는 미국의 기저 가치에 대한 선언으로서 미국인들의 공감을 이끌어냈으며 오늘날까지도 미국의 삶과 예외주의를 정의하는 기본 가치로 받아들여지고 있다.

루즈벨트 대통령의 네 가지 자유가 미국인들에게 영감을 주어 잠에서 깨어나 세계에서 벌어지는 일들을 깨닫고 행동에 이르게 한 것과 같이, 나는 미국에서의 삶과 나이듦에 대한 새로운 비전을 정의할 고령화의 네 가지 자유를 밝혔으며 그 비전을 실현하기 위해 나이듦의 편견을 넘어설 것을 호소했다.

1. 나이 들었을 때 어떻게, 그리고 어디에서 살아갈지를 '선택할 자유'. 고령화에 대한 만능 해결책은 존재하지 않는다. 은퇴로 가는 전통적인 길을 따르고자 하면, 그렇게 할 수 있어야 한다. 활동적이고 적극적인 삶을 원하면, 그러한 길을 추구할 수 있어야 한다. 나이 들었을 때 자신의 집에서 계속 살기를 원하든지, 은퇴자 공동체로 이사 가기를 원하든지, 시설에서

살기를 원하든지, 모든 가능한 선택지가 당사자에게 주어져야 한다. 어떻게 살고 나이들 것인가에 대한 모든 가능한 선택지가 누구에게나 주어지는 것이 핵심이다.

2. '소득 생활의 자유'. 우리들 대부분이 자랄 때 가지고 있던 전통적인 은퇴 모델의 핵심은 일로부터의 자유이다. 오늘날 길어진 중년의 삶의 핵심은 일할 자유이다. 우리들 가운데 다수가 계속 소득을 얻기 원하거나 그래야만 하는 상황에 놓여 있으며 우리가 하는 일을 통해 사회에 변혁을 가져올 수 있는 방안을 찾고 있다. 이를 이루기 위해서는 직업에 대한 인식을 바꾸어야 하며 사회적·제도적 장애를 부숴야 한다.

3. '학습의 자유'. 세상은 매우 빠르게 변하고 있다. 새로운 기술, 상호 소통의 새로운 방법, 정보를 주고받는 새로운 방법들을 따라가는 것은 벅찬 일이다. 길어진 중년기와, 그리고 그 이후에도 적극적이며 생산적이기를 원한다면 지속적인 학습이 필요하다. 우리가 계속해서 일을 하고자 한다면, 직무 능력을 개선하기 위해 계속해서 학습을 해야 한다. 고립을 피하기 위해서도 지속적인 학습이 필요하다. 우리의 개인적 성취를 위해서도, 단순히 삶을 즐기기 위해서도 계속 배워야 한다. 그러나 현실을 직시해야 한다. 나이가 들수록

우리가 배울 수 있는 기회는 점점 사라진다. 많은 경우 고령 사람들을 위한 교육의 기회 자체가 존재하지 않는다. 나이 듦의 편견을 넘어설 때, 우리는 주어진 장애물을 부수고 나이 들어가면서도 배울 수 있는 새로운 기회를 창조할 수 있을 것이다.

4. 삶의 목적을 발견하고 성취하면서 '행복을 추구할 자유'. 이 자유가 모든 것을 대변한다. 오래 살 수 있다는 것은 우리에게 우리가 늘 되고자 했던 사람이 될 수 있는 특별한 기회를 제공한다. 직장에서 승진을 향한 사다리를 오르면서, 자녀들을 양육하면서 겪는 매일매일의 스트레스에서 벗어난 많은 사람들이 길어진 중년을 통해 내면을 바라보며 삶의 목적을 발견하고 성취하는 데에 집중하고 있다. 우리에게는 우리의 삶을 새로이 바라보며 삶의 여정을 바꾸어 삶의 성취를 이룰 수 있는 힘이 있다.

시민운동가 A. 필립 랜돌프는 세밀한 관찰을 통해 "자유는 결코 주어지지 않는다. 자유는 쟁취해야 하는 것이다."라고 말했다. 그러므로 우리가 고령화의 네 가지의 자유를 얻고자 한다면 우리는 함께 행동해야 한다. 그리하여 자립성과 존엄성을 지키며 더욱 건강한 삶을 영위하기 위해 필요한 돌봄과 정보, 서비스가 존재하는 사회, 연장된 수명에 걸맞은 재정적 자원과 기회를 가질 수 있는 사회, 우리가 영감을 불러일으키는, 결코 없어서는 안 되는 사회의 일원으로 받아들여지는 사회를 이룩해야 한다.

네 가지 자유를 쟁취하는 것은 우리들 각자에게서 시작된다. 우리는 곁에 앉아서 다른 누군가가 우리를 위해 네 가지 자유를 얻어내주기를 기다릴 수 없다. 이제 우리의 이야기를 할 때가 되었다. 우리가 믿는 바가 무엇이며 무엇을 할 수 있는지를 이야기해야 한다. 그렇다면 당신은 가족과 친구들과의 이야기를 통해 어떤 신념에 도전할 것인가? 우리는 나이듦의 문화와 인프라를 모두 변화시켜야 한다. 여기에는 우리가 매일 맞닥뜨리는 시스템과 프로그램, 제품과 서비스가 해당된다. 당신의 삶과 일에서 어떤 해결책을 내놓을 수 있을 것인가? 당신이 하는 모든 일 가운데에서 당신과 다른 사람들을 위해 어떤 새로운 가능성을 창출할 수 있을지 생각하라.

나이듦의 편견을 넘어서기 위해 당신은 무엇을 할 것인가?

'나이듦, 그 편견을 넘어서기'는 21세기의 삶과 나이듦에 대한 새로운 비전을 창출하려는 우리의 구호이다. 우리의 새로운 비전은 나이듦이 쇠퇴가 아닌 성장인 세상에 관한 것이다. 우리의 비전은 도전만을 제시하지 않는다. 새로운 기회를 창출한다. 노인들은 짐이 아니다. 그들은 기여자들이다.

나는 나이와 경험이 모든 사회 구성원들의 삶의 가능성을 확장할 수 있다고 굳게 믿는다. 우리가 나이듦의 편견을 넘어서 나이듦을 두려움의 대상이 아니라 기대할 수 있는 것으로 받아들일 때에 우리는 우리가 언제나 되고 싶어 했던 사람이 될 수 있는 현실적인 가능성을 발견할 수 있을 것이다. 또한 우리는 모든 사람들이 나이에 따라 판단되는 사회가 아니라 그들의 존재 자체로 가치를 인정받는 사회를 만들 수 있을 것이다.

행동으로 옮기기

제2장

자신의 나이를 적극적으로 인정하라

살면서 이 순간까지 당신이 쌓아온 경험이 현재 당신의 모습을 만든다. 그 경험을 소유하라.

점검하기

당신의 나이에 대해 당신이 갖고 있는 생각의 긍정적인 면과 부정적인 면을 모두 돌아보라.

- 당신의 현재 나이에 대해 무슨 단어가 생각나는가?
- 단어를 적으라. 더 긍정적이거나 더 부정적인 단어가 있는가?
- 당신은 어떤 상황에서 나이를 공개할 때 편안한가? 왜 그런가?
- 나이를 속인 적이 있는가? 무슨 이유 때문이었는가?
- 당신은 인생의 어떤 부분에서 나이와 관련된 걱정거리에 어쩔 수 없이 위축되는 느낌을 받은 적이 있는가?
- 당신의 나이를 적극적으로 인정했던 때를 생각해보라. 어떤 느낌이 드는가?

실행에 옮기기

자신이 특정 나이에 무엇을 해야 하거나 하지 말아야 한다는 선입견으로 스스로를 제약하지 말라.

- 당신 주변에서 무심코 쓰이는 연령 차별적 언어를 세심히 살피라.
- 누군가 "나는 그 일을 하기에는 너무 나이가 많아/적어."라고 말하는 것을 듣는다면 호기심을 가지라. 그들이 왜 그렇게 느끼는지 물어보라.
- 당신의 친구나 가족, 또는 같은 지역사회 인물, 나아가 유명 인사들 가운데에서 자신의 나이를 적극적으로 인정하며 살아가는 방식이 본받을 만하다고 생각되는 사람을 찾으라. 당신 삶에 그들의 어떤 경험을 적용할 수 있는가?

제3장

인생을 설계하라

우리가 "무엇이 되고 싶은가?"라는 질문을 더 이상 하지 않고 "어떤 사람이 되고 싶은가?"라고 질문하기 시작한다면 어떻게 될까? 이런 질문을 하며 우리가 될 사람에 어울리는 인생을 설계하는 데에는 너무 이른 때도, 너무 늦은 때도 결코 없다.

돌아보기

어디에 있었는지, 그 과정에 무엇을 배웠는지 돌아보라.

- 더 젊은 당신 자신에게 어떤 조언을 할 것인가?
- 언제 가장 편안하다고 느꼈는가? 어디에 있을 때였는가? 누구와 함께 있을 때였는가?
- 무엇이 가장 자랑스러운가?
- 당신이 가장 큰 위험을 감수했던 일은 무엇인가? 그 일을 통해 당신은 무엇을 배웠는가?

내다보기

지금으로부터 5년 후를 상상해보라. 당신에게 다음은 무엇일까?

- 당신의 미래를 그려보라. 무엇이 보이는가?
- 미래에 당신의 동네가 될 곳에 산책을 해보라. 주변에 무엇이 있는가?
- 주중 오후 3시이다. 당신은 무엇을 하고 있는가?
- 미래의 저녁상을 준비하라. 누구와 저녁을 먹고 있는가?
- 당신의 미래는 현재와 어떻게 다른가? 어떻게 같은가?

제4장

건강을 관리하라

당신의 건강에서 가장 염려스러운 부분은 무엇인가?

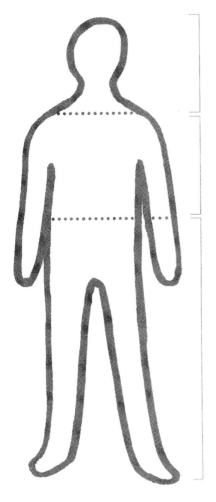

20% 유전자

20% 의료 서비스

60% 일상의 선택

보스턴 재단 · 뉴잉글랜드 건강관리
연구소, 『건강한 경제 사회의 건강
한 사람들: 매사추세츠에서 실행에
옮기기 위한 계획』, 뉴잉글랜드 건
강관리연구소, 2009.

유전자

당신의 가족력에 어떤 위험과 강점이 있는지 아는가? 이 경우, 정말로 아는 것이 힘이다.

- 건강과 관련해 당신에게 전해 내려온 유전적 선물은 무엇인가?
- 당신이 염려하는 가족력은 무엇인가? 당신 가족은 그 문제를 어떻게 다뤄왔는가?
- 이러한 문제가 당신 건강에 나타났는가? 그렇다면 확실하게 잘 돌보기 위해 무엇을 할 수 있겠는가?
- 주치의가 당신의 유전자 정보를 모두 알고 있는가? 예방적 관리와 치료 방법을 고려할 때 그들이 그 밖에 알아야 하는 것은 무엇인가?
- 당신의 자녀들과 가족력에 대해 공유한 적이 있는가? 당신의 자녀들은 그들 스스로 단호한 결단을 내리기 위해 무엇을 알아야 하는가?

의료 서비스

당신은 마땅히 누려야 할 의료 서비스를 받고 있는가? 치료를 결정할 때 소비자의 사고방식을 접목하면 당신의 재정 상태와 행복에 큰 차이를 만들 수 있다.

- 당신은 현재 필요에 알맞은 치료를 받고 있는가? 아니면 더 이상 치료가 필요하지 않은가?
- 당신은 진료를 받을 준비가 되어 있는가? 당신이 자신의 병력을 파악하고, 하고 싶은 질문을 할 수 있는 시스템이 갖춰져 있는가?
- 당신은 의사와 이야기를 나눌 때 마음이 편안한가? 진료를 받는 동안 뭔가에 쫓기는 기분이 드는가? 아니면, 의사가 내 말에 귀를 기울이고 있다는 느낌이 드는가?
- 당신이 의사를 선택할 때 차를 살 때와 같은 에너지를 들인다면 어떻게 될까? 무엇을 다르게 할 것 같은가?

일상의 선택

우리가 매일 하는 선택은 다른 어떤 요소보다 더 우리의 건강에 영향을 미친다. 당신은 어떻게 작은 변화로 큰 개선을 이끌어낼 수 있을까?

- 건강한 생활은 당신에게 어떤 의미인지 돌아보라. 이때 현재 당신의 삶에 맞는 당신만의 개념으로 돌아보라.
- 매일 하는 선택이나 건강 습관 가운데 당신이 자랑스러워하는 것은 무엇인가? 당신은 어떻게 그 습관을 일과의 한 부분이 되게 했는가?
- 당신이 일상의 건강을 위해 작은 것 하나를 바꾸고 싶다면 그것은 무엇인가? 당신이 목표를 향해 내디딜 바로 다음 단계는 무엇인가?
- 혼자 하지 말라! 당신이 제 궤도에 머물러 있고 건강 목표를 달성하는 데 도움을 줄, 의지할 수 있는 사람은 누구인가?

제5장

살 곳을 선택하라

당신의 우편 번호가 당신의 운명을 만든다.

당신의 친구가 누구인지에서부터 당신의 일과까지, 그리고 미용실에서부터 병원까지 당신이 무언가를 하러 가는 곳이 모두 그렇다. 지금 하는 이 질문들은 오늘과 내일 당신이 사는 곳을 최대한 활용하는 데 도움을 줄 것이다.

* 현재 당신이 사는 곳은 당신과 얼마나 잘 맞는가?
* 당신은 나이 들었을 때 어디에서 살고 싶은가?
* 당신의 집을 좀 더 연령 친화적으로 만들기 위해 지금 할 일이 있는가?
* 그렇지 않으면 미래에 이사할 계획이 있는가?

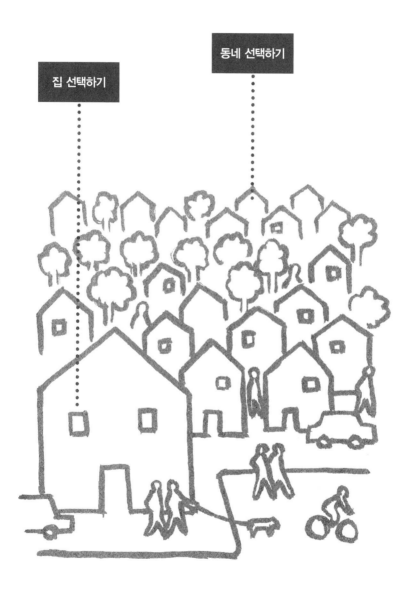

집 선택하기

동네 선택하기

집 선택하기

- 현재 당신 집에서 가장 마음에 드는 것은 무엇인가? 가장 마음에 들지 않는 것은 무엇인가?
- 이 요소들이 앞으로도 크게 문제가 될 것인가? 어떤 새로운 것이 당신에게 중요해질까?
- 지금 살고 있는 집에서 당신은 얼마나 오래 살 것이라 생각하는가?
- 오늘 다리가 부러진다면 당신 집은 당신이 지내기에 편리할까?
- 무엇을 바꾸면 당신의 집을 좀 더 연령 친화적으로 만들 수 있을까?
- 당신이 이사할 계획을 하고 있다면 다음 집에 무엇이 있으면 하고 기대하는가?
- 다음을 고려해본 적이 있는가?
  - 친구들과 이웃들과 시설과 활동을 함께 나누기를 즐길 수 있는 공동 거주는 어떠한가?
  - 가상 마을을 통해 다른 사람들과 연결되는 것은 어떠한가?
  - 당신 집을 룸메이트와 같이 쓰는 것은 어떠한가?
  - 온라인 임대 시장을 통해 방을 구하는 것은 어떠한가?

 **동네 선택하기**

- 당신은 이웃에서 환영받는다고 느끼는가? 행복한가?

- 당신 이웃과 어떤 관계를 맺고 있는가? 근처에 친구가 있는가?

- 당신은 이웃 일에 관여할 기회가 있는가? 그들을 도와주고 도움을 받는가?

- 당신은 집 근처를 돌아다니다가 다른 나이대의 사람들을 보는가? 당신은 그들과 서로 소통하는가?

- 당신이 필요로 하는 서비스를 쉽게 이용할 수 있는가?

- 당신은 이동성에 생긴 변화를 어떻게 처리할 것인가? 어떻게 돌아다닐 것인가?

- 당신이 사는 지역에서 계속 살 여유가 있는가? 이사할 형편이 되는가?

- 이사를 한다면 당신은 다음 동네에서 무엇을 기대하는가? 생활비 절약인가? 가족과 친구들과 가까워지는 것인가? 상점과 서비스의 접근성인가? 대통교통인가? 기후인가?

제6장

미래를 위한 재원을 마련하라

돈과 저축, 계획과 관련해 우리는 나이듦의 현실을 따라잡아야 한다. 우리는 우리 부모 세대보다 더 오래 살고, 우리 부모 세대와는 매우 다른 재정적 지원을 받는다. 옛 은퇴 모델은 시대에 뒤떨어졌다. 우리가 우리 자신을 위해 선택한 삶을 살 수 있게 하는 새로운 은퇴 모델을 만들 때이다.

옛날 방식: 은퇴를 대비한 계획

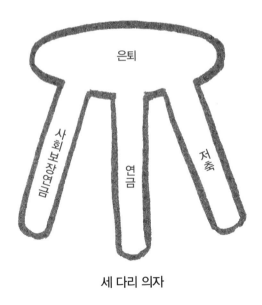

세 다리 의자

새로운 방식: 재무 탄력성 달성

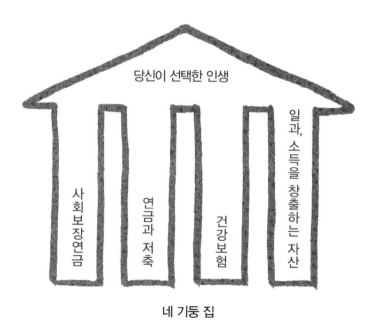

당신이 선택한 인생

일과, 소득을 창출하는 자산

사회보장연금

연금과 저축

건강보험

네 기둥 집

당신의 사고방식

돈과 저축, 계획과 관련해 당신의 사고방식을 살펴보자. 경제 계획으로 인해 당신에게 일어나는 감정에 대해 생각해보라.

- 당신의 재정적 미래에 대한 계획은 어떤 기분을 느끼게 하는가? 흥미로운가? 두려운가? 스트레스를 받는가?
- 당신은 집안에서 돈에 대해 무슨 '이야기'를 들으며 자랐는가? 당신 가족에게 돈은 어떤 의미였는가?
- 현재 당신에게서 돈에 대한 이러한 사고방식이 드러나는가? 버리고 싶은 어떤 행동 양식이 있는가?
- 당신은 지금 무엇을 위해 저축을 하고 있는가? 당신의 저축 습관에 대해 무엇을 알게 되었는가? 무엇이 어려운가? 무엇이 쉬운가?
- 당신이 살면서 다른 사람이 돈을 다루는 모습을 보고 감탄한 적이 있다면 그 사람은 누구인가? 당신은 그 사람에게서 무엇을 배울 수 있는가?

당신의 계획

오늘로부터 10년 후에 당신의 인생은 어떤 모습일지, 그리고 미래 활동과 습관, 관심, 그리고 관계에 대한 비전을 갖고 있는지 생각해보라.

- 10년 후, 이러한 미래를 위한 비용을 지불하는 방법에 대해 생각해본 적이 있는가?
  당신은 사회보장연금에 의존하고 있는가? 저축에 의존하고 있는가? 아니면, 지속적인 소득 창출에 의존하고 있는가?
- 당신은 아플 때부터 가족 부양에 이르기까지, 큰 비용이 드는 경우 이를 어떻게 처리할지 생각해본 적이 있는가?
- 앞으로 20년 후에 당신은 일을 하고 있을까? 같은 일을 하고 있을까? 미래에 더 많은 기회를 창출하기 위해 당신은 지금 무엇을 할 수 있는가?
- 당신은 위급 상황에 어디로 갈 것인가?
- 당신은 집이나 차처럼 부가적인 소득을 창출할 수 있는 자산이 있는가? 그 자산을 어떻게 이용할 것인가?

제7장

당신의 경험을 일에 활용하라

지금으로부터 10년 후, '일'은 당신에게 어떤 의미일까? 당신에게 무엇이 가장 중요한 것이 될까? 일이 어떤 의미일지 분명하게 하기 위해 당신을 자극할 질문이 있다.

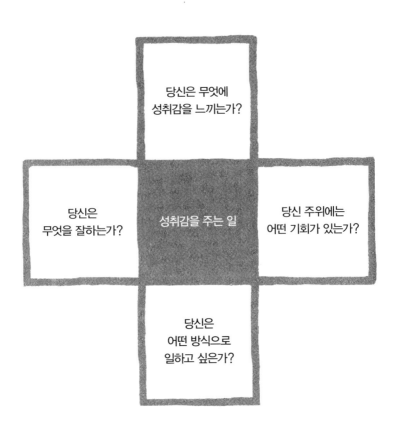

당신은 무엇에 성취감을 느끼는가?

개인적으로나 직업적으로, 당신은 어떤 것에서 힘을 얻는가? 어디에서 기쁨을 얻는가? 무슨 활동(예를 들어 문제 해결하기, 그룹 활성화하기, 사람들이 당신을 필요로 할 때 같이 있어주기 등)이 당신에게 힘을 주는가?

당신은 무엇을 잘하는가?

당신의 기술은 무엇인가? 당신은 무엇에 뛰어나다고 알려져 있는가? 집에서 나타나는 재능(예를 들어 요리하기, 이야기 들려주기, 집 정리하기)과 일에서 나타나는 재능(예를 들어 가르치기, 배관 공사하기, 고객 서비스)에 대해 생각해보라.

당신은 어떤 방식으로 일하고 싶은가?

전일제인가, 시간제인가? 계절 노동이 더 매력적인가? 상담사로, 자원봉사자로, 또는 멘토로 일하고 싶은가?

당신 주위에는 어떤 기회가 있는가?

당신이 되고 싶어 하는 모습과 당신을 둘러싼 기회는 얼마나 일치하는가? 어떤 종류의 일이 수요가 있는가? 무엇이 가장 필요한가? 당신의 관심을 끌고 있는 일을 누가 하고 있는가?

더 알아보기

참고 자료

제1장

Carstensen, Laura L., Ph.D. *A Long Bright Future: Happiness, Health, and Financial Security in an Age of Increased Longevity*. New York: Public Affairs, 2011. (『길고 멋진 미래: 행복한 노년 준비하기』, 로라 카르스텐센 저, 김혜리·김영경 옮김, 박영스토리, 2017).

Dychtwald, Ken, and Daniel J. Kadlec. *The Power Years: A User's Guide to the Rest of Your Life*. John Wiley & Sons, Inc., 2005.

Freedman, Marc. *The Big Shift: Navigating the New Stage Beyond Midlife*. New York: Public Affairs, 2011. (『빅 시프트: 100세 시대 중년 이후 인생의 재구성』, 마크 프리드먼 저, 한주형·이

형종 옮김, 한울, 2015).

Irving, Paul H. *The Upside of Aging: How Long Life Is Changing the World of Health, Work, Innovation, Policy and Purpose.* Hoboken, NJ: John Wiley & Sons, Inc., 2014. (『글로벌 고령화 위기인가 기회인가: 전 세계 고령화 현상에 대한 미국 밀컨 경제연구소의 심층 진단과 해법』, 폴 어빙 저, 김선영 옮김, 아날로그 글담, 2016).

Lawrence-Lightfoot, Sara. *The Third Chapter: Passion, Risk, and Adventure in the 25 Years after 50.* New York: Sarah Crichton Books, 2009.

제2장

Langer, Ellen J., Ph.D. *Counter Clockwise: Mindful Health and the Power of Possibility.* New York: Ballantine Books, 2009.

Thomas, Bill, M.D. *Second Wind: Navigating the Passage to a Slower, Deeper, and More Connected Life.* New York: Simon & Schuster, March 2015.

제3장

Astor, Bart. *Roadmap for the Rest of Your Life: Smart Choices about Money, Health, Work, Lifestyle . . . and Pursuing Your Dreams.* Hoboken, NJ: John Wiley & Sons, Inc./ AARP, 2013.

Cohen, Gene D., M.D., Ph.D. *The Creative Age: Awakening Human Potential in the Second Half of Life.* New York: Avon Books, 2000. (『창조적으로 나이들기: 인생 후반기에 인간의 잠재성을 일깨우기』, 진 코헨 저, 김성은 옮김, 동연, 2016).

Huffington, Arianna. *Thrive: The Third Metric to Redefining Success and Creating a Life of Well-Being, Wisdom and Wonder.* New York: Harmony Books, 2014. (『제3의 성공: 더 가치 있게 더 충실하게 더 행복하게 살기』, 아리아나 허핑턴 저, 강주헌 옮김, 김영사, 2014).

Leider, Richard J. and Alan M. Webber. *Life Reimagined: Discovering Your New Life Possibilities.* San Francisco: Berrett-Koehler Publishers, Inc./AARP, 2013. (『이제 당신은 무엇을 할 것인가』, 리처드 J. 리더 저, 문희경 옮김, 한국경제신문사, 2017).

Lucy, Robb. *Legacies Aren't Just for Dead People: Discover Happiness and a Meaningful Life by Creating and Enjoying Your Legacies Now!* Engage Communications, Inc., 2015.

제4장

Barry, Patricia. *Medicare for Dummies.* Hoboken, NJ: John Wiley & Sons, Inc./AARP, 2014.

Langer, Ellen J., Ph.D. *Mindfulness: 25th Anniversary Edition.* Philadelphia: Da Capo Press, 2014. (『마음챙김: 마음

이 삶을 어디까지 바꿀 수 있는가』, 엘런 랭어 저, 이양원 옮김, 더퀘스트, 2015).

Yagoda, Lisa, and Nicole Duritz (with Joan Friedman). *Affordable Care Act for Dummies.* Hoboken, NJ: John Wiley & Sons, Inc./AARP, 2014.

제5장

Buettner, Dan. *The Blue Zones: Lessons for Living Longer from the People Who've Lived the Longest.* Washington, DC: The National Geographic Society, 2008. (『그곳에 행복이 있었다: 댄 뷰트너의 행복 답사기』, 댄 뷰스너 저, 최진우 옮김, 하늘눈, 2013).

2015년 4월, AARP 공공정책연구소에서는 지역사회가 지역사회 주민들의 현재와 미래의 요구에 얼마나 부합하고 있는지 사람들이 판단하는 데 도움을 주기 위해 AARP 거주 적합성 지수 서비스를 시작했다. www.aarp.org/livabilityindex에 가서 우편 번호를 넣기만 하면 당신에게 중요한 거주 적합성 요소 측면에서 당신이 사는 곳이 다른 지역사회와 비교해 어떠한지 알 수 있다.

제6장

Peterson, Jonathan. *Social Security for Dummies.* Hoboken, NJ: John Wiley & Sons, Inc./AARP, 2014.

Schwab-Pomerantz, Carrie. *The Charles Schwab Guide to Finances after 50: Answers to Your Most Important Money*

Questions. New York: Crown Business, 2014.

제7장

Cappelli, Peter, and Bill Novelli. *Managing the Older Worker: How to Prepare for the New Organizational Order*. Boston, MA: Harvard Business Review Press, 2010.
Leider, Richard, and David A. Shapiro. *Work Reimagined: Uncover Your Calling*. San Francisco: Berrett-Koehler Publishers, Inc./AARP, 2015.

온라인 참고 자료

Disruptaging.aarp

AARP.org

ChangingAging.org

Agelab.mit.edu

huffingtonpost.com/50/

aging2.com

bigthink.com

LifeReimagined.org

감사의 글

미국에서 나이듦의 편견을 넘어서려면 여러 사람이 필요하듯 이 책이 세상에 나오기까지 많은 분들의 도움이 있었다. 나는 자신의 재능과 전문 지식, 경험, 그리고 지혜로 공헌해준 많은 분들에게 감사하게 생각한다. 모든 분들을 일일이 언급하지는 못하겠지만 몇 분에게는 특별히 감사 인사를 전하고 싶다.

2014년 9월에 AARP CEO로 취임한 후에 나는 연설문 담당자인 보 워크먼과 당시 수석 홍보 담당자 케빈 도넬런(현재 AARP 사무총장)과 함께 앉아서 전국 규모 행사 및 박람회에서 할 최초의 대규모 연설에 대해 논의했다. 이야기는 내가 CEO로서 성취하고 싶은 일 쪽으로 흘러갔다. 나는 내가 AARP의 CEO로서 성취할 수 있는 일이 한 가지만 있다면 이 나라에서 나이듦이란 무슨 의미인가에 대한 이야기에 변화를 일으키는 것이 될 것이라고 말했다. '나이듦, 그 편견을 넘어서기'라는 제목의 연설에 대한 반응은 무척 대단해서 우리는 이 책을 쓰기로 결정했다. 보 워크먼과 케빈 도널런은 처음부터 이 프로젝트에서 중요한 역할을 했다. 나는 그 두 사람의 노고와 지원, 그리고 나이듦의 편견을 넘어설 수 있다는 변하지 않는 믿음에 힘입은 바 크다. 나의 협력자이자 공저자인 보 워크먼은 이 프로젝트의 힘든 작업 대부분을 담당했다. 보 워크먼과 케빈 도널런은 생각의 틀을 잡고 무척 복잡한 이 사회 문제에 대해 우리가 지극히 개인적인 방식으로 이야기했다는 점을 확실히 해야 한다고 계속 주장했다.

나는 또한 퍼블릭 어페어스(PublicAffairs)의 편집자 콜린 로리에게 신세를 졌다. 그녀는 책을 더 잘 만드는 법을 아는 숙련된 편집자일 뿐만 아니라, 그녀가 보인 이 프로젝트에 대한 열정과 점점 증가하는 주제에 대한 관심은 우리가 계속해서 새로운 통찰을 발견하기 위해 노력하도록 영감을 주었다. 진심으로 이 프로젝트에 참여하기를 원했으며, 전폭적인 지지를 통해 우리가 일정에 따라 순조롭게 작업할 수 있도록 도와준 퍼블릭 어페어스의 발행인 클라이브 프리들에게도 감사를 표한다. 부발행인 제이미 레퍼, 출판 관리 책임자 멀리사 레이먼드를 비롯해 이 프로젝트에 참여한 클라이브 프리들이 이끄는 퍼블릭 어페어스의 팀원들에게도 깊은 감사를 보낸다.

AARP의 재능 있고 헌신적인 많은 동료들의 도움과 지원이 없었다면 이 책은 세상에 나오지 못했을 것이다. 데이비드 올비, 데브라 휘트먼, 그리고 레슬리 네틀포드가 그랬듯이 빅토리아 새킷은 조사에 귀중한 도움을 줬고, 초고를 읽고 의견을 냈다. 나는 또한 내가 순조롭게 일을 진행할 수 있도록 모든 일정을 관리해 준 소중한 비서 테리 그린과 모니카 위도프에게도 감사의 말을 전한다. AARP 출판부에서 근무하는 머나 블라이드와 조디 립슨, 지원과 격려를 해준 경영진 동료들과 AARP이사회, 그리고 더 많은 사람들이 자신이 바라는 대로 살고 나이 들어가는 모습을 선택할 수 있도록 나이듦의 편견을 넘어서는 새로운 방법을 발견하기 위해 매일 일에 매달린 바바라 쉬플리가 이끄는 AARP의 '나이듦, 그 편견을 넘어서기' 팀의 모든 팀원들에게도 감사한다.

나는 또한 SY파트너스(SYPartners)의 믿을 수 있는 자문단인 키스 야마시타와 제시카 오킨, 니콜라스 마이트레의 자문과 조언에 감사하다는 말을 하고 싶다. 그리고 벨린다 랭크스와 앤드루 허스트, 토니 브엉이 프로젝트에 해준 지원에 대해 감사한다.

나는 또한 고령자 공동체의 지원에 힘을 얻었다. 우리 모두가 더 잘 나이 들어가도록 돕고, 고령화된 미국의 사회적 영향력을 인식하는 사회 운동의 지도자들은 '나이듦, 그 편견을 넘어서기'의 아이디어를 두 팔 벌려 받아들였다.

나는 가족의 지원과 격려가 없었다면 이 책을 쓸 수 없었을 것이다. 나의 남편 프랭크와 아이들 크리스천과 니콜에게 영원히 고맙게 생각할 것이다.

마지막으로, 세상 속에서 매일 나이듦의 편견을 넘어서고 있는 모든 이들에게, 특별히 이 책에 실려 있는 이야기의 주인공들에게 감사의 마음을 전한다. 여러분은 나이듦의 편견을 넘어서서 나이듦의 새로운 역할 모델이 되는 진정한 선구자들이다. 여러분은 각자의 방식으로 '나이듦, 그 편견을 넘어서기'를 실현시킨 이들이다. 여러분이 없었다면 '나이듦, 그 편견을 넘어서기'는 또 하나의 표어에 지나지 않았을 것이다. 그렇지만 여러분이 있었기에 '나이듦, 그 편견에서 벗어나기'는 시대에 뒤떨어진 믿음과 고정관념에 도전하고, 더 많은 사람들이 자신이 바라는 대로 살고 나이 들기를 선택할 수 있도록 새로운 해결책을 촉발시킨 우리 모두를 위한 슬로건이 되었다.

미주

서문

1 "Life Expectency by age, 1850-2011," infoplease, www.infoplease.com/us/mortality/life-expectancy-age-1850-2011.

2 Michel Allard, Victor Lébre, and Jean-Marie Robine, *Jeanne Calment: From Van Gogh's Time to Ours, 122 Extraordinary Years* (New York: W. H. Freeman and Company, 1994).

3 Social Security Administration, Life Table Chart.

4 Population Reference, Bureau, 2016.

5 Lynda Gratton and Andrew Scot, *The 100-Year Life: Living and Working in an Age of Longevity* (London: Bloomsbury Information, 2016). (『100세 인생: 저주가 아닌 선물』, 린다 그래튼, 앤드류 스콧 저, 안세민 옮김, 도서출판 클, 2017).

6 AARP Disrupt Aging US Aging Sentiment Survey and Index, conducted by Heart+Mind Strategies, June 2017.

7 위의 조사에서 18~39세는 61%, 40~59세는 60%인 데 반해 60세 이상의 사람들은 67%가 자신의 인생에 만족하거나, 매우 만족하는 것으로 나타났다.

8 https://www.aarp.org/about-aarp/purpose-prize/winners/info-2017/james-farrin.html.

9 AARP Aging Readiness and Competitiveness (ARC) Reort, AARP and FP Analytics, June 2017.

10 지역사회의 AARP 네트워크의 자세한 목록은 https://www.aarp.org/livable-communities/network-age-friendly-communities/를 참고할 것.

서장 왜 나이듦의 편견을 넘어서야 하는가?

11 E. Lindland, M. Fond, A. Haydon, and N. Kendall-Taylor, *Gauging Aging: Mapping the Gaps Between Expert and Public Understandings of Aging in America* (Washington, DC: FrameWorks Institute, 2015). 그 밖에 포함된 노화 관련 기관은 미국 노화협회(ASA, American Society on Aging), 미국 노화연구재단(American Federation for Aging Research), 미국 노인협회(American Geriatrics Society), 미국 노년학회(Gerontological Society of America), 국가 노화대책위원회(National Council on Aging), 전국 히스패닉 노화대책위원회(National Hispanic Council on Aging) 등이다.

12 Ibid., 6.

제1장 나이듦의 새로운 현실

13 Jeffrey Cole, director of the Center for the Digital Future, Annenberg School for Communication and Journalism, University of Southern California, Los Angeles, CA, presentation at AARP's Ideas @ 50+ National Event & Expo, San Diego, CA, July 9, 2014.

14 John W. Rowe and Robert L. Kahn, Successful Aging (New York: Pantheon Books, 1998), (『성공적인 노화』, 존 로우·로버트 칸 공저, 최혜경·권유경 공역, 학지사, 2001).

15 US Department of Health and Human Services, Centers for Disease Control and Prevention, National Center for Health Statistics. Health, United States 2016 with Chartbook on Long-term trends in Health. http://www.cdc.gov/nchs/data/hus/hus16.pdf015.

16 J. F. Fries, Living Well (Reading, MA: Perseus Books, 2004).

17 J. F. Fries, "Aging, Natural Death, and the Compression of Morbidity," New England Journal of Medicine 303, no. 3 (July 17, 1980): 130–135.

18 Lewis Mumford, The City in History: Its Origins, Its Transformations, and Its Prospects (New York: Harcourt Brace Jovanovich, 1961). (『역사 속의 도시I, II』, 루이스 멈퍼드 저, 김영기 옮김, 지식을만드는지식, 2016).

19 Employee Benefit Research Institute, "FAQs About Retirement Issues," www.ebri.org/publications/benfaq/index.cfm?fa=retfaq14.

20 National Center for Health Statistics, "NCHS Data Brief."

21 Centers for Disease Control and Prevention, "CDC Health Disparities and Inequalities Report—United States, 2013," www.cdc.gov/mmwr/pdf/other/su6203.

22 Deb Whitman, "Not Everyone Is Living Longer," http://blog.aarp.org/2014/06/01/not-everyone-is-living-longer.

23 Guy Garcia, The New Mainstream: How the Multicultural Consumer Is Transforming American Business (New York: Harper Business: 2005).

24 Oxford Economics, The Longevity Economy: Generating Economic Growth and New Opportunities for Business (Washington, DC: AARP, 2016).

25 Cole, presentation at AARP's Ideas @ 50+ National Event & Expo.

26 Theodore Roszak, America the Wise: Longevity, Revolution and the True Wealth of Nations (New York: Houghton Mifflin, 1998).

제2장 자신의 나이를 적극적으로 인정하라

27 "Satchel Paige Biography," Biography.com. www.biography.com/people/satchel-paige-9431917.

28 Larry Miller, "Levels of Aging," comedy routine. Reprinted with permission from Larry Miller, November 11, 2015.

29 Rita Moreno, *Rita Moreno: A Memoir* (New York: Penguin Group, Celebra, 2013).

30 Ellen J. Langer, *Counterclockwise: Mindful Health and the Power of Possibility*(New York: Ballantine Books, 2009). (『마음의 시계: 시간을 거꾸로 돌리는 매혹적인 심리 실험』, 엘런 랭어 지음, 변용란 옮김, 사이언스북스, 2011).

31 William Geist, *The Big Five–Oh!: Facing, Fearing, and Fighting Fifty* (New York: Quill, 1998).

32 Alexandra Sifferlin, "Q&A: World's Oldest Performing Female Body Builder," Time, May 30, 2013, http://healthland.time.com/2013/05/30/qa–worlds–oldest–performing–female–bodybuilder.

33 "99–Year–Old Agua Dulce Woman Graduates Friday from COC," SCVNews.com, June 3, 2015, http://scvnews.com/2015/06/03/99–year–old–agua–dulce–woman–graduates–friday–from–coc.

34 John Chadwick, "Grammy–Winning Singer Returns to Rutgers for Degree," Rutgers Today, April 16, 2015, http://news.rutgers.edu/feature/grammy–winning–singer–returns–rutgers–degree/20150416#.VoCyrUorJkg.

35 Pew Research Center, "Growing Old in America: Expectations vs. Reality," www.newsocialtrends.org/2009/06/29/growing_old_in_america_expectations_vs_reality.

제3장 인생을 설계하라

36 "Arianna Huffington biography," Biography.com, www.biography.com/people/arianna–huffington–21216537.

37 Gene D. Cohen, *The Creative Age: Awakening Human Potential in the Second Half of Life* (New York: Avon Books, 2000).『창조적으로 나이들기: 인생 후반기에 인간의 잠재성을 일깨우기』, 진 코헨 지음, 김성은 옮김, 동연, 2016).

38 Dorkys Ramos, "Oprah on Getting Older: 'The Absolute Best Part Is Being Able to Be Free," *Oprah Magazine*, May 2014, www.bet.com/news/lifestyle/2014/04/14/oprah–on–getting–older–the–absolute–best–part–is–being–able–to–be–free.html.

39 Robb Lucy, *Legacies Aren't Just for Dead People: Discover Happiness and a Meaningful Life by Creating and Enjoying Your Legacies* (Vancouver, B.C.: Engage Communications, Inc., 2015), 17.

40 이 내용은 AARP 기록 보관소에서 나온 AARP 내부 문건과 에설 퍼시 앤드러스(Ethel Percy Andrus) 박사의 개인 논문에서 인용되었다.

41 Floyd Hammer and Kathy Hamilton, "The History of Outreach, Inc.," www.out

reachprogram.org.

42 Scott Strain, phone interview with authors, October 29, 2015.

43 Richard Leider, "Meaning Really Matters: The MetLife Study on How Purpose Is Recession Proof and Age-Proof," MetLife Mature Market Institute, July 2010.

제4장 건강을 관리하라

44 The Boston Foundation and the New England Healthcare Institute, *Healthy People in a Healthy Economy: A Blueprint for Action in Massachusetts* (Cambridge, MA: New England Healthcare Institute, 2009), www.tbf.org/tbf/56/hphe/-/media/71D60849236E470D8FED6D67FE9BEEDA.pdf.

45 Duane Alexander, L. Hightower, "Osteoporosis: Pediatric Disease with Geriatric Consequences," *Orthopedic Nursing* 19, no. 5 (SeptemberOctober 2000): 59-62.

46 Kaiser Family Foundation, "Peterson-Kaiser Health System Tracker," www.healthsystemtracker.org/chart-collection/how-does-health-spending-in-the-u-s-compare-to-other-countries.

47 K. Davis, K. Stremlkis, D. Squires, and C. Schoen. *Mirror, Mirror on the Wall, 2014 Update: How the Performance of the U.S. Health Care System Compares Internationally* (The Commonwealth Fund, June 2014), www.commonwealthfund.org/publications/fund-reports/2014/jun/mirror-mirror.

48 Atul Gawande, *Being Mortal: Medicine and What Matters in the End* (New York: Metropolitan Books, Henry Holt and Company, 2014). (『어떻게 죽을 것인가: 현대 의학이 놓치고 있는 삶의 마지막 순간』, 아툴 가완디 저, 김희정 옮김, 부키, 2015).

49 R. Lavizzo-Mourey and A. Plough, *We're All in This Together: Improving America's Health by Taking Action and Measuring Programs* (Washington, DC: Robert Wood Johnson Foundation, 2015).

50 Bill Walsh, "America's Evolution Toward Wellness," *Generations: The Journal of the American Society on Aging* 39, no. 1 (Spring 2015): 23-29, 24.

51 Ibid.

52 Paul H. Keckley, and Sheryl Coughlin, *Breaking Constraints: Can Incentives Change Consumer Health Choices?* (San Francisco, CA: Deloitte University Press, 2013), http://dupress.com/articles/breaking-constraints.

53 Laura Skopec and Benjamin D. Sommers, "Affordable Care Act Extended Free Preventive Care to 71 Million Americans with Private Health Insurance," US Department of Health and Human Services, March 18, 2013, www.hhs.gov/news/press/2013pres/03/201303118a.html.

54 Dean Ornish, "It's Time to Embrace Lifestyle Medicine," *Time*, FebruaryMarch

2015, 97.

55 US Department of Health and Human Services, *Fact Sheet: The Affordable Care Act Is Working*, June 24, 2015, www.hhs.gov/healthcare/facts-and-features/fact-sheets/aca-is-working/index.html.

56 Partnership for Prevention, "Preventive Care: A National Profile on Use, Disparities, and Health Bnenfits", Robert Wood Johnson Foundation, August 2007, www.rwjf.org/en/library/research/2007/08/preventive-care-national-profile-on-use.html.

57 The American Geriatrics Society, Data Center, www.americangeriatrics.org/advocacy_public_policy/gwps/gwps_data_center/practice_of_geriatrics.

58 "Broadband Blues," *Economist*, June 21, 2001, www.economist.com/node/666610.

59 Walsh, "America's Evolution Toward Wellness."

60 Joseph F. Coughlin, "Disruptive Demography: The New Business of Old Age," in *The Upside of Aging: How Long Life is Changing the World of Health, Work, Innovation, Policy and Purpose*, ed. Paul H. Irving, 51-62 (Hoboken, NJ: John Wiley & Sons, Inc., 2014). (『글로벌 고령화 위기인가 기회인가: 전 세계 고령화 현상에 대한 미국 밀컨 경제연구소의 심층 진단과 해법』(폴 어빙 엮음. 김선영 옮김. 아날로그 글담. 2016) 중 「제4장 장수는 새로운 발명과 비즈니스를 창조한다」(조지프 F. 코플린)).

61 Walsh, "America's Evolution Toward Wellness."

62 AARP, Real Possibilities Project, "Building a Better Tracker: Older Consumers Weigh in on Activity and Sleep Monitoring Devices," July 14, 2015, www.aarp.org/content/dam/aarp/home-and-family/personal-technology/2015-07/innovation-50-project-catalyst-tracker-study-AARP.pdf.

63 Rosalynn Carter, "Remarks Accepting Honorary Chair of LAST ACTS," February 13, 1997, http://gos.sbc.edu/c/carter.html.

64 Genworth, "Genworth 2012 Cost of Care Survey," 2012, www.genworth.com/dam/Americas/US/PDFs/Consumer/corporate/coc_12.pdf.

65 AARP and the National Alliance for Caregiving, "Caregiving in the U.S. 2015," June 2015, www.caregiving.org/wp-content/uploads/2015/05/2015_CaregivingintheUS_Executive-Summary-June-4_WEB.pdf.

66 Ibid.

67 US Census Bureau, "American Householders Are Getting Older," Census Bureau Reports, November 15, 2012, www.census.gov/newsroom/releases/archives/families_households/cb12-216.html.

68 CareLinx, "About CareLinx," www.carelinx.com/about. 참고: 케어링크스는 앞서 언급한 AARP 홍보 경연 이벤트 우승 업체 중 하나였다.

69 Miguel Helft, "How the Tech Elite Plans to Reinvent Senior Care," *Forbes*, April 2, 2015, www.forbes.com/sites/miguelhelft/2015/04/02/how-the-tech-elite-plans-

to-reinvent-senior-care.

70 Alzheimer's Association, "Changing the Trajectory of Alzheimer's Disease: How a Treatment by 2025 Saves Lives and Dollars," 2015, www.alz.org/trajectory.

71 Michael D. Hurd, Paco Martorell, Adeline Delavande, Kathleen J. Mullen, and Kenneth M. Langa, "Monetary Costs of Dementia in the United States," *New England Journal of Medicine* 368, no. 14 (April 4, 2013): 1326-1334.

72 Michel Allard, Victor Lebre, and Jean-Marie Robine, *Jeanne Calment: From Van Gogh's Time to Ours, 122 Extraordinary Years* (New York: W. H. Freeman and Company, 1994).

73 John W. Rowe and Robert L. Kahn, *Successful Aging* (New York: Pantheon Books, 1998).

제5장 살 곳을 선택하라

74 Laura Ingles, "Extreme Makeover: Habitat for Humanity Turns Trailer Parts into Town Centers," August 7, 2012, http://www.c-ville.com.

75 Anusuya Chatterjee and Jacque King, *Best Cities for Successful Aging 2014* (Santa Monica, CA: Milken Institute, 2014), http://successfulaging.milkeninstitute.org/2014/best-cities-for-successful-aging-report-2014.pdf.

76 Dan Buettner, *The Blue Zones: Lessons for Living Longer from the People Who've Lived the Longest* (Washington, DC: The National Geographic Society, 2008).

77 Dan Buettner, "The Minnesota Miracle," *AARP: The Magazine,* January/February 2010, www.aarp.org/health/longevity/info-01-2010/minnesota_miracle.html.

78 Linda Bailey, *Aging Americans: Stranded Without Options*, Surface Transportation Policy Project (AARP and American Public Transportation Association, April 2004).

79 National Complete Streets Coalition, "Presentation: The Many Benefits of Complete Streets," March 2015, www.smartgrowthamerica.org/complete-streets.

80 A. Barry Rand, "Making Safe Streets a Real Possibility," AARP Bulletin, April 2014.

81 Ibid.

82 Amy Crawford, "Why a Boston Suburb Combined Its High School and Senior Center," CityLab, October 12, 2015, www.citylab.com/work/2015/10/why-this-town-combined-its-high-school-and-senior-center/410149.

83 Liza Kaufman Hogan, "3 Innovative Ways to Age in Place," *Forbes,* June 12, 2014. www.forbes.com/sites/nextavenue/2014/06/12/3-innovative-ways-to-age-in-place.

84 Constance Gustkenov, "Retirees Turn to Virtual Villages for Mutual Support," *New York Times*, November 28, 2014, www.nytimes.com/2014/11/29/yourmoney/retirees-turn-to-virtual-villages-for-mutual-support.html.

85 Brenda Krause Eheart, interview with authors, September 19, 2015. 그녀는 또한 2009년에 AARP Inspire Award를 수상했다.

86 Bill Thomas, interview with authors. June 12, 2015.

제6장 미래를 위한 재원을 마련하라

87 US Government Accountability Office, "Retirement Security: Most Households Approaching Retirement Have Low Savings," Report to the Ranking Member, Subcommittee on Primary Health and Retirement Security, Committee on Health, Education, Labor, and Pensions, US Senate, Washington, DC, May 2015.

88 Ruth Helman, Craig Copeland, and Jack VanDerhei, "The 2015 Retirement Confidence Survey: Having a Retirement Savings Plan a Key Factor in Americans' Retirement Confidence," EBRI Issue Brief, no. 413 (Employee Benefit Research Institute, April 2015), www.ebri.org 에서 이용 가능. 25세 이상의 노동자들 가운데 22%는 은퇴 자금이 충분히 있다고 매우 자신 있게 말했으며, 36%는 약간 자신 있다고 했고, 25%는 전혀 자신이 없다고 했다. 전체 응답자 가운데 절반 이상이 25,000달러보다 적게 갖고 있다고 말했고, 28%는 가진 돈이 1,000달러도 되지 않는다고 했다.

89 Ibid.

90 US Census Bureau, "Income, Poverty and Health Insurance Coverage in the United States: 2013," September 16, 2014, Release Number: CB14-169, www.census.gov/newsroom/press-releases/2014/cb14-169.html.

91 David Auerbach, "Accelerating Health Care Costs Wiping Out Much of Americans' Income Gains," RAND Corporation, September 8, 2011, www.rand.org/news/press/2011/09/08.html.

92 E. S. Browning, "Debt Hobbles Older Americans," Wall Street Journal, September 7, 2011, www.wsj.com/articles/SB10001424053111904233404576460020958393028.

93 Investor Protection Institute, "The College Debt/Retirement Savings Bind," September 17, 2015, www.iinvest.org/wp-content/uploads/2015/03/IPI_Millennial_Survey_Findings_09-17-15.pdf.

94 AARP, "2013 Retirement Confidence Survey: A Secondary Analysis of the Findings from Respondents Age 50+," May 2013, www.aarp.org/content/dam/aarp/research/surveys_statistics/general/2013/2013-Retirement-Confidence-Survey-A-Secondary-Analysis-of-the-Findings-from-Respondents-Age-

50–Plus–AARP–rsa–gen.pdf.

95 Ron Lieber, "A Nudge to Save a Bit More for Retirement, Online Tools Can Encourage Greater Saving," *New York Times*, June 27, 2014, https://www.nytimes.com/2014/06/28/your–money/for–retirement–online–tools–can–encourage–greater–saving.html?_r=0.

96 Employee Benefit Research Institute, "FAQs About Benefits—Retirement Issues: What Are the Trends in U.S. Retirement Plans?" https://www.ebri.org/publications/benfaq/index.cfm?fa=retfaq14.

97 US Social Security Administration, "Fact Sheet: 2017 Social Security Changes," https://www.ssa.gov/news/press/factsheets/basicfact–alt.pdf.

98 US Social Security Administration, "Fact Sheet: 2015 Social Security Changes," https://www.ssa.gov/news/press/factsheets/colafacts2015.html.

99 Jonathan Peterson, *Social Security for Dummies* (Hoboken, NJ: John Wiley & Sons, 2012).

100 Ibid.

101 Board of Trustees, Federal Old–Age and Survivors Insurance and Federal Disability Insurance Trust Funds. *The 2017 Annual Report of the Board of Trustees of the Federal Old–Age and Survivors Insurance and Disability Insurance Trust Funds* (Washington, DC: Social Security Administration, July 13, 2017), http://ssa.gov/OACT/TR/2017.

102 The Henry J. Kaiser Family Foundation, "The Facts on Medicare Spending and Financing," July 24, 2015, http://kff.org/medicare/fact–sheet/medicare–spending–and–financing–fact–sheet.

103 Janice Tharaldson, interview with authors, September 19, 2015.

104 Airbnb, "Celebrating Airbnb's 60+ Host Community," July 30, 2015, https://blog.airbnb.com/celebrating–airbnbs–60–host–community.

105 PricewaterhouseCoopers, "Employee Financial Wellness Survey 2014 Results," April 2014, www.pwc.com/us/en/private–company–services/publications/assets/pwc–employee–financial–wellness–survey–2014–results.pdf.

106 Maryalene La Ponsie, "How Retirees Can make Money in the Sharing Economy," *U.S. News and World Report*, August 20, 2015, http://money.usnews.com/money/ret irement/art icles/2015/08/20/how–ret irees–can–make–money–in–the–sharing–economy.

107 Jeff Bertolucci, "6 Easy Ways Retirees Can Cash in on the Sharing Economy," *Kiplinger's Retirement Report*, February 2015, www.kiplinger.com/printstory.php?pid=13368.

108 Amy Zipken, "The Sharing Economy Attracts Older Adults," *New York Times*, September 25, 2015, www.nytimes.com/2015/09/26/your–money/the–sharing–economy–attracts–older–adults.html?_r=2.

109 Joan Voight, "Sharing—for—Cash: A New Way to Finance Retirement," CNBC, May 1, 2012, www.cnbc.com/id/46854427.

110 Bertolucci, "6 Easy Ways Retirees Can Cash in on the Sharing Economy."

111 Kate Rogers, "Someone Became an Identity Theft Victim Every 2 Seconds Last Year," *Fox Business*, February 5, 2014, www.foxbusiness.com/personal—finance/2014/02/05/someone—became—identity—theft—victim—every—2—seconds—last—year.

112 Kai Stinchcombe, phone interview with authors, September 19, 2015.

제7장 당신의 경험을 일에 활용하라

113 Aon Hewitt and AARP, *The Business Case for Workers Age 50+: A Look at the Value of Experience 2015* (Washington, DC: AARP, March 2015), http://states.aarp.org/wp—content/uploads/2015/08/A—Business—Case—for—Older—Workers—Age—50—A—Look—at—the—Value—of—Experience.pdf.

114 Manpower Group, "2014 Talent Shortage Survey," www.manpowergroup.us/campaigns/talent—shortage—2014.

115 Hewitt and AARP, *The Business Case for Workers Age 50+*.

116 Yurly Gorodnichenko, John Laitner, Jae Song, and Dimitriy Stolyarov, *Technological Progress and the Earnings of Older Workers* (University of Michigan Retirement Research Center, October 2013).

117 Towers Perrin and AARP, *Investing in Training 50+ Workers: A Talent Management Strategy, 2008* (Washington, DC: AARP, 2008).

118 Vivek Wadhwa, "There's No Age Requirement for Innovation", The Accelerators, *Wall Street Journal*, October 28, 2013. http://blogs.wsj.com/accelerators/2013/10/28/vivek—wadhwa—theres—no—age—requirement—for—innovation.

119 Ibid.

120 Howard N. Fullerton, "Labor Force Participation: 75 Years of Change, 1950—98 and 1998—2025," *Monthly Labor Review* (December 1999): 3—12, www.bls.gov/mlr/1999/12/art1full.pdf.

121 Hewitt and AARP, *The Business Case for Workers Age 50+*.

122 Jonathan Gruber and David A. Wise, eds. *Social Security Programs and Retirement Around the World: The Relationship to Youth Employment* (Chicago: University of Chicago Press, 2010).

123 Peter Cappelli and Bill Novelli, *Managing the Older Worker: How to Prepare for the New Organizational Order* (Boston: Harvard Business Review Press, 2010).

124 Suzanne J. Peterson and Barry K. Spiker, "Establishing the Positive

Contributory Value of Older Workers: A Positive Psychology Perspective," *Organizational Dynamics* 34, no. 2 (2005): 153–167.

125 AARP and GfK Roper, *Staying Ahead of the Curve 2013: The AARP Work and Career Study* (AARP, January 2014), www.aarp.org/content/dam/aarp/research/surveys_statistics/general/2014/Staying–Ahead–of–the–Curve–2013–The–Work–and–Career–Study–AARP–res–gen.pdf.

126 Monique Valcour, "Hitting the Intergenerational Sweet Spot," *Harvard Business Review,* May 27, 2013, https://hbr.org/2013/05/hitting–the–intergenerational.

127 Ibid.

128 Christopher H. Loch, Fabian J. Sting, Nikolaus Bauer, and Helmut Mauermann, "How BMW Is Defusing the Demographic Time Bomb," *Harvard Business Review* 88, no. 3 (March 2010): 99–102.

129 D. Piktialis, "Adaptations to an Aging Workforce: Innovative Responses by the Corporate Sector," *Generations* 31, no. 1 (Spring 2007): 76–82.

130 Steven Greenhouse, "The Age Premium: Retaining Older Workers," *New York Times,* May 14, 2014, www.nytimes.com/2014/05/15/business/retirementspecial/the–age–premium–retaining–older–workers.html.

131 Kerry Hannon, "As Workers Delay Retirement, Some Bosses Become More Flexible," *New York Times,* August 21, 2015, www.nytimes.com/2015/08/22/your–money/delay–retirement–flexible–work–schedules.html.

132 Hewitt and AARP, *The Business Case for Workers Age 50+.*

133 Ibid.

134 Ibid.

135 Ibid.

136 Leslie Kwoh, "Reverse Mentoring Cracks Workplace: Top Managers Get Advice on Social Media, Workplace Issues from Young Workers," *Wall Street Journal,* November 28, 2011, www.wsj.com/articles/SB10001424052970203764804577060051461094004.

137 Stephanie Vozza, "Why a PayPal Executive Is Being Mentored by His Millennial Employees," *Fast Company,* September 23, 2015, www.fastcompany.com/3051164/lessons–learned/why–a–paypal–executive–is–being–mentored–by–his–millennial–employees.

138 Lester Strong, interview with authors, November 30, 2015.

139 AARP Experience Corps, "Frequently Asked Questions," www.aarp.org/experience–corps/about–us/experience–corps–frequently–asked–questions.

140 Civic Ventures, *Encore Career Choices: Purpose, Passion and a Paycheck in a Tough Economy.* A MetLife Foundation/Civic Ventures Report Based on Research by Penn Schoen Berland. 2011. http://www.encore.org/files/EncoreCareerChoices.pdf.

141 Marc Freedman. *Encore: Finding Work that Matters in the Second Half of Life* (New York: Public Affairs, August 2008).

142 Anne Tergesen, "The Case for a Midlife 'Gap' Year," *Wall Street Journal,* December 8, 2013, www.wsj.com/articles/SB100014240527023046441045791919 934045949914.

143 Nicole Maestas, "Back to Work: Expectations and Realizations of Work After Retirement," Rand Corporation working paper, April 2007, http://www.rand.org/content/dam/rand/pubs/working_papers/2007/RAND_WR196-2.pdf.

제8장 규칙을 바꾸자

144 Medstar Washington Hospital Center, "New Data Shows Home-Based Primary Care Lowers Medicare Costs for High-Risk Elders," August 4, 2014, www.medstarwashington.org/2014/08/04/new-data-shows-home-based-primary-care-lowers-medicare-costs-for-high-risk-elders/#q={}.

145 The Boards of Trustees, Federal Hospital Insurance and Federal Supplementary Medical Insurance Trust Funds, "2017 Annual Report of the Boards of Trustees of the Federal Hospital Insurance and Federal Medical Insurance Trust Funds," Centers for Medicare and Medicaid Services, www.cms.gov/research-statistics-data-and-systems/statistics-trends-and-reports/reportstrustfunds/downloads/tr2017.pdf.

146 AARP and National Alliance for Caregiving, *Caregiving in the U.S.: 2015 Report* (Washington, DC: AARP Public Policy Institute, June 2014), www.aarp.org/content/dam/aarp/ppi/2015/caregiving-in-the-united-states-2015-report-revised.pdf.

147 Mikki Waid, "Social Security Keeps Americans of All Ages Out of Poverty: State-Level Estimates, 2011–2103," AARP, July 20, 2015, www.aarp.org/ppi/info-2015/social-security-keeps-americans-of-all-ages-out-of-poverty.html.

148 Alicia Williams, "Social Security 80th Anniversary Survey Report," AARP, August 2015, www.aarp.org/SeguroSocial80.

149 Social Security Administration, *The 2015 Annual Report of the Board of Trustees of the Federal Old-Age and Survivors Insurance and Federal Disability Insurance Trust Funds* (Washington, DC: U.S. Government Publishing Office, 2015), www.ssa.gov/oact/TR/2015/tr2015.pdf.

150 Employee Benefits Research Institute, "2014 RCS Fact Sheet #6," EBRI, http://ebri.org/pdf/surveys/rcs/2014/RCS14.FS-6.Prep-Ret.Final.pdf.

151 David John and Gary Koenig, *Workplace Retirement Plans Will Help Workers Build Economic Security* (AARP Public Policy Institute, October 2014), www.

aarp.org/content/dam/aarp/ppi/2014-10/aarp-workplace-retirement-plans-build-economic-security.pdf.

152 Brigitte C. Madrian, *Retirement Saving Policy That Was Easy: The Importance of Auto Features in Promoting Retirement Savings* (AARP Public Policy Institute, October 2014), www.aarp.org/content/dam/aarp/ppi/2014-10/spotlight12-importance-auto-features-promoting-retirement-savings-AARP-ppi-econ-sec.pdf.

153 Ibid.

154 Alicia H. Munnell, Anthony Webb, and Wenliang Hou, *How Much Should People Save?* (Center for Retirement Research at Boston College, July 2014), http://crr.bc.edu/wp-content/uploads/2014/07/IB_14-111.pdf.

155 Richard W. Johnson, Leonard E. Burman, and Deborah I. Kobes, *Annuitized Wealth at Older Ages: Evidence from the Health and Retirement Study* (Washington, DC: The Urban Institute, 2004), www.urban.org/sites/default/files/alfresco/publication-pdfs/411000-Annuitized-Wealth-at-Older-Ages.PDF.

156 Wendy Fox-Grage, "Financial Abuse of Older Adults: AARP and American Bankers Association Foundation Partner to Tackle Growing Problem," AARP, August 27, 2015, http://blog.aarp.org/2015/08/27/financial-abuse-of-older-adults-aarp-and-american-bankers-association-foundation-partner-to-tackle-growing-problem.

157 Federal Deposit Insurance Corporation, "2011 FDIC National Survey of Unbanked and Underbanked Households," September 2012, www.fdic.gov/householdsurvey/2012_unbankedreport.pdf.

158 Jilenne Gunther and Robert Neill, *Inspiring Case Examples: Age-Friendly Banking* (AARP, June 2014).

159 Ibid.

160 Ibid.

161 Omar Garriott, "Millions of LinkedIn Members Want to Volunteer Their Skills for Good" (infographic), LinkedIn, January 30, 2015, http://blog.linkedin.com/2015/01/30/millions-of-linkedin-members-want-to-volunteer-their-skills-for-good-infographic.

162 US Department of Transportation, National Highway Traffic SafetyAdministration (NHTSA), *Traffic Safety Facts 2012: Pedestrians* (Washington, DC: NHTSA; 2014), www-nrd.nhtsa.dot.gov/Pubs/811888.pdf/.

"조 앤 젠킨스는 단순히 나이듦에 대한 고정 관념에 이의를 제기하는 것이 아니라, 노년기도 한창 일하던 시절만큼 생산적이며 중요하고 목적이 있는 시기가 될 수 있음을 보여주면서 그 고정 관념을 깨부순다. 나이듦의 의미를 재정립하는 사람들의 고무적인 이야기를 담고 있는 『나이듦, 그 편견을 넘어서기』는 전 연령대의 모든 이들을 위한 책이다."

아리아나 허핑턴,
허핑턴 포스트 미디어 그룹 공동 창업자이자 회장 겸 편집장

"조 앤 젠킨스는 나이와 경험이 우리 모두를 위해 인생의 가능성을 확장시킬 수 있다고 믿는다. 개인적이면서도 시사하는 바가 많은 이 책에서 저자는 장수하는 삶이 우리에게 주는 기회를 붙잡고, 나이듦을 두려워할 대상이 아니라 기대할 만한 것

으로서 받아들이라고 격려한다."

제프 고든,

나스카(NASCAR: 전미 스톡자동차 경주협회) 컵 시리즈 4회 우승자

"이 책은 나이듦의 미래에 관해 뛰어나고 매우 주목할 만한 새로운 관점을 제시한다."

조지프 F. 코글린 박사, MIT 노화연구소 소장

"조 앤 젠킨스는 『나이듦, 그 편견을 넘어서기』에서 우리가 기다리고 있던 전 세대의 공감을 이끌어내는 기폭제를 제공한다. 우리는 나이와 관련된 낡은 개념에서 벗어나고, 50세 이상의 사람들에게 펼쳐지는 다양한 가능성을 수용하며, 목적이 있는 삶을 살기로 결심한 사람들이 증가하는 움직임에 동참하는 것과 같은 행동을 실행에 옮겨야 한다. 글이 수려하며 유머와 영감이 가득하고 매우 설득력 있는 이 책은 개인적으로나 국가적으로나 장수 혁명을 최대한 활용할 수 있는 최고의 지도를 제공한다."

마크 프리드먼, 앙코르(Encore.org)의 창업자이자 최고경영자이며
『빅 시프트(The Big Shift)』의 저자

"『나이듦, 그 편견을 넘어서기』에서 조 앤 젠킨스는 당신의 나이와 상관없이 최고의 인생을 살기 위한 전략을 제시한다."

댄 마리노, NFL(미국 프로 미식축구 리그)의 쿼터백

정영수

연세대학교 국어국문학과를 졸업한 후 방송국에서 다수의 교육 프로그램을 제작하였으며, 결혼 후 영국 스코틀랜드 에든버러로 건너가 7년간 생활했다. 영국의 문화를 직접 체험하며 문학 작품 번역에 관심을 가지게 되었고 귀국 후 '글밥 아카데미'를 수료하고 전문 번역가로 활동하고 있다. 옮긴 책으로는 『어나더 미』(책담), 『그래도 딸 그래도 엄마』, 『홀로코스트 마지막 기차 이야기』(솔빛길), 『케빈의 고장난 거짓말』, 『케빈의 거덜난 용돈』(책읽는곰), 『통통공은 어디에 쓰는 거예요?』, 『엄마를 나누기는 싫어요!』(책속물고기), 『화이트퀸을 쫓던 어린 날의 동화』(재승출판), 『1984』(더클래식), 『어쩌면 나일지도 모르는 코끼리를 찾아서』(내인생의책) 등이 있다.

나이듦, 그 편견을 넘어서기

초판 1쇄 발행　2018년 10월 15일

지은이　조 앤 젠킨스
옮긴이　정영수
펴낸이　이종호
편 집　김미숙
디자인　씨오디
발행처　청미출판사
출판등록　2015년 2월 2일 제2015-000040호
주 소　서울시 마포구 토정로 158, 103-1403
전 화　02-379-0377
팩 스　0505-300-0377
전자우편　cheongmipub@daum.net
블로그　blog.naver.com/cheongmipub
페이스북　www.facebook.com/cheongmipub
인스타그램　www.instagram.com/cheongmipublishing

ISBN　979-11-89134-01-3　03190

이 도서의 국립중앙도서관 출판예정도서목록(CIP)은 서지정보유통지원시스템 홈페이지(http://seoji.nl.go.kr)와 국가자료공동목록시스템(http://www.nl.go.kr/kolisnet)에서 이용하실 수 있습니다.(CIP제어번호 : CIP2018030917)
* 책값은 뒤표지에 있습니다.